KB246846

한국산업교육대상 수상
송원재의 세일즈 특강

잘나가는 영업사원은 이런점이 다르다

송원재의 세일즈 특강 6
잘나가는 영업사원은 이런점이 다르다

초판1쇄 발행 2002년 7월 15일
개정판1쇄 인쇄 2004년 3월 11일
개정판1쇄 발행 2004년 3월 22일

지은이 송원재
펴낸이 이재욱
펴낸곳 (주)새로운사람들
책임편집 조영균
디자인 채장열, 김은주
관리 김주현
마케팅 박재학

ⓒ 송원재, 2001

등록일 1994년 10월 27일
등록번호 제2-1825호
주소 서울 중구 신당2동 407-9 지산타운 201호.(우 100-834)
전화 2237-3301, 2237-3316
팩시밀리 2237-3389
http://www.ssbooks.co.kr
e-mail/ssbooks@chollian.net ebam@korea.com

ISBN 89-8120-199-4(13320)

한국산업교육대상 수상
송원재의 세일즈 특강

잘나가는 영업사원은 이런점이 다르다

Sales Knowhow

6

새로운사람들

머리말

고객은 여러 가지 역할을 경험함으로써 단련되고, 배우고, 실패를 하지 않으려 합니다. 요즘은 소비 생활의 격심한 변화로 인해 대다수의 사람들은 많은 실패를 해왔습니다. 그래서 어느 새 많은 「현명한 소비자」 나아가서는 「강한 소비자」가 늘어가고 있습니다. 그래서 저는 영업이라고 하는 일은 상품 서비스를 통해 고객이 필요로 하는 가치를 부여하는 변화 대응업이라고 생각합니다. 고객의 구매 행동은 분명 변화하고 있습니다. 그러면 어디를 향해 어떻게 변화하고 있는 것일까요?

저는 가전제품 판매에 종사한 경험이 있습니다. 저는 가전제품을 판매한다는 생각으로 일을 하지 않고, 어떻게 하면 나와 거래를 하는 소매점들이 돈을 벌게 할 수 있을까를 생각하며 지식을 판매할 생각을 했습니다. 이 지식을 얻기 위해 마케팅, 재무, 세무 등에 대하여 많은 공부를 하여 소매점 컨설팅에는 자신이 있었습니다.

컴퓨터 영업사원은 하드웨어에 대한 지식을 갖고 있다고 해서 영업을 할 수 있는 것은 아닙니다. 컴퓨터를 도입하면 데이터 관리와 경영의 면에서 어떤 메리트가 있는지를 고객에게 제안해야만 합니다. 또 커피숍을 운영하고 있다고 하면 커피를 판매하고 있는 것이 아니라 고객에게 행복한 시간과 문화를 판매하고 있는 것입니다.

그래서 영업을 하는 사람들은 예전과는 다른 기술을 가져야 합니다. 예전과 같이 인간관계에 의존하여 상품을 권유하고, 흥정하는 것을 통하여 높은 실적을 올리는 것은 이제 기본입니다. 앞으로 고객이 요구하는 것은 이것을 기본으로 하여 고객의 생활에 도움을 줄 수 있는 생활 속의 컨설턴트가 되어야 합니다.

지금까지는 고객과의 관계 형성에서 브랜드가 중요한 역할을 수행했지만 앞으로는 고객 한 사람, 한 사람에게 맞는 차별적인 경험을 갖도록 하는 것이 더 중요해질 것입니다. 따라서 조금만 발길을 돌려도 경쟁 점포를 찾을 수 있는 요즘 고객과의 튼튼한 관계 구축을 위해서는 고객 한 사람, 한 사람에게 맞는 적합한 상품과 서비스를 제공하는 능력을 갖추고 있어야 합니다.

이런 능력을 위해서는 점포의 규모보다 점포의 입지, 점포의 입지보다 상품, 상품보다 영업사원 개개인의 서비스 능력이 중요합니다. 미국에서의 조사 결과에 의하면 판매사원이 누구냐에 따라서 판매 실적이 83%나 달라진다고 합니다. 그러므로 고객 한 사람, 한 사람에게 이번이 마지막이라는 긴장감을 가지고 고객을 대해야 합니다.

이제야말로 진정한 영업력이 필요한 시대입니다. 지금까지는 자신의 영업력이 뛰어나기 때문에 실적이 좋다고 생각하는 사람들이 많았는데, 착각입니다. 영업사원이 판매를 잘한 것이 아니라 고객이 구매를 잘했기 때문입니다.

고객은 형식적으로 인사하고, 설명하고, 돈을 주고받는 자동판매기 식의 영업사원은 좋아하지 않습니다. 이런 사람들은 자동판매기에 불과하기 때문입니다.

영업사원의 부가 가치는 어디에 있을까요? 모든 분야에서 기계화가 진전될수록 사람에 의한 서비스가 중요해지고 있습니다. 커뮤니케이션, 인간적인 매력, 최대의 성의, 상품의 좋은 사용법 등 기계로는 할 수 없는 서비스가 여러분이 해야 할 몫입니다. 왜냐하면 영업이란 단 한번의 거래가 아니라 연속성의 비즈니스이기 때문입니다.

이렇게 격변하는 환경 속에서 오늘도 열심히, 지혜롭게 활동하는 많은 독자들에게 이번에 출간되는 책이 많은 도움이 되었으면 하는 것이 필자의 바램입니다.

필자의 책이 출간될 때마다 변함없는 성원을 보내 주시는 독자 여러분께 깊은 감사를 드립니다. 맡은 일에 전력을 다하도록 많은 격려와 성원을 해주시는 하이마트의 선종구 사장님께도 깊은 감사를 드립니다. 또한 따뜻한 배려를 해주시는 출판사의 이재욱 사장님께 깊은 감사를 드립니다.

2002년 5월 30일

제3장 만족을 넘어 감동을 주는 영업을 하자

제4장 영업사원에게 요구되는 역할과 행동

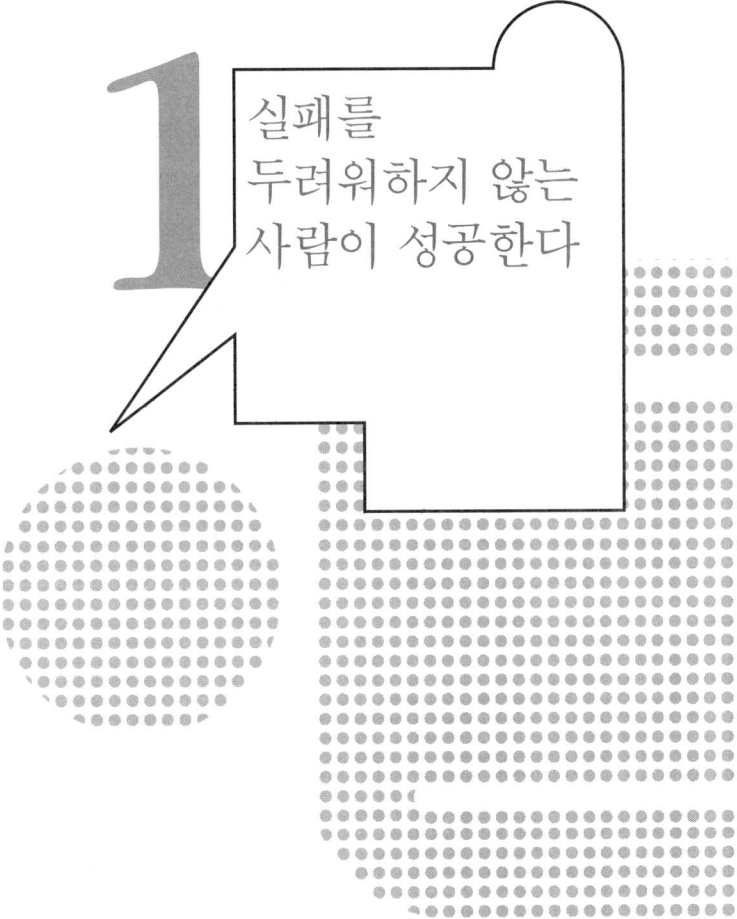

1

실패를
두려워하지 않는
사람이 성공한다

양도 중요하지만 질도 중요하다

고객중심, 고객우선의 마인드와 실천능력으로 고객에게 얼마나 도움을
줄 수 있느냐를 가지고 경쟁해야 한다.

단순히 판매 실적이 좋다는 이유로 다른 사람보다 승격이 빠르거나 시상을 받거나 인센티브를 듬뿍 받는 경우를 주위에서 자주 볼 수 있다. 이런 평가 방법은 대단히 후진적이고 위험하기까지 하다. 과정에 대한 평가보다 결과에 대한 평가에 치중하기 때문이다. 결과는 어떻게 될까? 실적이 좋았던 사람들이 떠나고 난 다음 후임자는 전임자가 흐트려놓은 분위기를 추스리는 데 상당한 곤란을 겪는 경우를 흔하게 볼 수 있었다.

왜냐하면 판매의 금액이라는 것은 고객과 내가 좋은 관계를 맺고 도움을 주고받는 사이에 일어나는 결과일 뿐이라는 영업의 본질을 망각하고 장기적인 면보다는 내가 있을 때만 좋으면 그만이라는 근시안적인 태도로 영업을 해왔기 때문이다. 그렇다고 무조건 양보다 질이 중요하다는 말이 아니다. 양도 중요하지만 질도 중요하다는 것이 앞으로 영업인들이 가져야 할 바람직한 사고라

고 하겠다.

예를 들어 "판매 실적이 좋기 때문에 이 사람에게 부탁한다"는 식으로 상품을 고르고, 선택하는 사람이 과연 몇 명이나 되겠는가? 아마 한 사람도 없을 것이다.

주변의 영업하는 스타일과 전략을 보면서 느낀 점이 있다면, 우리가 관심을 집중해야 하는 것은 단순한 판매 경쟁이 아니라는 사실이다. 물불을 가리지 않는 판매 경쟁으로 시작하면 단기적으로 볼 때는 성공할지 모르지만 장기적으로 보면 실패하는 경우가 훨씬 더 많다.

경쟁에는 ① 좋은 경쟁 전략 방식, ② 비기는 전략의 경쟁 방식, ③ 나쁜 경쟁 전략 방식의 3가지가 있다. 판매 위주의 경쟁 방식은 세 번째의 나쁜 경쟁 전략 방식에 해당한다. 주변에 영업을 잘하는 사람이 있으면 본받고, 아이디어를 얻어서 시도해 보려고 하기보다 "어떻게 하면 흠집을 잡을까, 어떻게 하면 판매를 더 못하게 할까?" 하는 식으로 상대의 판매 실적을 하향으로 유도하면서 자신이 상대적으로 높게 평가받으려고 하는 나쁜 현상들이 생긴다. 판매 경쟁은 숫자와의 싸움이기 때문에 무리하게 목표를 잡아 시행함으로써 많은 부작용을 일으키기도 한다.

두 번째의 비기는 전략의 경쟁 방법을 사용하게 되면 옆 사람, 옆 점포는 얼마나 하는지 눈치를 보면서 중간 정도의 금액을 달성하는 경우가 많다. 흔히 말하여 질책을 받지 않을 정도의 실적에 만족한다는 것이다. 그 결과 상향 평준화보다 하향 평준화가 자연스럽게 이루어지는 경우를 영업 현장에서 흔히 볼 수 있다.

실력 있고 인정받는 영업 사원이 되기 위해서는 당연히 좋은 경쟁 전략 방식으로 서로 도움이 되는 선의의 경쟁을 할 수가 있어야 한다. 이것이 고객에게 좋은 느낌을 주어 계속적인 거래 관계를 유지하는 비결이 된다고 볼 수 있다.

요즘 영업이나 서비스 산업에 종사하는 사람들에게 있어서 최대의 화두는 고객 중심, **고객 우선의 마인드와 실천 능력**이다. 하지만 많은 사람들의 말과 행동이 일치하지 않는 것은 참으로 아이러니라고 하겠다. 왜 그럴까?

영업사원을 지도해야 할 대부분의 관리자들이 이렇게 하지 않아도 팔리던 시대에 근무했던 사람들이라 〈고객 우선〉, 〈고객 중심〉에 대한 구체적인 내용과 방법을 누군가로부터 배운 적도 실천해본 적도 없었기 때문이다. 이런 영업 매니저들은 그저 〈영업은 열의와 세심한 배려〉를 가지고 〈열심히 하면 된다〉, 〈친절하면 된다〉는 정신 무장론만을 강조할 따름이다.

고객 중심, 고객 우선이라는 것은 **고객에게 얼마만큼 도움이 되느냐를 두고 경쟁한다는 의미다.** 그러나 판매 실적이라고 하는 것은 고객에게 도움이 되는 것이다. 눈앞의 매출에 급급하여 분발하는 것은 자신의 상사나 사장에게 잘 보이기 위한 것일 뿐이지 고객을 위한 것은 아니다. 궁극적으로는 회사에도 별로 도움이 되지 않는다. 왜냐하면 고객을 잃고 잘 될 수 있는 회사는 없을 테니까.

다시 한번 강조하지만, 지금보다 한 단계 높은 영업 기술을 익히고 고객과 더욱 좋은 관계를 맺고자 한다면 **고객에게 도움이 되는 경쟁을 할 수 있어야 한다.** 이런 노력이 쌓인 결과가 판매로 이어지고, 회사의 이익으로 연결되고, 개인의 수입으로 연결되는 것이다.

최근의 소매업계를 보면 우려스러운 상황들을 많이 볼 수 있다. 경영진을 포함하여 업계의 많은 사람들이 〈매출 증대 경쟁〉, 〈출점 증대 경쟁〉에 시선을 집중하고 있는데 이런 현상은 상당히 위험한 측면을 가지고 있다. 〈매출이 늘어나는가, 아닌가〉 하는 것과 〈경영이 잘 되는가, 못 되는가〉 하는 것은 별개의 일이어서 매출은 늘어나도 경영 성과, 즉 수익성이 나빠지는 경우가 종종 있기 때문이다.

그럼에도 불구하고 현재 많은 영업점에서는 매출 증대 경쟁에 혈안이 되어 있다. 출점과 제휴의 정책은 언뜻 보면 화려해 보인다. 그러나 이런 정책 가운데서 악수(惡手)와 양수(良手)를 면밀히 지켜보면 벌써 상당한 기업들에게서 악수가 나타나기 시작한다.

지금 많은 영업점들이 실제로 착수해야 할 일은 수익성을 제고하기 위한 경영의 개선과 진정한 의미의 리스트럭쳐링(구조조정)이다. 그런데 의외로 그와 같은 노력이 보이지 않는 이유는 무엇일까? 빗나간 일에 지나치게 집착하는 진짜 원인은 고위층일수록 과거의 성공 경험에 얽매여 새로운 것에 대한 공부를 게을리하기 때문이다. 또 하나는 아직도 많은 영업인들이 엉뚱한 자기 과신에 의한 확대 망상에 사로잡혀 말로는 질을 외치지만 실제 행동은 양 위주의 승부에 집착하기 때문이다.

매출이 늘어나도 수익성이 악화되어 있으면 몸 속에 '암' 이 발생한 경우나 마찬가지다. 따라서 모든 영업인들은 매출액의 동향과 수익성의 동향을 동시에 조망할 수 있어야 한다. 그렇게 해야만 양과 질을 동시에 고려한 영업을 할 수 있다.

2년 차 징크스를 벗어 던져라

고객이 가장 열받고 싫어하는 사람은 과거의 성공 경력에 연연하여 구태
의연하게 자신을 대하는 사람이다.

한때 성공하거나 유명했던 기업들이 후발 경쟁기업에 뒤쳐지
는 경우를 주변에서 종종 볼 수 있다. 왜 그럴까? 그 이유를 분석
해보면 수긍이 간다. 항상 지금 같을 줄 알고 한 차원 높은 고도
의 실력을 키우는 일에 등한하고 기왕의 성과와 성공에 만족해
버렸기 때문이다.

나는 여러 기업의 시상식 행사에서 자주 강연할 기회를 가졌
다. 실적이 우수한 사람을 시상하는 이런 자리에 가면 반드시 묻
는 질문 가운데 하나가 "올해의 수상자 중에서 지난해에도 이 자
리에 섰던 분이 있으면 손들어 보세요" 하는 것이다.

여기서 느끼는 바는 어느 회사에서나 한 가지 공통점이 있다는
것이다. 그것은 실적이 우수한 사람이 매년 바뀐다는 사실이다.
미국의 통계에 따르면 그 해 매출과 이익 면에서 크게 공헌하여
회사로부터 시상을 받은 3사람 중에서 2사람이 다음해에는 현저

하게 나쁜 실적을 기록하는 것으로 나타난다. 그것은 "지금까지 이렇게 해서 잘 되었으니, 올해도 이렇게 하자"라는 식으로 방심하기 때문이라고 한다.

이런 현상은 스포츠에서도 종종 볼 수 있다. 예를 들면 작년에 우승을 한 팀이 올해는 좀처럼 하위권을 벗어나지 못하는 경우가 그렇다. 이는 지난해의 우승에 도취되어 훈련을 게을리 하거나, 상대팀을 얕보거나, 팀 정비를 소홀히 했기 때문이다.

스포츠의 세계에는 '2년 차 징크스' 라는 말도 있다. 신인으로 등장한 첫해에 좋은 성과를 내고 시즌을 마감했던 선수가 유망한 기대주로 주목을 받으면서 시작한 다음해에는 정작 성적이 시원찮은 경우를 두고 하는 말이다. 왜 이런 결과가 나올까?

신인 시절에는 열심히 연습하고 게임에 집중력을 발휘하기 때문에 좋은 성적이 나온다. 자신의 실력도 통할 수 있다는 자신감이 상승 작용을 한 결과이기도 하다. 그런데 다음해가 되면 자신의 실력이 제법 통한다는 사실에 만족하여 더 고도화된 실력을 쌓는 것을 게을리 하기 때문에 성적이 곤두박질치는 것이다. 고도화된 능력 개발을 등한시하는 사이에 경쟁자들은 지난해의 부진을 만회하기 위해 열심히 노력한다면 결과는 뻔한 노릇이 아니겠는가.

오늘날 고객이 가장 열 받고 싫어하는 영업사원은 어떤 사람들일까? 두말할 것도 없이 "나는 이 방법이니까…", "지금까지 이런 방법의 영업으로 좋은 판매 실적을 올리고 있으니까", "이전부터 이런 식으로 해 왔으니까" 하는 자세로 구태의연하게 고객을 대하는 영업사원이다. 따라서 자칫 과거에 실적이 우수하여 상을 받은 영업사원일수록 고객이 가장 싫어하는 타입이 되기 쉽다는 것을 항상 의식해야 한다.

반대로 지난해 실적이 나빴던 사람들은 낙담하거나 실망할 것이 아니라 지난해보다 좋은 방법으로 어떻게든 만회하지 않으면 안 된다는 생각으로 열심히 노력해야 한다. 그렇게 하면 분명히 지난해보다 좋은 실적을 낼 수 있을 것이다.

영업에 종사하는 사람들이라면 다음 두 가지만은 항상 염두에 두고 있어야 한다.

① 지난해에 통했던 방법이 올해는 더 이상 통하지 않는다.
② 고객은 항상 지금까지와는 다른 새로운 무엇인가를 요구한다.

앞에서도 언급한 것처럼 금년의 실적이 우수한 사람 5명 중 3명은 내년에는 상당히 절박한 상태에 빠질 수도 있으므로 단단히 각오를 해야 한다. 이를 역으로 말하면 모든 영업사원에게는 톱(Top)이 될 수 있는 찬스가 있다는 것이다. 물론 톱이 되려면 자격을 갖추어야 한다. "저 사람에게 이야기하면 잘해준다"는 것에 만족해버리는 사람은 절대로 잘 나가는 영업사원이 될 자격이 없다.

우리 사회 전반에 속칭 반짝 스타, 해 걸이 스타가 너무나 많다. 꾸준히 잘하는 사람이 진정한 승리자라는 사실을 우리는 반드시 명심해야 한다.

필자가 주변의 사람들로부터 인정 받고 있는 것도 베스트셀러를 만들어내기보다는 스테디셀러를 많이 만들어내기 때문이다.

서비스를 만들어내는 시스템을 만들자

개인의 시스템이 모인 것이 회사의 시스템이므로 개안부터 자기 식의
서비스를 만들어내는 서비스 시스템을 만들어내자.

오늘날 비즈니스를 하는 사람들에게 최대의 관심사는 "서비스
능력을 어떻게 높여갈 것인가?" 하는 것이다. 내가 강의를 할 때
"서비스는 이렇게 하는 것이다"라는 식으로 구체적인 예를 들기
는 하지만 물론 모범 답안은 아니다. 그것은 하나의 서비스 사례
에 지나지 않기 때문이다. 예를 들어 여기서 서비스의 원칙 8가
지를 만들었다고 해도 그것은 단지 8개에 지나지 않는다. 이것만
가지고는 고객의 모든 요구를 감당해낼 수 없다. 외워서 그것을
철저하게 만드는 것은 매뉴얼일 뿐이다. 말하자면 최소한의 실행
규정일 뿐이라는 것이다.

현실적으로 모든 것을 매뉴얼로 규정할 수 없는 한계를 극복하
기 위해서는 **스스로 서비스를 만들어내는 〈자기 식〉의 서비스
시스템을 만드는 것이 중요하다.** "그래, 서비스란 이런 거야" 하
는 식으로 스스로의 시스템을 만들어 나가면 되는 것이다. 이런

항목의 수를 많이 만들수록 좋다.

이런 서비스를 만들어내는 분위기를 조성하기 위해서는 어떻게 하는 것이 좋을까? 내가 주로 사용하는 방법 중의 하나는 〈칭찬〉이다. 칭찬할 것, 칭찬 받을 것을 확실하게 평가해 나가는 것이다. 그래야만 신뢰성을 향상시키고, 언제나 고객에게 도움이 될 수 있는 것들을 궁리하고, 실행력을 향상시키기 위해 노력하게 된다. 이런 식으로 실천하여 고객에 대한 서비스 수준이 높아지면 영업사원 자신의 향상으로 이어지는 것이다.

서비스 수준을 높이는 것은 단순한 슬로건이 아니라 기업 전체의 시스템에 의해 관리될 수 있도록 해야 한다. 그러려면 먼저 영업사원 자신부터 서비스 제공 시스템에 숙련되어 있어야 한다. **개인의 시스템이 모인 것이 회사의 시스템이기 때문이다.**

지금까지는 고객으로부터 클레임을 받으면 일반적으로 "어떤 클레임이야? 어째서 이런 일이 생겼어?"라는 식으로 동료들 앞에서 집중 규탄을 받는 경우가 흔했다. 〈칭찬〉보다 〈질책〉을 기본으로 한 방법이다. 심하게 혼을 냄으로써 그 사람의 서비스 능력을 신장시키려고 했던 것이다.

그러나 이렇게 하면 "좋은 서비스를 해야지"라는 기분이 사라져 버리게 된다. 이런 식으로 〈질책〉받으면서 창의성 없이 수동적으로 길들여져 온 서비스 능력은 한계가 있게 마련이다. 〈질책〉의 강박 관념 속에서 어떻게 창의적 생각과 능동적인 행동을 바탕으로 고객에게 서비스를 할 수 있겠는가? 이런 방식에 익숙해져 있는 사람들은 자신도 모르게 상대를 〈불안〉하게 만들고, 〈위협·협박〉하는 식의 영업을 하게 된다. 이것은 영업이 아니라 단순한 협박형의 세일즈다.

영업은 위협과 협박으로 고객을 끌어당기는 것이 아니라 안심시키면서 끌어들여야 한다. 이렇게 하려고 하면 질책의 영업보다는 칭찬의 영업을 할 수 있어야 한다. 왜냐하면 사람은 감각이 발달된 〈느낌의 동물〉이기 때문이다.

칭찬을 하라고 하면 많은 사람들이 "칭찬하는 것이 좋기는 하지만, 칭찬만 하면 자기가 최고인 줄 알고 우쭐해져서 건방지게 기어오르는 게 문제야" 하고 말하는 것을 자주 듣는다. 또 일부는 "특정인을 칭찬하면 나머지 사람들이 기죽어 하고, 시기심을 불러일으켜 오히려 부정적인 효과를 가져온다"는 식의 구태의연한 논리를 펼치기도 한다.

이런 식의 사고와 분위기, 영업 방법에 익숙해져 있다면 아무리 오랜 시간이 지나도 그 팀과 개인의 영업력은 성장하지 않는다. 왜냐하면 상대에 대한 신뢰감이 근본적으로 부족하기 때문이다. 이것은 정말로 위험한 상황이다.

예를 들면 '송원재 식 소매점 컨설팅법'과 같이 자기만의, 자기 식의 서비스 시스템을 만들어내는 구조를 생각하자. 이러한 자기만의 브랜드를 만들어내는 것이 자신의 값어치인 것이다. 이렇게 하기 위해서는 상대에게 도움이 될 수 있는 많은 것들을 제공해주고, 상대로부터 〈칭찬〉받을 일거리를 많이 만들어야 한다. 이것이 바로 남이 쉽게 흉내내지 못하는 자기만의 서비스가 되는 것이다.

한국의 음악가 중에는 외국의 유명 콩쿠르에서 탁월한 재능을 인정받은 사람들이 많이 있다. 하지만 이제부터는 우리가 작곡한 곡을 연주하여 외국의 유명 콩쿠르에서 시상 받는 경우가 많아져야 한다고 본다. 우리는 남들이 만들어 놓은 것을 가지고 내 것으로 만들어내는 일은 잘한다. 영업도 마찬가지로 주변과 비슷한 방법을 통하여 좋은 성과를 내는 사람이 많다. 하지만 앞으로는 자신만의 영업 프로세스를 구축하여 좋은 성과를 내도록 해야 한다.

사내에서 개인의 능력을 조직적으로 만들어가는 프로세스 구축도 필요하다. 고객에게 좋은 서비스를 하여 성공한 사례를 모은 "사내서비스 경진대회"를 해 보는 것이다.

내가 알고있는 일본의 한 가전양판점(3Q그룹)에서는 「전국에서 한 사람이라도 판매에 성공한 사례가 나오면 전 사원이 참가하는 전화회의에서 그 성과가 발표된다」는 식으로 전사적으로 공유하는 시스템을 만들고 있다. 또 이 사례는 더욱 다듬고 다듬어져서 전 직원이 공유하게 한다.

이처럼 개인적 차원의 좋은 프로세스에 더하여 조직 전체가 시너지를 낼 수 있는 프로세스 구축에 전력을 다해야 한다.

〈칭찬〉 받으며 일하는 사람이 성공한다

영업을 잘하려고 애쓰기보다는 좋은 서비스를 하기 위한 환경과 풍토를 만드는 것이 우선되어야 한다.

서비스하는 사람의 최대 목표는 회사나 상사로부터 칭찬을 받는 것이 아니라 고객으로부터 칭찬을 받는 것이다. 어떻게 하면 고객으로부터 칭찬을 받을 수 있을까?

상사가 부하 직원을, 선배 사원이 후배 사원을 꾸짖고 있는 동안에는 고객으로부터 〈칭찬〉받지 못한다. 속칭 잘 나가는 영업 사원은 3사람으로부터 칭찬 받는다.

① 고객
② 회사의 동료, 선배, 상사, 사장, 후배
③ 자기 자신

자기 자신을 칭찬한다고 하면, 자기 도취적이면서 자만심이 강하고 거만한 경향이 있다고 생각할지 모르지만 결코 그렇지 않다. 이렇게까지 과잉된 자만심을 가진 사람은 없다. 오히려 그 반대라고 할 수 있다. 자신이 할 일에 대해 스스로 칭찬을 할 정도의 자신감이나 자부심이 없는 사람이 어떻게 상대에게 감동을 줄 정도의 서비스 능력을 발휘하겠는가. 스스로에게 칭찬을 하는 사람들의 공통적인 특징은 "이런 식으로 조금 더 노력을 해야 되겠구나" 하는 식으로 생각한다는 것이다.

이런 사람들이 고객이나 동료, 상사로부터 〈칭찬〉받으면 즐거운 기분을 가지게 되면서, "〈칭찬〉받았지만 좀더 잘했어야 했는데"라는 식으로 겸허한 마음을 갖게 된다. 이를테면 자신의 서비스 방법을 좀더 수준 높게 하려면 어떻게 해야 할까 하는 생각을 갖게 된다. 이것이 내가 주장하는 〈상행 나선형의 영업 방법〉이다. 이런 분위기라면 좋은 서비스를 하는 토대가 형성되었다고 볼 수 있다.

어느 판매점에서는 아침 조회 때마다 직원 상호간에 칭찬 거리

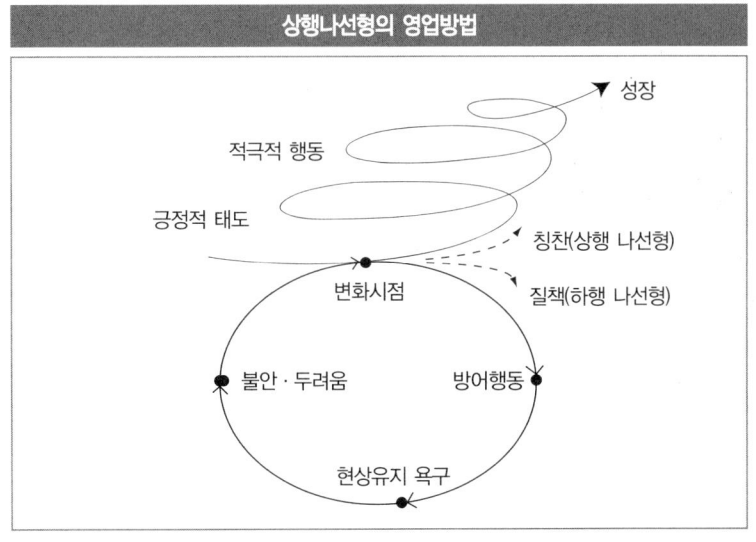

를 만들어서 서로 칭찬해주는 〈칭찬 릴레이〉를 3년 전부터 실시하고 있는데, 판매점의 분위기 조성과 직원들끼리 우의를 다지는 데 대단한 성과를 거두고 있다. 그 결과 실적도 지역에서 하위권을 맴돌던 점포가 단번에 상위권으로 뛰어올랐다.

그러나 현실은 반대의 현상이 일어나는 경우가 더 많다. 고객으로부터 〈질책〉받고, 상사로부터 〈질책〉받고, 자신도 만족감을 느끼지 못하는 〈하행 나선형의 영업 방법〉에 익숙해져 있다. 이런 풍토에서는 질 높은 서비스를 제공할 수 있는 분위기가 형성되지 않으면서 고객은 점점 줄어들고 실적은 점점 나빠지게 된다. 이런 영업 팀은 대단히 위험한 조직이다.

영업을 잘하려고 애쓰기보다는 좋은 서비스를 하기 위한 환경과 풍토를 만드는 것이 우선되어야 한다. 이는 여러분 자신도 스스로를 〈칭찬〉할 수 있고, 고객으로부터도 〈칭찬〉받는 환경이 만들어져 있어야 한다는 것이다.

혹시라도 "나는 영업이 적성에 맞지 않는다"고 생각하시는 분들은 자신이 한 일에 대해서 〈칭찬〉을 받지 못했기 때문이다. 자신이 서비스를 제공하여 〈칭찬〉을 받지 못하면 영업이 아니다. 당연히 칭찬을 받지 못하면 영업은 즐겁지 않다. 작은 성취감이라도 느끼면 여러분은 영업이 적성에 맞을 수도 있다.

성취감을 위해서는 고객과 동료, 자신으로부터 〈칭찬〉받도록 노력하자.

남들로부터 〈칭찬〉받는 서비스를 하자

내 서비스를 받은 고객이 다른 사람으로부터 칭찬을 받을 수 있도록
세련된 영업을 해야 성공 영업이 가능하다.

고객은 언제, 어떤 순간에 만족할까?

고객 만족의 승패를 좌우하는 것은 판매 중심의 영업이 아니다. "우리 상품을 사주세요, 제발 좀 사주세요" 하고 강요하는 식의 영업으로는 고객을 만족시키기 어렵다. 상품에서 영업사원의 온정을 느낄 수 있는 영업, 안도감을 느낄 수 있는 영업이라야 고객을 만족시킬 수 있다. 따라서 유능한 업업사원이라면 가격 경쟁처럼 요란한 경쟁이 아니라 자연스럽게 고객의 선택을 받고 고객의 마음을 사로잡을 수 있는 조용한 싸움을 해나갈 수 있어야 한다.

예를 들어 미장원에 온 고객은 언제 만족하게 될까? 고객이 미장원에 비치된 카탈로그를 보고 "아무개 씨 헤어스타일처럼 해주세요"라고 요청했을 때 그와 똑같은 헤어스타일로 머리 손질을 해준다고 하여 고객이 만족할까? 그렇지는 않다. 그러면 어떤 순

간에 만족을 할까?

고객이 정말로 만족하는 것은 다음날 모임이나 회사에 갔을 때 "어! 머리 스타일 바뀌었네. 요즘 유행하는 아무개 씨 스타일이네. 너무너무 세련되어 보인다"라는 평가를 제삼자로부터 듣는 순간이다. 그때서야 고객은 비로소 "어제, 그 미용실에 잘 갔다"는 생각을 하게 된다. 제삼자로부터 어떤 평가를 받는가에 따라 비로소 서비스는 완결되는 것이다.

서비스 정신이 부족한 미장원의 경우는 머리 손질이 끝나고 대금을 주고받은 뒤 고객이 문을 나서는 순간 서비스가 완결되었다고 생각하기 십상인데 이는 대단히 서투른 영업 방법이다. 서비스 정신이 투철한 미장원이라면 다음날 주위 사람들로부터 "헤어스타일 참 좋다"는 소리를 듣게 만든다. 만약 다른 사람들로부터 "어쩐지 안 어울린다", "바꾸기 전 헤어스타일이 훨씬 좋다"는 평가를 받게 되면 다음날 곧 바로 전화가 걸려 오거나 헤어스타일을 고치러 올 것이다.

여기서 중요한 것은 고객의 만족 여부는 자신의 판단이 아니라는 것이다. 머리 손질이 끝났을 때 "이거 이상한데…"라고 즉석에서 이야기하는 고객은 드물다. 제삼자의 평가를 받고서야 비로소 만족과 불만족의 판단을 한다는 말이다.

어디까지 서비스해야 할까?

누구나 한두 번은 고민해봤을 텐데, 힌트는 이미 앞에서 언급을 했다. 여러분이 연말연시에 많이 주고받는 연하장을 예로 들어보자. 아무리 많은 연하장을 보내더라도 보낸 것만으로는 아무런 의미가 없다. 보낸 연하장이 진정으로 제 역할을 한 경우는 연하장을 받은 상대방이 내가 보낸 카드를 받고 고마워서 답장을 보내왔을 때뿐이라고 하겠다. 우리가 일상 생활 속에서 주고받는 선물도 마찬가지다. 선물을 보낸 것만으로는 아무런 의미가 없고 선물을 받은 사람으로부터 "멋진 것 보내주셔서 고맙습니다"라는 답장이 와야 비로소 완결된다는 것이다.

좀더 세련된 영업으로 나의 서비스를 받은 고객이 다른 사람으로부터 칭찬을 받을 수 있도록 해야 잘 나가는 영업을 할 수 있다.

판매 채널의 발달과 컴퓨터의 발달로 판매 방법은 점점 다양화되고 간소화되는 추세다. 이와 동시에 영업사원들도 〈영업 전문가〉로서의 매너와 자질을 갖추어야 하는 시대가 되었다. 나아가 이런 세밀한 정신 상태까지를 지도해줄 수 있는 관리자들의 역할이 더욱 중요한 의미를 가지게 되었다.

느낌이 좋은 서비스를 하자

고객은 과거의 구매 경험에 비추어 자기에게 가장 좋은 느낌을 주었던
곳을 선택한다.

일전에 유명한 소설가로부터 "베스트셀러와 그렇지 않은 책에
는 경계가 있다"는 이야기를 들은 적이 있다. 베스트셀러의 공통
점이 되겠는데, 다 읽고 난 뒤의 느낌이 "재미있었다", "감동적이
었다", "좋은 책으로 감동적인 내용이 참 많았다"라고 느껴지는
책만 많이 팔린다는 것이다. 텔레비전의 경우라고 다를 게 없다.
프로그램을 시청한 시청자들의 느낌이 좋은 프로그램은 인기를
끌지만 그렇지 못한 프로그램은 단명으로 끝나 버리고 만다.

그러면 잘 나가는 영업사원이 되려면 어떠해야 할까?

두말할 것도 없이 결론은 구입 전보다 구입 후의 느낌이 좋아
야 한다는 것이다. 상품 구입 후 곧바로 돌아가게 만들 정도로 느
낌이 나쁜 영업사원이 아니라 고객이 잠시라도 마음 편히 머물
수 있도록 하는 영업사원이 되어야 한다. 고객이 상품을 구입한
후 웃으면서 돌아가게 만들고, 설령 구입하지 않더라도 웃으면서

돌아갈 수 있게 만드는 점포가 되어야 한다는 것이다.

얼마 전 가족과 하와이로 여행을 가서 맥도널드 햄버그 가게에 들렀다. 음료수를 주문한 후 음료수 컵에 "We love to see you smile!"이라는 문구가 적혀져 있는 것을 보고 "그래! 서비스는 바로 저거야!" 하는 생각을 했다. 이 회사에서는 이를 실천하기 위해 회사의 전통적인 M자 마크 아래에 스마일 표시를 넣은 새로운 마크까지 만들었다.

여의도에 있는 Ye 치과 직원들의 서비스 태도가 너무나 밝고 좋기에 비결을 알아보았더니 이 병원의 최 원장은 직원들을 선발할 때 웃을 수 있는 근육을 가진 사람들을 채용한다고 하였다. 일본의 한 유명한 맥주 회사는 맥주만 파는 것이 아니라 "마시고, 먹으면서, 웃자"는 슬로건을 앞세우고 있었다.

개인적인 업무 제휴를 맺고 있는 일본 제일의 가전양판점에서는 명찰에 "웃는 얼굴로서는 일본 제일을 목표로 합니다"라는 말을 새겨 넣고 영업을 하고 있다. 40년동안 해 오고 있는데 고객들로부터 호평을 받아 업계 톱(TOP)의 위치까지 오게 되었다고 한다.

자신과 점포에 대한 평가가 〈참 좋다〉라는 평가를 받을 수 있어야 한다. 여러분은 고객으로부터 "저 사람 참 좋아" 또는 "저 점포는 참 좋아"라는 평가를 받는 것이 기쁘겠는가, 아니면 "저 점포는 잘 깎아준다" 또는 "저 사람은 잘 깎아준다"는 평가를 받는 것이 기쁘겠는가? 여러분과 여러분의 점포는 어떤 평가를 받았으면 좋겠는가? 아마도 "저 점포는 참 좋아" 또는 "저 사람 참 좋아"라고 칭찬 받을 때가 가장 기쁠 것이다.

가격을 할인하거나 상품을 갖추어 놓았다고 고객으로부터 〈좋다〉는 평가를 받는 것은 아니다. 고객이 영업사원과 점포에 대해 좋은 감정을 가지게 하기 위해서는 역시 〈서비스의 질〉이 중요하다. 남보다 잘 나가는 영업사원이 되기 위해서는 "저 점포 좋아" 또는 "저 사람 좋아"의 수준을 넘어서서 "저 점포 좋아, 저 점포 느낌이 좋아" 또는 "저 사람 좋아, 저 사람 느낌이 좋아"라고 불리는 수준까지 올라가야 한다. 그래야 남들과 다른 서비스가 제공되고 이것으로 서비스가 달라지게 된다. 여러분은 이런 느낌을 제공하기 위해 여러분의 목표를 높고 명확하게 설정하기 바란다.

고객으로부터 "저 사람 느낌이 참 좋아"라는 평가를 받기 위해 무엇을 더 익혀야 할까?

점포의 상품만을 팔려고 하면 고객은 결코 오지 않는다는 것을 명심하기 바란다. 불황을 극복하는 방법도 여러 가지가 있지만 내가 생각하기에 가장 좋은 방법은 느낌이 좋게 고객을 대해주는 것이다. 불황이라고 하여 고객이 전혀 상품 구매를 하지 않는 것이 아니다. 필요한 상품에 대해 구매 행위를 하기는 하는데 호황이거나 벌이가 좋을 때보다는 좀더 심사숙고하여 판매점과 상품을 선택한다는 것이 다를 뿐이다. 이럴 때 고객으로부터 선택을 당하는 점포는 어디일까?

고객은 과거 상품 구매 경험에 비추어볼 때 자기에게 느낌 좋게 대해주었던 곳을 선택하게 마련이다. 이런 점포는 자기에게 거짓말을 하지 않고, 믿을 만하다고 생각하고 있기 때문이다. 또

한 사람의 심리는 나쁜 것을 느꼈을 때 잊으려고 노력하지만, 좋은 것을 느꼈을 때는 그 감정을 오래도록 기억하려고 노력한다. 예를 들어 고객으로부터 "당신은 서비스를 이렇게 밖에 못해!"라는 질책을 받았을 때와 "야! 역시 소문 듣던 대로 참 잘하시네요"라는 칭찬을 받았을 때 어느 쪽을 오랫동안 기억하려고 할까?

아마 전자의 경우는 잊어버리기 위해서 업무가 끝난 후 집에 돌아갈 때 소주라도 한 잔 기울여야 할 것이며, 후자의 경우에는 좋은 감정을 간직하려고 노력하면서 주변에 자랑도 하게 되고 개인적으로 자신감도 많이 얻을 것이다.

인간의 뇌는 좌뇌와 우뇌로 구성되어 있다고 한다. 좌뇌가 주로 문자, 기호, 숫자를 기억하는 역할을 하고 단기적 기억을 하는데 반해 우뇌는 이미지, 영상, 그림 등과 같은 것을 주로 기억하고 장기적 기억을 하는 것으로 알려져 있다. 느낌은 우뇌의 역할과 밀접한 관련이 있는 셈이다.

예를 들면 결혼한 지 10년 정도가 지난 부부에게 신혼여행 첫날밤을 보낸 호텔과 방 번호를 물어보면 대체로 기억해내지 못하지만 호텔과 방의 분위기를 물어보면 대답을 잘한다. 이것으로 보아 좌뇌(논리 인식)보다 우뇌(패턴 인식)에 호소하는 영업이 효과적이라는 것을 알 수 있다.

좌뇌 보다는 우뇌, 즉 이성보다 감성을 개발해야 좋은 성과를 올릴 수 있다.

고객은 잊어버리지 않으면 행동으로 옮기기 때문에 우뇌에 호소하는 영업이 좋고 고객의 머리 속에 오랫동안 남는 서비스를 할 수 있어야 한다. 이것이 영업을 성공으로 이끄는 초석이 된다.

이처럼 고객의 마음에 잔여가치(가치 있는 기억)을 오랫동안 많이 남기는 영업을 할 수 있어야 하고 **이것이 고객의 신뢰로 이**

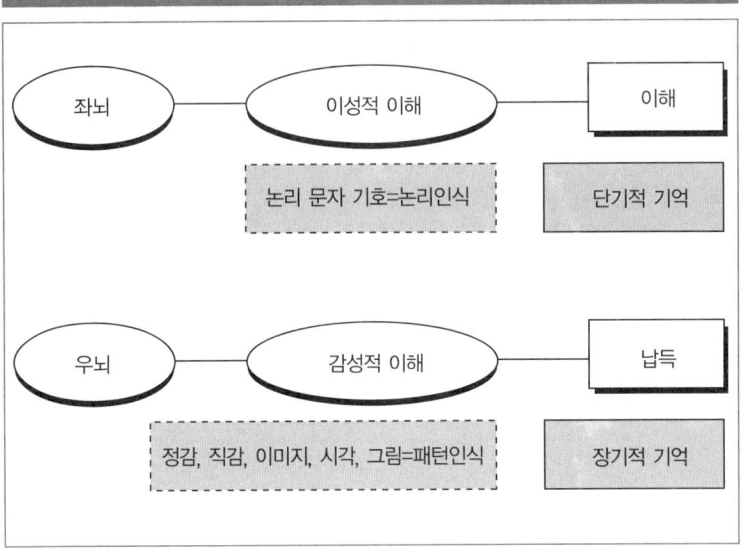

단기 · 장기적 기억

| 좌뇌 | 이성적 이해 | 이해 |
| 논리 문자 기호=논리인식 | | 단기적 기억 |

| 우뇌 | 감성적 이해 | 납득 |
| 정감, 직감, 이미지, 시각, 그림=패턴인식 | | 장기적 기억 |

어지는 지름길인 셈이다. 그래서 나는 이런 영업 방법을 '잔여가치(Reridual) 마케팅' 이라고 이름붙였다.

　고객의 심리를 조사해 보면 「자신도 모르게」 「충동적으로」 「왠지 모르게」라는 이유가 상당히 높은 비율을 차지 한다. 이는 이성과는 다른 감성의 요소이다. 그러므로 앞에서 언급한 감성에 호소하는 영업에 더욱 노력을 해야 한다.

클레임을 두려워하지 말자

고객이 클레임을 통해 바라는 것은 건성으로 잘못을 비는 것이 아니다. 클레임은 영업사원의 의식 전환이 늦은 데서 오는 가장 대표적 부산물이다.

잘 나가는 영업사원의 공통적인 특징 가운데 하나는 〈실패가 많은 사람들〉이라는 것이다. 보통의 영업사원보다도 실패의 경험이 훨씬 많다. 현장 경험과 지도를 해보면 실패가 많은 사람이 고객을 향한 서비스가 좋다는 사실을 알 수 있다. 왜 그럴까? 이유를 분석해보면 "회사에서 이런 것들을 해주지 않아서 고객에게 먹히지 않았다"는 식으로 변명하기보다는 실패에 대해서 두려워하지 않고 직접 시도를 해본다는 것이다.

적극적인 사고 방식에 대해 설명하기 위해 자주 인용하는 예가 있다. 컵에 물이 반쯤 있을 때 "컵에 물이 반밖에 없네"라고 하기보다 "물이 반 컵이나 있네"라고 긍정적인 생각을 하라는 것이다. 이런 방식은 긍정적인 면이 있을지는 모르지만 현실에 순응해 버리려는 소극적인 면도 다소 내포하고 있다. 따라서 우리는 "아직도 물을 채워야 할 공간이 반이나 있으므로 좀더 노력해서 가득 채워야지"라는 식으로 긍정적이면서 적극적으로 사물을 보는 눈을 가져야 한다.

영업도 마찬가지다. 일반적으로 고객과의 클레임이 적으면 서비스가 우수한 사람, 고객과의 클레임이 많으면 서비스가 나쁜 사람이라고 인식되는 경우가 많다. 과연 그럴까? 한번만 더 생각해보면 잘못된 생각이라는 것을 금방 알 수 있다. 고객과의 클레임이 적은 사람은 실패가 두려워서 서비스를 하지 않았기 때문이고, 클레임이 많은 사람은 실패를 두려워하지 않고 적극적으로 고객을 대한 결과 많은 사람을 대하다 보니 클레임도 증가했던 것이 아닐까?

고객은 입을 다물고 침묵을 지키는 영업사원에게는 클레임 같은 것을 말하지 않는다. 이런 영업사원은 고객의 원하는 바를 알 수 없기 때문에 무엇인가 새롭고 적극적인 서비스를 할 수 없다. 그리고 당연히 고객에게 감동을 주지도 못한다. 고객은 다른 사람들이 해주지 않는 무엇인가를 받았을 때 놀란다.

깜짝 놀란 고객은 영업사원에게 대체로 〈감동〉과 〈겸연쩍음〉 2가지의 반응을 보인다. 2가지 반응 중에서도 "이런 것까지 해주지 않아도 괜찮은데!"라는 식으로 나타내는 〈겸연쩍음〉에 대한 대처가 중요하다. 고객과 가까워지는 순간 겸연쩍음은 반드시 생기게 마련이다. 겸연쩍음은 클레임을 제기한 고객과 가까워지는 일순간에 생겨나는 현상이므로 이것을 자연스럽게 받아넘기지 못하면 좋은 서비스는 불가능하다. 서로 언쟁을 하다가 갑자기 웃고, 사이 좋은 척 지내는 것은 누구에게나 힘들기 때문이다. 서비스가 서툴고 소극적인 스타일의 사람들은 이런 경우 자칫 상대가 화를 내고 있다고 생각할 가능성이 높다. 그러나 결코 그렇지 않다. 왜냐하면 이때 대부분의 사람들은 마치 화가 난 듯한 얼굴을 하고서 웃고 있지 않기 때문이다. 이것을 받아넘기지 못하면 좀더 밀착된 서비스는 불가능하다.

클레임은 아무 것도 하지 않으면 생겨나지 않는다. 아무 것도 하지 않은 상태에서 생겨나는 불만은 "늦다", "아무런 대답이 없다", "몇 번이나 이야기했는데 대답이 없다"는 식으로 끝나버리고 만다. 이런 것에서 클레임에 대한 대응책을 구하기란 힘이 든다.

클레임이 없기 때문에 고객이 화를 내고 있지 않다고 생각하면 큰 오산이다. 더구나 클레임이 없으니까 좋은 서비스를 하고 있다고 생각하면 위험하기 짝이 없다. 고객으로부터 버림받은 2류 영업사원은 아무 것도 하고 있지 않기 때문에 클레임이 적은 것이다. 이것이 서비스의 본질이다.

사실 서비스와 클레임은 표리(表裏) 관계에 놓여 있다. 여러분이 고객으로부터 클레임을 당했다면 자신은 서비스업을 하고 있는 것이지 물건을 사고 판매하는 일이 아니라고 마음먹기 바란다. 여러분이 하고 있는 일은 물건을 사고 파는 것이 아니라 마음을 제공하는 것이다. 클레임은 물건의 문제가 아니라 마음의 문제다. 그런데도 대부분의 클레임 관련 책에는 사과 방법과 대응 테크닉에 관해서만 적혀 있다. 고객이 클레임에 "이렇게 사과하면 상대의 기분이 좋아진다"는 식으로 행동하는 것은 그 순간만 모면하려는 경우로 매뉴얼에 적혀 있는 세일즈 토크와 마찬가지다. 그래서 능숙하게 사과하면 되는 것으로 알고 있는데, 이는 대단히 잘못된 사고 방식이다.

얼마 전 집 근처 백화점에서 상품을 구매한 후 하자가 있어 항의를 했더니 판매원의 실수라고 하면서 공중전화 카드와 사과 엽서를 보내온 적이 있었다. 보낸 측은 자신들의 실수였기 때문에 이런 것을 보내는 것만으로 자신의 역할을 다했다고 생각할지 모르겠으나 그것을 받는 나의 입장은 완전히 달랐다. 자신들의 실수를 인정하는 진심의 흔적이 전혀 없고 회사의 지시에 의하여 그냥 보낸 것이었기 때문이다. **고객이 클레임을 통해 바라는 것은 건성으로 잘못을 비는 것이 아니다. 단순한 사과나 조그마한 물건을 바라는 것이 아니라 마음의 문제인 것이다.**

고객의 클레임은 영업사원의 의식 전환이 늦은 데서 나오는 가장 대표적인 부산물이다. 현대는 영업력의 시대인데도 불구하고 많은 영업사원들은 변함 없이 상품과 서비스를 제공하는 자신이 판매하고 있다는 생각에만 매달려 있으므로 고객과 의식의 차이가 생겨 클레임이 발생하는 것이다.

최근 미국과 일본의 판매점 점포장 교육 프로그램 중에서 과거와 가장 크게 달라진 점은 클레임 처리를 가장 중요시하여 첫 번째 세션에서 지도한다는 것이다. 성공적으로 클레임에 대응한 회사들의 공통점을 살펴보았더니 대략 다음과 같았다.

* 고객의 입장이 되어 성의를 갖고 대응한다.
* 고객의 입장이 되어서 고객이 말하는 것을 충분히 듣는다.
* 선입견으로서 대응하지 않고 사실 확인의 찬스로 삼았다.
* 고객이 모르는 것에 대해서 무시하는 듯한 태도를 취하지 않는다.
* 전문용어 등 고객이 이해할 수 없는 말은 사용하지 않는다.
* 속도감(speed) 있게 대한다.

그래서 미국에서는 〈3 · 3 · 3의 법칙〉이 있다. 고객의 클레임이 있으면 3분 이내에 반품 처리를 해주고, 30분 이내에 점장이 사과를 하고, 3일 이내에 사장이 다시 한번 사과를 한다는 것이다.

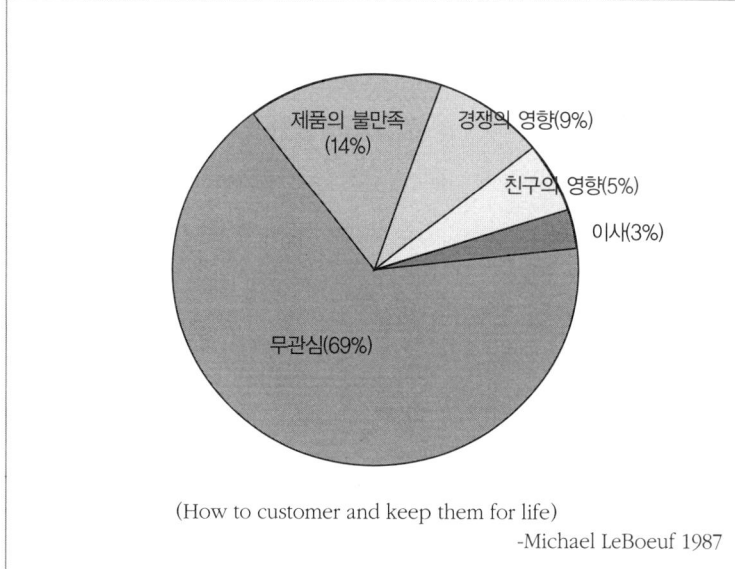

제품의 불만족
(14%)

경쟁의 영향(9%)

친구의 영향(5%)

이사(3%)

무관심(69%)

(How to customer and keep them for life)
-Michael LeBoeuf 1987

고객 이탈 원인의 69%는 고객에 대한 기업의 무관심에 원인이 있다고 하는데 무관심에는 다음과 같은 것들이 포함되어 있다.

① 직접 손님을 대하는 직원(파트타임, 아르바이트 포함)의 태도와 커뮤니케이션

② 고객에게 간접적으로 서비스를 하는 부문에서 일하는 직원 (파트타임, 아르바이트 포함)의 태도와 커뮤니케이션

③ 클레임에 대한 불성실한 대응 방법

특히 클레임 처리 과정에서 신속하고 만족스럽게 대응했을 때의 재구입 비율은 신속하게 처리하지 못했을 때와 비교하여 9배 이상인 62%로 뛰어오른다는 결과(10만 원 이상의 상품인 경우)

도 있다. 평상시 고객에 대한 직원들의 대응 방법이 이 정도로 고객 이탈에 큰 영향을 미치기 때문에 이를 개선하기 위한 철저한 커뮤니케이션 훈련이 필요하다.

　이런 클레임 처리를 원활하게 수행하기 위하여 어떤 판매점의 점장은 한 달에 한번씩 의무적으로 전 직원이 참석하는 클레임 회의를 연다고 한다. 이런 회의를 통하여 클레임의 내용을 분석하거나 대응 방법을 통일함으로써 클레임의 재발을 방지하고 전 직원이 클레임에 대한 적절한 대응 방법을 공유하는 데 아주 좋은 성과를 거두고 있다는 것이다.

고객의 잔소리를 즐겁게 받아주는 사람이 잘 된다

고객은 발길을 조금만 돌리면 비슷한 상품을 파는 곳을 얼마든지 만날 수 있다. 고객의 잔소리를 신뢰 회복의 찬스라 생각하고 환영하자.

나는 판매사원 세미나를 할 때마다 다음과 같은 순서로 상품을 권하고 판매를 유도하라고 강조한다.

① 반품과 클레임이 없는 상품
② 지금 보유중인 상품 위주로
③ 부가가치가 높고, 수요 창조형 상품 위주로

반품과 클레임은 영업에서 대단히 중요한 요소이기 때문에 이렇게 순서를 매겼다. 그래서 나는 반품과 클레임을 고객의 잔소리로서 서비스산업의 2가지 고충이라고 이야기한다.

클레임은 앞에서 이야기했으니까 반품에 대해서 이야기해 보자. 반품은 판매자에게 있어서 대단히 귀찮은 일이다. 상품 관리와 회계 상으로 귀찮을 뿐만이 아니라 고객 설득이 뜻대로 되지 않는 경우가 많기 때문이다. 나는 반품 요청이 있을 경우 다른 곳보다 신속하게 바꾸어주라는 철칙을 세워두고 있다. 왜냐하면 반품을 기분 좋게 받아주면 반품율이 낮아지고, 반품을 회피하면 회피할수록 오히려 반품율이 높아지기 때문이다.

반품을 잘 받아주어 "저 점포는 반품이라도 기분 좋게 받아준다"는 것을 고객들이 알게 되면 고객들은 일일이 반품을 하러 가지 않게 된다. 반품을 한 고객도 반품만 하고 가는 것이 아니라 다른 상품을 기분 좋게 구입해 간다. 잘못될 경우 반품을 기분 좋게 받아준다는 것을 잘 알고 있기 때문이다. 여기서 고객과의 신뢰 관계가 생겨나는 것이다.

국내 최고의 전자제품 판매회사인 H마트에서는 고객이 상품을 구입한 후 일정한 기간 내에 성능상의 문제로 반품을 의뢰하면 구입할 때보다 더 친절하게 고객의 요구를 받아들여주는 정책을 펴고 있다. 그 결과 일부의 우려와는 반대로 오히려 클레임은 현저하게 줄어들었다. 직원의 입장에서 보면 마음 편하게 고객을 대할 수 있고 판매에 대한 부담도 줄어들기 때문에 좋다. 반대 입장에 있는 고객을 설득하는 데만 온 정열을 쏟을 수 있으므로 고객들의 회사에 대한 이미지도 훨씬 더 좋아졌다.

특히 회사에서 반품 기일을 정하여 기일이 지난 것은 반품 불가능이라고 하는 경우가 많은데, 반품 불가능이라는 기준이 있어도 반품은 반품으로서 100% 인정을 하고 받아 주라고 권한다. 그것이 반품을 줄이는 원동력이 된다.

역지사지(易地思之)로 점포의 입장에서 생각해 보자. 상품을 매입해와 최선을 다해 판매하다가 남은 잔량에 대해서 반품을 받아주는 메이커와 반품이 불가능한 메이커 중에서 어느 메이커를 선택하겠는가? 특별한 경우가 아니라면 반품을 받아주는 회사를 선택할 것이다. 자신의 경우가 이럴진대 고객의 경우도 마찬가지가 아니겠는가?

반품에 대해서 귀찮다고 생각할 것이 아니라 오히려 적극적으로 대처할 필요가 있다. 반품이야말로 고객을 여러분의 열렬한 후원자로 만들 수 있는 절호의 찬스라는 사실을 명심하자. 고정 팬은 없으면서 고객만 많은 회사는 순식간에 망해 버린다. 비극 중의 비극이라고 하지 않을 수 없다.

반품과 클레임에 대처하는 수준이 진정한 실력이다. 앞으로는 반품과 클레임이 발생하면 이 상품이 고객에게 어떤 점에서 불편을 끼쳤는지, 어떤 점이 마음에 안 들어 반품이 되었는지 등에 대해서 고객의 의견을 들으면서 상대의 입장에 서서 다시 한번 생각해 보자.

반품과 클레임 처리에 드는 비용을 수업료, 조사료, 마케팅비라고 생각하는 것도 하나의 방법이다. 반품도 하지 않고 클레임도 말하지 않는 고객은 순식간에 사라져 버린다. 고객의 가슴속에 들어가야만 비로소 고객의 입장을 이해할 수 있게 되고, 고객이 어떤 점을 염두에 두고 상품을 구입하는지 알 수 있게 된다. 경쟁이 치열하면 치열할수록, 시장 여건이 성숙해지면 성숙해질수록 반품과 클레임 처리는 더욱 중요해진다.

최근 미국과 일본의 유통회사들은 점포장 교육 과정에서 반품과 클레임 처리에 대해 가장 먼저 강의한다는 말을 앞에서 했거니와, 한 가지 덧붙여서 반품이 발생하면 반품의 사유에 대해 담당 직원에게 반드시 메모를 하도록 하여 유사한 경우가 발생하지 않도록 해야 한다는 점을 강조해둔다.

앞으로의 영업은 치열한 경쟁과 새로운 업태의 등장 등으로 인하여 신규 고객 위주로 영업을 하기에는 다소 무리가 따르기 때문에 기존 고객을 얼마나 고정 고객으로 묶어 두느냐가 성공과 실패를 좌우한다고 하겠다. 기존 고객의 이탈을 방지하고 이들의 충성도를 높여 가는 최선의 방법은 클레임과 반품 처리 여부에 달려 있다고 해도 과언이 아니다.

특히 최근 판매점에서 파트, 아르바이트, 파견의 비율이 늘어나면서 고객의 잔소리(클레임, 반품)를 소홀히 취급하는 경향이 늘어나는 면도 있다.

정사원이 아니라고 해서, 신입사원이라고 해서 고객의 잔소리에 대해 아무렇게나 처리해서는 안 된다. 고객의 입장에서는 모두가 직원인 것이다.

아무리 사소한 클레임이라도 반드시 상사에게 보고하고 다음의 개선책을 수립할 수 있도록 업무 시스템을 만들어가야 한다.

고객의 잔소리에 대해서 대처를 잘하면 「참 잘한다!」고 칭찬해 주지만 잘못된 대처를 하면 「내가 두 번 다시 저 점포에서 상품을 사면 성을 갈겠다」는 나쁜 기분을 주위에 퍼뜨린다.

고객은 발길을 조금만 돌리면 비슷한 상품을 파는 곳을 얼마든지 만날 수 있다. 고객의 잔소리를 신뢰 회복의 찬스라 생각하고, 잔소리를 환영하자.

판매와 직접 관계되지 않은 일을
잘해야 성공한다

상품보다 이벤트가 중요한 시대다.
모임의 총무와 같은 역할을 할 수 있어야 하고 이벤트를 만들 수 있어야 한다.

얼마 전 일본에서 개최된 영업사원 포럼에 갔다가 각 분야별로 실적이 뛰어난 영업사원들과 토론할 기회가 있었다. 내가 "다른 사람보다 실적이 뛰어난 비결이 뭐냐?"고 물었더니 자동차 분야에서 우수한 실적을 올린 사람이 다음과 같이 이야기했다.

"자동차를 판다고 하여 자동차에 대해서만 이야기를 하여 자동차가 팔리는 시대는 끝났다. 고객들로부터 들은 여러 가지 정보를 활용하고 있다."

예를 들어 꽃을 좋아하는 고객에게는 꽃에 대한 새로운 정보를 제공하는 식으로 자동차 이외의 정보도 고객의 취향에 맞게 제공해주어 고객들로부터 좋은 평판을 얻고 있다는 것이다.

앞으로는 **상품보다도 이벤트가 중요한 시대**가 될 것이다. 여기서 말하는 이벤트란 세일 행사, 박람회, 파티와 같은 것이 아니라 단지 한두 사람만으로도 할 수 있는 이벤트를 의미한다.

점포와 영업사원의 역할은 커뮤니티 네트워크가 약해진 요즘 그 네트워크의 중심에 서서 커뮤니티를 매개하는 일이다. 내가 자주 가는 백화점 양복 코너의 직원들은 자기들과는 직접적인 관련이 없는 정보를 전해주어서 인기를 끌고 있다. 양복을 구매한 고객들에게 "우리 백화점 빵이 맛있기로 유명합니다. 10분 정도 지나면 새로운 빵이 나올 시간이니까 빵 맛 좀 보고 가십시오" 하는 식으로 자신의 상품 판매와 직접 관련이 없는 정보를 제공하는 것으로 인기를 끌고 있다.

이것은 정말로 재미있는 일이다. 앞집에 살고 사는 사람이 무엇을 하는지 모른다는 것은 이제 옛말이다. 사람들은 지역사회와 연계하고 싶어한다. 점포와 영업사원이 그 매개체 역할을 하는 것이다. 최근 대형 영업점들이 많이 들어서고 있는데 이 점포들 중에서도 성공하는 점포들의 공통적인 특징은 지역 주민들의 매개체 역할을 충실히 수행한다는 사실이다. 또 이것을 판매촉진 전략의 하나로 철저히 활용한다.

회사가 유일한 네트워크였던 시대에는 이웃이 무엇을 하고 있는지 몰라도 같은 회사에 다니면 모두가 친구였다. 하지만 연봉제, 능력급제의 도입 등으로 언제 해고당할지도 모르고 회사간의 경쟁도 점점 치열해지면서 자신이 다니는 회사가 언제 망할지 모르는 시대가 되었다. 과거처럼 같은 회사에 다닌다는 것만으로도 가능하던 결속력은 더 이상 존재하지도 않는다.

이런 시대에는 개인과 개인, 옆집과 옆집을 연결해 주는 매개체 역할을 하는 사람이 중요하다. 말하자면 모임의 총무와 같은 역할을 잘하는 사람이 중요한 시대인 것이다. **점포와 영업사원은 이러한 총무 역할을 잘하기 위해서 이벤트를 만들고 이벤트에 참여할 수 있어야 한다.**

어떤 유명 여행사에서는 경쟁사들이 워낙 가격 경쟁 위주로 영업을 하는 바람에 한계를 느끼고 다른 방면으로 눈을 돌려 큰 성공을 거두고 있다. 부가가치가 떨어지는 단순한 여행객 모집보다는 여행지에서 다양한 이벤트를 개발하고 이와 연계한 판촉을 함으로써 좋은 성과를 올리게 된 것이다.

총무는 재미도 없고 귀찮은 일이므로 누구도 맡고 싶어하지 않는다. 이런 재미없고 귀찮은 일을 맡아 즐겁게 대행할 수 있어야 한다. 앞으로는 급속하게 커뮤니티 네트워크가 약해지는 시대로 접어들 테니까 그 네트워크의 중심이 되는 역할을 영업사원인 여러분이 맡아야 한다. 이것이 잘 나가는 영업사원의 특징이다. 선진국의 국민일수록 지역사회와 연계되고 싶어하므로 잘 나가는 영업사원일수록 이런 역할을 잘해야 한다.

요약해서 다시 한번 강조하자면 팔기 위해 억지로 하는 일이 아니라 그냥 자연스럽게 하는 일이 판매로 이어지도록 하는 능력을 길러야 한다. 판매하기 위해서는 판매와 직접 관계되지 않은 일을 잘할 수 있어야 한다.

실제로 한국의 영업사원들과 미국이나 일본의 영업사원들을 비교해보면 단순한 활동량에서는 차이가 없을지 모르겠지만 내용을 들여다볼 때 많은 차이가 있다. 일본에서 근무할 때 보면 조그만 일에도 의미를 부여하여 고객을 초대하고 만나는 경우가 매우 흔했다. 이런 것들을 보면서 느낀 것은 부지런히 판매만을 위해 활동하는 것도 중요하지만 이런 계기를 만들기 위한 영업 기획력이 훨씬 더 중요하다는 사실이다. 앞으로의 활동은 수량에 바탕을 둔 것이 아니라 자신이 실천해야 할 행동에 대한 기획을 통한 활동이 전제되어야 좀더 좋은 성과를 거둘 수 있다는 말이다. 좋은 영업활동을 위해서는 다음 3가지를 항상 생각해서 목표를 설정하고 행동해야 한다.

*Why … 이런 행동을 왜 하는지를 생각하여 합리적인 행동
　　　　실천 목표를 설정해야 한다.
*What … 행동 실천 목표를 달성하기 위해서 무엇을 해야 하
　　　　느냐를 생각하는 것이다.
*How … 어떤 식으로 할 것이냐의 방법론적인 문제이다.

　필자를 이 세 가지(2WIH)를 항상 생각하고 일하는 습관을 들이
라고 강조한다. 그러면 자신의 일에 대한 기획력이 좋아지고 결
과도 성공적으로 유도되기 때문이다.

가장 좋은 스승은 경쟁자다

질투심이 생기는 사람에게서 가장 많이 배울 수 있다.
경쟁자는 시기의 대상이 아니라 좋은 교재다.

회사에서는 실적이 우수한 몇 명을 시상하면 나머지는 이것을 보고 분발할 것이라고 생각한다. 그러나 대부분의 사람들은 마음속으로 "나도 열심히 했는데 저 친구만…" 하는 식으로 표창을 받은 사람들에 대한 질투심과 시기심을 갖는 게 일반적인 현상이다. 예를 들어 500명의 사원 중에서 20명이 상을 받는다고 하면 나머지는 분발할 것이라고 생각하지만 실상은 그렇지가 않다. 오죽하면 옛말에 "사촌이 땅을 사면 배가 아프다"는 말도 있지 않은가.

여러분보다 잘하는 사람이 있다면 여러분의 마음속에 질투심이 느껴지는 사람은 있을 것이다. "나는 질투심이 느껴지는 사람이 없다"고 말하는 경우도 있을 것이다. 나는 이것이 거짓말이라고 생각한다. 하지만 잘 나가는 영업 사원이 되려면 "저 사람은 운 좋게 좋은 거래처 만나서 쉽게 매출을 올리고, 시상 받고, 인정받고 복 터졌군", "저 사람은 운도 좋아"라는 식의 질투로 끝나서는 안 된다.

질투심은 좀더 좋은 영업 방법을 배울 수 있는 원동력이 된다. 누구로부터 배울까? 질투심을 느끼는 경쟁자로부터 배울 수 있어야 한다. 심리학적인 측면에서 보면 **인간은 질투심이 생기는 사람으로부터 가장 많이 배울 수 있다고 한다.** 자신보다 실적이 좋은 사람이 있다고 하면 시기심을 갖기보다는 벤치마킹의 대상으로 정하고 그로부터 배우려는 마음을 갖기 바란다. 경쟁자의 노하우를 흡수할 수 있어야 한다. 여러분의 영업력 신장은 흡수력으로 결정될 테니까.

영업에서 시상 제도는 아주 중요하다. 시상 받는 사람들은 다른 사람들로부터 부러움을 산다. 그런 사람들을 향해서 "억울하다. 나는 열심히 했는데도 왜 안 되지?"라는 식의 생각보다 "저 사람들은 무엇을 어떻게 잘했기에 저렇게 시상을 받지?"라는 생각을 가지고 흡수력을 발휘하자. 자신보다 실력이 좋다고 객관적으로 인정받은 사람의 영업 방법을 배우자는 것이다. **경쟁자를 시기의 대상이 아니라 여러분의 이상적인 목표로 만들어갈 수 있어야 한다.**

단위별 영업력을 증대시키는 데는 미니 히어로(mini hero)를 많이 만들어 나가는 것이 활성화의 원동력이다. 그러면서 서로간에 배울 수 있는 분위기를 만들어가야 한다. 일본의 소매점에 근무할 때 점장은 매월 다양한 형태의 시상을 했다. 주변에서 보는 통상적인 판매 우수상뿐만 아니라 최다 시도상, 분발상, 실패상 등의 다양한 방법으로 구성원간의 경쟁과 분발을 촉구하고 있었다.

미국이 세계 비즈니스 계를 선도해 가는 이유 중의 하나는 GE 그룹의 잭 웰치 회장 같은 사람들 때문이라고 한다. 미국에서 GE 그룹의 잭 웰치 회장만큼 존경과 동시에 질투를 받는 사람도 없을 것이다. "제기랄, 저 사람이 저렇게 성공하다니…"라고 생각하는 질투심보다도 "저 사람은 어떻게 해서 많은 사람으로부터 존경을 받을까?"라고 생각하면서 열심히 배우고 흡수하려고 노력하기 때문이다.

질투와 시기는 결코 나쁜 것만은 아니다. 질투와 시기로부터 "나는 좀더 나은 것을 해 보이겠다"는 긍정적인 의미의 경쟁, 즉 좋은 의미의 경쟁을 할 수 있어야 한다는 사실이 중요하다. 지금보다 잘 나가는 영업을 하려면 질투심이 일어나는 상대로부터 배우자.

전 직장에서 한때 상사로 모셨던 S전무는 가는 곳마다 좋은 실적을 내곤 했다. 그래서 나름대로 그 원인을 분석해보니 철저한 경쟁 원리를 바탕으로 한 그룹 편성으로 서로간의 상승 의식을 가지도록 하는 데 있었다. 대개의 경우 알기 쉽게 지역별로 그룹을 편성한다든지 하여 상향보다 하향 평준화로 나타나는 경우가 많은데 S전무는 달랐다.

그는 잘하는 사람은 잘하는 사람들끼리, 중간은 중간 그룹으로, 못하는 사람은 못하는 사람끼리 그룹으로 묶어 매출과 수익의 목표를 주고 자신들보다 상위 그룹에 있는 특정인을 경쟁자로 정하여 일하도록 지도하며 독려했다. 그 결과 중간 그룹의 경우를 예로 들어보면, 하위 그룹의 사람들에게 지지 않기 위해서, 또 상위 그룹의 지명된 경쟁자를 따라잡기 위해서 많은 아이디어를 내며 일을 하기 때문에 성과도 좋아지고 조직의 분위기도 좋아지는 것이다. 이처럼 조직 내에서도 경쟁자를 누구로 정하느냐, 어떤 방법으로 정하느냐에 따라 얼마든지 좋은 성과를 가져올 수 있다고 하겠다.

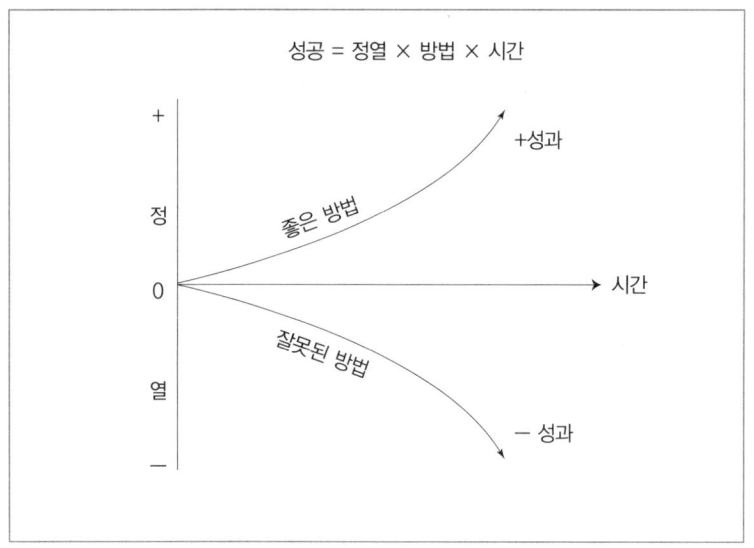

성공 = 정열 × 방법 × 시간

그림과 같이 좋은 방법으로 경쟁자를 정하여 노력하면 좋은 성과를 내지만 잘못된 방법으로 잘못된 경쟁자를 정하여 노력하면 원래의 계획과는 전혀 다른 성과를 내므로 경쟁자를 정하는 방법, 경쟁자로 삼는 대상이 좋아야 한다.

54

판매에 급급하기보다 정보를 제공하자

영업이란 정보를 제공하는 서비스업이다.
상품을 팔려고 하기보다 정보 제공형의 영업을 하자.

　요즘은 경쟁이 치열해지고 고객이 원하는 정보도 많아졌다. 나는 강의를 할 때마다 상품을 팔기보다는 고객에게 정보를 제공한다는 마음으로 접근하라고 권하곤 한다.

　나는 어릴 때 시골에서 자랐는데, 지금도 이동매장을 운영하던 부부의 이야기를 자주 하고 있다. 아주머니는 집을 방문해도 "뭐, 필요한 것 없어요?" 하는 식으로 주문을 먼저 받지 않았다. 주문 대신에 "아무개 집 아들 누가 군대 간다더라", "아무개는 아들을 낳았다"는 식으로 정보를 제공하고 다녔다. 그러면서 아주머니들의 말못할 고민을 들어주기도 하고, 개인적인 신상에 관한 상담을 해주기도 했다. 그러다가 돌아갈 때쯤 되면 "내일 우리 집에 일꾼이 많은데 소주와 맥주, 반찬거리 좀 갖다 줄래요" 하는 식으로 주문을 받는다. 어디까지나 주문은 부수적인 것이다. 이 아주머니는 현관문을 두들기기보다는 곧장 부엌으로 들어가 어머니를 만나서 이런 저런 이야기를 하던 기억이 난다. "오늘 주문 없어?", "뭐, 살 것 없어?" 하는 식으로 접근하는 사람만큼 부담 가는 사람은 없다. 잘 나가는 영업사원은 아주 자연스럽게 고객의 집을 드나든다는 사실을 명심하자.

"주문 없어요?", "이러저러한 상품 취급하는 사람입니다" 하는 식으로 접근하면 대부분 거절당한다. 앞에서 예를 들었던 아주머니처럼 현관이 아닌 부엌문으로 들어올 수 있는 능력을 가져야 한다. 현관으로 들어오면 쫓겨나기 때문이다.

정말 잘 나가는 영업사원이 되려면 고객과 인생 상담도 해주고, 주변과 업계의 정보도 제공해주자. 말하자면 잘 나가는 영업사원은 정보를 운반하는 미디어가 되어야 한다. 나를 지도해 주고 있는 일본인 가운데 한 영업 전문 컨설턴트는 5년 연속 일본 최고의 노트북 판매 왕을 한 사람이다. 이 사람은 주로 소매점을 운영하는 점주를 대상으로 공략해 성공을 거두었다고 하였다. 그는 점포를 방문하면 가장 먼저 "안녕하세요! 노트북 판매사원 아무개입니다"라고 자기 소개를 하는 것이 아니라, 그 점포를 유심히 관찰한다고 했다. 그러면서 그 점포의 좋은 점과 나쁜 점을 일일이 머리 속에 기억해 두었다가 자연스럽게 점장에게 접근하여 대화를 하면서 활용한다는 것이다.

수많은 고객을 만나면서 한번도 "노트북 구입하십시오"라는 말은 해본 적이 없다니, 그렇게 하고도 5년 연속 판매 왕을 했다니 놀랍지 않은가! 가전 양판점을 방문했을 때 그 점포의 전화기 코너가 다소 부실하다고 느꼈다면 "요즘 전화기는 판매가 어떻습니까?"라는 식으로 접근한 다음 자신이 다른 곳에서 본 전화기 진열·판매 방식과의 차이점을 이야기해 준다는 것이다. 그러면 대부분의 점장들은 자연스럽게 취급하는 상품에 대해 관심을 기울여 이야기를 해오고, 그 단계에서 비로소 자신의 취급 상품을 어떻게 활용하면 좀더 좋은 영업을 할 수 있는지에 대해 설명한다는 것이다.

요즘은 미디어가 발달하여 "세계경제의 불황으로 한국경제도 금년은 어려울 것이다" 하는 식의 큰 뉴스는 누구나 알고 있다. 그러나 "성공적인 영업을 위해서는 INCOM LEARNING으로 문의하면 좋은 아이디어를 얻을 수 있다"는 등의 작은 정보는 잘 알지 못하는 것이 현실이다. 큰 정보는 알아두면 좋지만 자신에게 직접적인 도움이 되지 않는 게 보통이다. 상대는 큰 정보보다 작은 정보를 더 좋아하고, 이것이 진짜 정보고 자신에게 맞는 정보다. 오늘날 누군가가 이런 일을 해야 한다. 그래서 이런 일을 잘하는 사람이 영업의 세계에서 승리자기 될 수 있다. **상품을 팔려고 하기보다는 정보를 제공하는 영업을 하자. 영업이란 정보를 제공하는 서비스업이다.**

2 고객과
만나는
것을 즐기자

영업, 즐겁지 않으면 그만두어라!

악착같음, 끈기만 가지고는 영업을 할 수 없다.
자신이 하는 영업을 즐기면서 해야 생산성도 높고 좋은 아이디어가 생긴다.

"여러분은 이 회사에 강제로 입사했습니까? 아니면 타의로 입사했습니까?"

세미나를 진행할 때 처음 또는 마지막에 내가 자주 던지는 질문 중의 하나다. 그러면 대답은 거의 한결같이 "강제나 타의가 아니다"라는 것이다. 나는 기다렸다는 듯이 "타의에 의한 것이 아니라 자의에 의한 자발적인 회사 선택이니까 자신의 일을 즐겨라"라고 이야기한다. 재미있게 일해야 자신의 능력도 최대한 발휘할 수 있을 테니까. 자신의 선택으로 택한 회사인데 일부러 재미없게 일할 필요는 없지 않는가? 그렇다면 여러분은 지금 하고 있는 일이 주변 사람들의 강요에 의한 것입니까, 스스로의 선택에 의한 것입니까?

자신의 능력을 최대로 파워 업(power up)하는 방법은 다음 두 가지다.

① 자신이 하는 일에 재미와 흥미를 가지고 있어야 한다.
② 자신이 하는 일에 호기심을 가지고 있어야 한다.

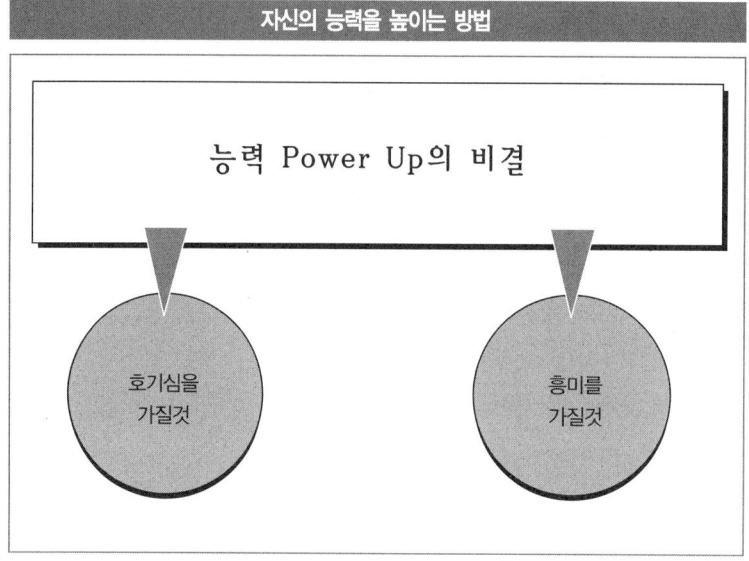

이렇게 해야만 자신과 고객이 좋은 관계를 맺어갈 수 있다. 고객과의 좋은 관계는 자신이 하는 일에 중독이 되었을 때만 가능하다. 영업에 있어서의 중독에는 〈영업을 당하는 중독〉과 〈영업을 하는 중독〉의 두 가지가 있다.

〈영업을 당하는 중독〉이란 자신의 의지와는 상관없이 또는 소극적으로 마지못해, 면피를 위해 영업하는 스타일이다. 이런 사람들은 마음 깊은 곳에서 나오는 즐거움이란 것이 없기 때문에 진정한 영업이라고 볼 수 없다. 이런 영업 스타일들은 자신은 내색을 하지 않고 한다고 하지만 고객은 5감 외에 육감으로 "이 사람은 영업사원이지만, 즐기며 영업하고 있지 않다"는 것을 아주 쉽게 알아차린다. 대부분 인상을 쓰면서 일하는 스타일이 많으므로 잘 나가는 영업사원의 대열에 끼어들기 힘들다.

〈영업을 하는 중독〉이란 영업 활동을 하면서 고객을 기쁘게 만드는 순간 마음 속에서 쾌감의 물질이 흘러나오는 현상을 말한다. 소위 마음속에 〈인이 박히는 현상〉을 말한다. 영업을 하면 고객의 기쁨을 보아야 적성이 풀리는 타입이다. 한번 이런 쾌감을 맛보게 되면 더 이상 그만두지 못하게 된다.

흔히 영업이라고 하면 악착같음과 끈기를 연상할 수 있다. **악착같음과 끈기만 가지고** 영업하는 스타일은 요즈음 시대에는 통하지 않는다. 위험한 발상은 악착같음과 끈기로 영업하는 것이 진정한 영업이라고 생각하는 것이다.

영업은 원래 즐거운 것이므로 즐겨야 한다. 마음 깊은 곳에서 즐거움이 우러나오지 않으면 진정한 영업이라고 볼 수 없다. 억지로 노력하면서 하려고 하기보다 **즐기면서 영업하는 것이 좀더 쉽게 고객의 호감을 얻는다.** "이런 일도 한번 해보고 싶다", "이런 일들을 해서 고객을 한번 깜짝 놀라게 해주고 싶다"는 식의 **아이디어는 즐기며 일하는 동안에만 생긴다.** 억지로, 마지못해, 즐겁지 않게 일하는 동안에는 "뭐! 이런 일들은 해봤자…"라는 식이 되어 버린다.

오늘부터는 생각을 한번 바꾸어 보기 바란다. 자신의 주변 사람들이 뭔가를 하고 있다면 "야아, 참 재미있는 일을 하고 있네. 나는 저 사람하고는 다른 00 일들을 **해봐야지"라고 생각해보자. 또 자신의 동료가 "** 일들을 한번 해보고 싶다"는 말을 하면 "야아, 그것 참 재미있겠다. 일단 한번 시도해보자. 만약 생각대로 잘 안 되면 바꾸면 되니까"라는 식으로 적극적인 말을 해보자. 영업을 즐길 때만 이런 말을 할 수 있다. 반드시 영업을 즐기면서 하기 바란다.

수많은 고객들을 만나다 보면 그만큼 싫은 경험도 많이 하게 될지 모른다. 이런 경우 자신의 한계라고 결정짓지 말고, 그런 경험들이 자신을 키워주는 밑바탕이라고 긍정적으로 생각하자.

일반적으로 선진국과 후진의 차이를 경제력의 크기만으로 비교하는 경우가 많은데, 나는 다른 방법으로 비교한다. 자신이 맡은 일에 최선을 다하고 좋은 성과를 내면 선진국이고, 그렇지 않으면 겉은 선진국일지 몰라도 알맹이는 후진국인 것이다.

여러분의 회사는 선진국 형 영업인가, 후진국 형 영업인가? 마찬가지의 의미로 독자 여러분께 여쭙고 싶은 것은 "영업이 재미있습니까, 그렇지 않습니까?" 하는 것이다.

선진국 형 영업을 하기 위해서는 영업 담당자들도 중요하지만 영업 관리자들의 역할도 중요하다. 한 예로 맬컴 볼트릿지 상(賞)을 2번이나 받은 적이 있는 리츠칼튼호텔에서는 관리자들이 직원들로 하여금 즐거운 영업 활동을 하도록 하기 위해 타사와 다른 긍지 교육을 시키고 있다. 직원들에게 단순히 호텔의 종업원으로서 봉사하라는 식이 아니라 스스로가 신사 숙녀라는 자각을 가지고 자신과 같은 신사 숙녀에게 긍지를 갖고 행동하도록 요구하고 있는 것이다. 리츠칼튼 중에서도 가장 대표적인 오사카 리츠칼튼의 경우 동급 호텔의 1박 사용료가 약 1만4천 엔 정도인 데 비해 이 호텔은 2만8천 엔이나 된다. 호텔의 연간 예약률도 동급의 다른 호텔이 77%인 데 비해 이 호텔은 87%에 이른다.

어떤가? 오사카 리츠칼튼호텔의 경우만 보더라도 직원들이 모두 자신의 일에 긍지와 자부심을 가지고 중요한 공헌을 하고 있다는 자랑스런 태도를 취하는 것이 대단히 중요하다. 관리자들은 이런 분위기를 만들기 위해 노력해야 전체적인 영업성과를 향상시킬 수 있는 것이다.

〈영업을 하는 중독〉을 가지도록 하기 위해 전자유통업체인 H마트는 친절 메신저 제도를 도입하여 매장에 활기를 불어넣고 있다.

친절 메신저들은 직원들이 재미나고 즐겁게, 밝고 활기한 표정으로 일할 수 있도록 노래, 유머, 율동 등으로 분위기 메이커 역할을 한다. 친절 메신저 제도를 꾸준히 실천한 결과 직원들은 일을 즐겁게 하고, 고객들로부터 좋은 평가도 받고 있다고 한다.

사람은 동물과 마찬가지로 고정된 것보다 움직이는 것에 주목하는 경향이 있다. 따라서 영업하는 사람이 밝고, 활기차게 움직여야 한다. 그래야 고객이 모이는 법이라는 것을 명심하자.

세일즈는 영업사원 자신을 파는 것이다

영업사원의 신뢰도는 비즈니스의 기초 체력과 같다.

　누가 영업에 대하여 정의하라고 하면 나는 "자기 자신이라는 상품을 자신이 취급하는 상품 이상으로 비싸게 파는 것이다"라고 이야기한다. 그렇기 때문에 재미도 있고 보람도 있는 것이다.

　자신이라는 상품을 팔기 위한 방법으로 〈기술〉과 〈스킬〉을 강조하는 사람들이 많다. 하지만 기술과 스킬은 어디까지나 2차적인 요소다. 가장 중요한 것은 1차적인 요소, 즉 〈인격(신뢰)〉이다. 〈인격〉이 따르지 않으면 〈기술〉과 〈스킬〉은 소용이 없다는 것을 알아두기 바란다. **"기초 체력이 없으면 스포츠를 할 수 없다"는 것과 마찬가지로, 비즈니스의 세계에서도 〈인격(신뢰)〉이 없으면 자신이라는 상품에 대한 좋은 가격을 받을 수가 없다.**

　또 영업이라고 하는 것은 매뉴얼대로 해서는 팔리지 않기 때문에 재미있는 것이다. 매뉴얼이라고 하는 것은 최대 공약수를 모아놓은 것일 뿐이다. 여러분 회사의 매뉴얼을 마스터한다고 해서 상품을 잘 팔 수 있는 것도 아니다. 백 사람의 고객이 있으면 백 가지 이상의 판매 방법이 있어야 하기 때문이다. 이렇게 고객이 다양한데 어떻게 모든 사람에게 공통되는 매뉴얼이 있을 수 있겠는가. 그러므로 매뉴얼을 자기 방식에 맞도록, 고객에게 맞도록 〈가공〉하는 일이 중요하다. 만약 영업이 매뉴얼대로만 된다면 얼마나 밋밋하고 쉬운 일이겠는가? 그렇다고 매뉴얼 자체를 부정하고 싶은 마음은 없다.

경제도 원칙대로 되는 것이 아니다. 경제가 원칙대로 움직인다면 컴퓨터가 대신하면 된다. 영업도 마찬가지다. 판매하는 것도 사람이고, 구입 여부를 결정하는 것도 사람이다. 그러므로 상품에 책임 전가를 하기보다 영업사원 자신의 상품성이 먼저 갖춰져 있어야 한다. 이 세상에 존재하는 상품 중에서 아무런 일도 하지 않고 가만히 있는데 판매되는 것이란 한 가지도 없다. 무엇인가 공작을 하여야 판매가 이루어진다. 공작을 담당하는 임무를 띤 사람이 영업사원이다. 그러니까 매뉴얼대로 해서는 판매되지 않는 것이 당연한 일이다. 모든 고객에게 맞는 최대 공약수적인 매뉴얼은 어디까지나 기본의 기본 일뿐이며 거기에 자신의 부가가치를 플러스해 가지 않으면 판매가 성공되지 않는 것이 현실이다. 따라서 자기 나름대로의 판매 방법을 연구·개발할 수 있어야 한다.

"왜 판매 실적이 부진합니까?"

이렇게 물으면 대부분은 "상품의 특별한 매력이 없다", "이런 상품으로 어떻게 영업을 해", "경쟁사와 비교해볼 때 비싼 편이다"라는 식의 대답을 한다. 이처럼 상품의 질과 가격에 관심을 두는 것도 중요하지만 "어떤 상품일지라도 판매해 보겠다"는 열의와 정성이 있어야 한다. 거꾸로 말하면 판매할 마음이 없는 사람은 틀림없이 잘 판매될 상품도 잘 판매하질 못한다.

판매가 되지 않으면 판매가 되도록 궁리하는 것이 영업사원의 일이다. 영업사원은 고객의 동향을 파악하는 최(最)일선에 있는 사람이다. 그르므로 어떻게 하면 판매가 되는지 연구하거나 제안하지 않고, 불평만 하는 사람은 하루빨리 다른 일을 찾는 것이 좋다.

고객은 아무리 머리로는 이해를 해도 마음 속으로 수긍을 하지 않으면 "구입하자"는 결정을 내리지 않는다. 고객의 마음을 움직이게 하기 위해서 영업사원은 온몸으로 부딪혀 가야 한다.

요즘의 고객들은 〈저렴하다〉는 이유만으로 구입을 결정짓지는 않는다. 다른 회사 상품보다 약간 비싸도 영업사원의 가치가 높으면 구입할 가능성이 많다. 결정적인 요소는 영업사원이라는 것이다. 생산 기술의 발달로 수요보다 공급이 많아지고, 끊임없는 기술혁신으로 상품간 품질의 차이가 없어질수록 판매사원의 역할이 점점 더 커질 것이다. 그리고 이런 사고 방식을 갖고 있는 영업사원의 실적은 몰라보게 올라갈 것이다.

좋은 영업 실적을 지속적으로 유지하고 싶다면 자신이 취급하는 브랜드 때문에 자신을 찾는 것이 아니라 그 상품을 판매하는 자신 때문에 찾아오는 손님의 수가 많아야 한다. 이것이야말로 진정한 영업사원의 존재 이유가 아닐까? 그래서 어떤 여성의류 전문점에서는 3~4개월에 한번씩 자신의 단골 고객에 대한 이름 적어보기를 하면서 단순히 상품을 판매하는 직업에 그치지 않도록 교육하는데 성과가 아주 좋다고 한다.

활력이 넘치는 사람이 되자

고객의 마음속으로 뛰어들어가는 비결은 열의와 활기참이다.

영업이 잘 되는 점포를 가보면 활기와 활력이 넘치지만 침체되어 있는 점포를 가보면 의욕이 없고 도대체 무엇을 하는 곳인지 알기 힘들다. 영업 실적이 좋은 사람들에게 "일이 많아 고생을 너무 많이 하는 것 같다"고 이야기하면 "힘든 것은 그다지 모르겠고 너무너무 재미있다"고 이야기를 한다. 이에 비해 영업 실적이 그저 그런 사람들을 만나보면 "재미없고 짜증만 나고 힘들어 죽겠다"고 한다. 내가 볼 때는 정반대의 사정이건만 정작 당사자들의 말은 정반대다.

흔히 말하기를 〈영업은 기를 먹고사는 직업〉이라고 한다. 영업이란 침착하고 차분히 할 수 있는 일이 아니다. 고객이 바라는 것은 활기참, 즉 에너지다.

세상이 점점 살기가 어려워지고 치열해지는 요즘 고객은 자신이 만나는 사람으로부터 활력이 넘치고, 눈에 보이지 않는 에너지를 원하고 있다. 그래서 약간의 쇼맨십을 발휘하더라도 좋으니 원기 왕성함을 보여줄 수 있는 능력을 가져야 한다.

많은 상품들이 세상에 넘쳐나고 있지만 히트상품이라고 불리는 것들은 모두가 원기와 에너지를 부르는 것들이다. 고객을 대하다 보면 쉽게 자신의 기력을 잃어버리는 경우가 많다. 자신의 자동차에 휘발유가 없을 때 주유소에 가서 휘발유를 채우는 것과 마찬가지로 먼저 자신부터 활력과 에너지가 넘치도록 만들어야 한다. 그래서 여러분과 만난 고객으로부터 거래는 성사되지 않더라도 "저 사람은 왠지 사람을 끄는 매력이 있다"는 평가를 얻을 수 있어야 한다.

앞으로는 자신과 고객이 이런 원기를 주고받는 것이 가장 중요하다. 이는 점포를 수리하거나, 설비 투자를 하거나, 사람을 고용하는 경우처럼 돈이 들어가는 것이 아니다. 지금까지 해온 일에 조금의 발상 전환을 하는 것만으로도 새로운 에너지와 아이디어는 얼마든지 쏟아져 나올 수 있다.

왜 이런 일들을 열심히 해야 하느냐 하면 새로운 아이디어는 매뉴얼이나, 카탈로그 안에는 없기 때문이다. 고객에 대해서도 똑같은 상품, 똑같은 카탈로그를 사용하여 설명을 하여도 전혀 다른 아이디어와 에너지를 보여줄 수 있는 것이 영업이다.

누가 하든지 간에 상품 설명이 같고, 동기도 같고, 가격도 같다면 영업이라고 할 수 없다. 영업이라고 하는 것은 레디메이드(기성품)가 아니라 모두 핸디메이드(수제품)다. 잘 나가는 영업사원과 그렇지 못한 영업사원의 차이는 바로 여기에 있다.

내 사무실에는 하루에도 여러 명의 영업사원들이 찾아오는데, 그들을 보면서 항상 느끼는 점이 있다. 활기가 없는 영업사원이 뜻밖에 많다는 사실이다. 이런 사람들을 보면 "이 사람 정말로 판매하고 싶어서 여기에 왔을까?" 하고 의심을 하게 된다. 이런 스타일의 사람들이 오면 나는 십중팔구 "지금은 바쁘니까 다음에 보자", "지금 사용하고 있는 것으로도 충분하다", "돈이 없다"는 식으로 쫓아버린다.

그렇다면 어떻게 **고객의 마음 속으로 뛰어들 수 있을까?**

〈근성론〉을 이야기하는 것은 아니지만, 나는 〈**열의**〉와 〈**활기참**〉이 비결이라고 생각한다. 이런 바탕은 영업상으로 뿐만 아니라, 모든 관계의 기본이 아닐까 생각한다. 이것이 없으면 고객의 마음 속으로 뛰어들어가지 못한다. 마음 약한 영업사원만은 되지 말자!

어느 택배 회사에서는 손님이 구입한 상품을 배달해 줄 경우에 자신이 비록 육체적으로 힘이 들더라도 반드시 URY법에 따라 고객을 대하도록 철저하게 교육을 시켜서 현장에 배치를 했더니 고객의 만족도가 45% 이상 현격하게 개선되었다는 결과도 있다.

URY법		
U =	U_p	…열의 정성
R =	R_{elax}	…친근, 우호
Y =	Y_{es}	…긍정적, 인칭긍동

하지만 〈오만한 태도〉와는 구별하기 바란다. 영업사원의 씩씩한 행동과 자존심이 높은 태도는 일반적으로 바람직하게 여겨지

고 있다. 자신감 있는 태도로 받아들여질지, 오만한 태도로 받아들여질지는 여러분이 결정하는 것이 아니라 고객이 결정하는 것이다.

오만과 자신감 있는 태도의 차이	
오만한 태도	자신감 있는 태도
의미심장한 미소. 위협하는 듯한 큰 목소리. 상체가 뒤로 젖혀져 있다. 계속 떠들어댄다. 손으로 주먹을 쥐고 있다. 시선을 아래로 깔고 있다. 어깨에 힘이 들어가 있다. 손가락으로 지시하는 태도.	마음에서 우러나오는 미소. 상대방에게 맞춘 목소리. 등을 똑바로 펴고 있다. 상대의 말에 동의해준다. 손바닥을 펴고 있다. 평행이 되어 있는 시선. 릴랙스(relax)되어 있다. 손으로 부탁을 한다.

마음에 힘이 생기도록 하는 6가지 처방전

성공하는 사람은 자신의 마음에 힘을 주는 자기만의 방법을 가지고 있다.

영업을 하는 사람들 중에는 강한 정신력을 가지고 있고, 담력이 있으며, 통찰력과 지성이 있고, 풍부한 유머를 겸비한 우수한 사람들이 많다. 나는 영업에서 성공하고 싶다면, 우선 가장 먼저 실패와 좌절로부터 일어서는 방법부터 배우라고 강조한다.

내가 자주 이야기하는 처방전 6가지를 소개해 보면 다음과 같다.

처방전1 : 작은 것이라도 전 신경을 쓰면서 하는 것이 좋다.

영업사원은 여러 사람을 만나므로 다른 직업보다 더 많은 신경을 쓰지 않을 수 없다. 따라서 감수성이 예민해지고 스트레스도 많이 받게 된다. 어린아이들처럼 작은 실패에도 몹시 심하게 상처를 입거나 작은 성공에도 보통 이상으로 기뻐한다. 일에 집중하는 종류에는 전(全)신경, 반(半)신경, 무(無)신경이 있다. 반신경, 무신경으로는 어떤 일을 해도 성공을 거두기 어렵다. 정글의

왕자인 사자는 토기 한 마리를 잡더라도 자신의 전신경을 집중해서 사냥을 한다고 하지 않는가. 귀찮고 힘들지라도 작은 것에 대해서 전 신경을 쓰면서 일하면 잡념을 잊을 수도 있고, 이것이 자연스런 성공의 계기가 될 수도 있다.

처방전2 : 한 줄의 현이 끊어지면,
남은 세 줄의 현으로 연주하면 된다.

인간의 능력이라고 하는 것은 단지 하나만 있는 것은 아니다. 한 가지가 안 된다고 해서 모두가 안 되는 것은 아니다. 고객에 대한 제안도 마찬가지다. 한 가지 제안이 고객에게 거절당했다고 하여 그것으로 모든 것이 거절당하는 것은 아니다. 인간의 능력은 무한한 것이다.

어느 스포츠용품 메이커에 강연을 갔다가 최우수 영업사원에게 "비결이 무엇이냐?"고 물었더니 자신은 "항상 제안을 할 상품을 3가지 이상 준비하여 고객을 만난다"고 대답했다. 그렇게 해야만 처음의 제안이 거절을 당하면 다음 제안을, 또 다음 상품을 권하는 식으로 영업을 하기 때문에 만나는 사람마다 100%에 가까운 판매 실적을 기록할 수 있다고 했다. 그것이 바로 실적을 높이는 비결이라는 것이다. 그래서 나는 영업사원이 고객을 만날 경우 '1인 3제안의 원칙'을 권한다.

처방전3 : 밝은 태양 아래서는 별이 보이지 않는다.

태양이 밝게 빛나는 대낮에는 별이 보이지 않을 것이다. 어둠이 있어야 비로소 그 속에서 별이 빛나고 있다는 것을 알 수 있다. 영업을 하면서 겪는 어려움은 미래의 성공을 위한 기반으로 삼아 지혜롭게 극복하라. 주변에서 영업 실적의 저조나 거래처의 이탈 때문에 고민하는 사람들을 많이 만나는데, 이런 사람들에게 나는 "이왕에 맞닥뜨린 일이라면 즐겨 보라"고 강조한다. 여러분에게도 어려운 순간이 있을 것이다. 고민하거나 괴로워하지 말고 즐겨 보라! 그러면 한결 쉽게 어려움을 극복할 수 있을 것이다.

처방전4 : 정말로 장미꽃을 보고 싶다면 정원에 장미나무를 심어라.

영업을 통하여 영광과 찬사를 얻고 싶다면 많은 사람과 만나고, 많은 정보를 얻고, 질 좋은 정보를 부지런히 뿌리고 다녀야 한다. 여기에 전력을 다하는 사람만이 장미꽃을 볼 수 있다.

미국과 유럽에서 실적이 탁월한 영업사원들의 특징은 부지런할 뿐만 아니라 다양한 방법으로 고객을 만나는 빈도 수가 많다는 것이다. 내가 개인적으로 지도를 해준 면세점 의류 코너의 한 여직원은 외국인이 오면 무조건 명함과 연락처, 이메일의 주소를 받는다. 또한 상담을 할 때 좋아하는 노래, 꽃 등을 여쭈어본다. 그리고는 그 고객이 자기 나라로 돌아갔을 즈음에 때맞추어 감사의 인사와 함께 그 고객이 좋아하는 노래, 꽃 등을 인터넷에서 다운받아 메일을 보내준다. 이렇게 하도록 지도했더니 고객들의 반응이 너무 좋아 최근에는 전화 상으로도 판매를 하는 경우까지 생겼다고 한다. 미국에서는 최근에 '세일즈 레터(구입 고객에 대한 감사 편지)' 과정이 인기를 끌고 있다. 어떤 방법이든 좋으니까 부지런히 고객을 만나는 자신만의 방법을 개발하기 바란다.

처방전5 : 구두를 바꿔 신어라.

실적이 나쁜 사람들의 공통적인 특징은 무조건 끈질기게만 하면 된다는 이상한 신념을 갖고 있다는 것이다. 자신이 만나는 고객을 냉정하게 판단하여 지금 구입할 의향이 없는 고객이라면 다음 기회를 약속하고 빨리 다른 사람을 찾아 나서야 한다. 만약 지금 만나고 있는 고객과 일이 즐겁게 진행되지 않는다고 하면 다른 곳에 즐거움이 숨겨져 있다는 뜻이다. 가망이 없는 고객을 잡고 에너지를 낭비하는 어리석음은 피해야 한다. 새 구두를 신고 다른 곳으로 가보라. 새로운 마음으로 시작할 수 있는 계기를 만들어줄 고객을 만날 수 있다.

처방전6 : 세상의 모든 사람들에게
          사랑을 받는다는 것은 불가능하다.

99명으로부터 미움을 받아도 단 한 사람이 좋아해 준다고 하면 그것으로 이미 성공의 계기는 마련된 것이다. 100명 모두가 구입해 주기를 바라는 것은 불가능한 것이다. 한 사람이라도 성공을 했다면 그것을 다음의 성공을 위한 단서로 활용할 수 있는 능력을 가져야 한다.

일을 하다 보면 성공도 있고 실패도 있다. 실패를 실패로 생각하는 사람은 다음에 같은 일을 하게 되면 두려워서 하지 않으려고 한다. 그것을 실패라고 생각하지 않는 사람들은 "내 약점을 알았다"고 생각하며 학습이라 여기고 취약점을 극복하려고 노력한다. 영업이라고 하는 일은 성공보다 실패가 많은 일이다. 그러므로 저마다 **자신의 마음에 힘을 주는 자기만의 방법들을 가지고 있어야 할 것이다.**

자신의 팀원들이 슬럼프에 빠지지 않도록 한다든지, 슬럼프를 극복할 수 있도록 하기 위해서 내가 즐겨 사용하는 방법 몇 가지를 소개해 보면 다음과 같다.

- 하루라도 대화를 거르면 실적이 저조해진다.
- 매일매일 거절당하기 때문에 거절에 대한 응대 요령과 사례를 지도해준다.
- 매일 지치고 힘이 들기 때문에 건강을 유지하기 위해 날마다 일정한 양의 운동을 하도록 유도한다.
- 성공한 사람들의 시련 극복 체험담을 많이 연구해서 들려준다.
- 사소한 것이라도 진심으로 많이 칭찬해준다.

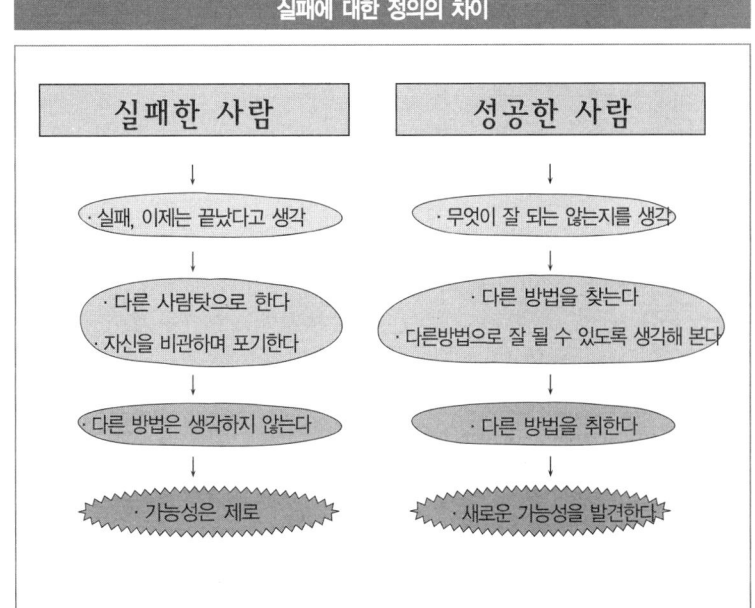

실패에 대한 정의의 차이

실패한 사람	성공한 사람
·실패, 이제는 끝났다고 생각	·무엇이 잘 되는 않는지를 생각
·다른 사람탓으로 한다 ·자신을 비관하며 포기한다	·다른 방법을 찾는다 ·다른방법으로 잘 될 수 있도록 생각해 본다
·다른 방법은 생각하지 않는다	·다른 방법을 취한다
·가능성은 제로	·새로운 가능성을 발견한다

변명할 생각은 아예 하지도 말자

자신이 가진 서비스 재능을 찾아서 활용하지 않는다면 고객을 향한 좋은 서비스는 불가능하다.

현장 지도를 할 때 실천해야 할 사항을 이야기하면 "말씀하시는 것을 하기는 해야 하는데 시간이 없어서…", "본사의 정책이 현실과 거리가 있어서…", "직원들이 없어서…" 등과 같은 변명을 가장 많이 한다. 이처럼 영업사원 중에는 의외로 〈하기는 해야 하는데 맨〉이 많다. 나는 이런 사람을 〈하해하맨〉이라고 한다. 잘 나가는 영업사원이 절대로 하지 말아야 할 표현 중의 하나가 〈…하기는 해야 하는데…〉라는 식의 말이다.

이것이 익숙해지면 "나는 이렇게 열심히 하고 있는데 회사는 좀처럼 나를 인정해 주지 않는다"는 식으로 점점 자신을 정당화하려고 노력한다. 자신은 운이 없고, 자신은 재능이 없다는 식으로 되어 버린다. 이런 식이 되어서는 고객에게 아무런 활기도 불어넣어 주지 못한다.

이런 사람들의 공통적인 특징은 **재능이 없는 것이 아니라 서비**

스 정신이 없는 것이다. 하지만 서비스 정신 자체가 없는 사람은 아무도 없다. 누구나 서비스 정신을 가지고 있는데 그것을 찾아내는 방법을 모르고 있는 것이다.

자신의 서비스 정신을 찾아내기 위해서 노력해야 한다. 아무리 큰 회사일지라도 한 사람 한 사람이 모여서 이루어져 있으므로 **모두가 자신이 가진 서비스 재능을 찾아내서 활용하지 않는다면 개개인의 고객을 향한 서비스는 불가능하다.**

서비스는 큰 것이 아니고 작은 것, 이를테면 핸드메이드(hand made)이자 오더메이드(order made)이기 때문이다. 〈하해하맨〉 스타일은 이런 서비스 제공이 불가능하다.

이렇게 하면 고객에게 활기를 불어넣기도 하지만 또 한 가지 중요한 것은 고객의 상품 구입 시간을 줄여줄 수 있다는 것이다. 시간을 절약해주면 고객 개인의 시간을 창출해줄 수 있고, 이것이 추가 구입의 기회로도 이어질 수 있기 때문이다. 잘 나가는 영업사원은 고객의 시간까지도 절약해주는 사람이다.

영업은 컨설팅 사업이다

고객의 라이프스타일에 맞는 것을 제공하고 어드바이스 해줄 능력을 가지고 있어야 한다.

일반적으로 영업사원 하면 상품을 파는 사람, 판매사원 정도로 생각한다. 그러나 잘 나가는 영업사원은 자신의 일을 컨설팅사업이라고 생각한다. 여러분은 어느 쪽을 선택하고 싶은가?

세계적으로 유명한 보스톤 컨설팅, 맥킨지, 아더 앤더슨 컨설팅 같은 곳만 컨설팅회사는 아니다. 컨설팅은 고객의 상담을 받아주는 일이다. 먼저 "어떤 상품을 구입하실 것인지" 질문하는 것이 아니라, 고객의 "현재 고민이나 불만 사항은 무엇인지", "어떤 취향의 상품을 원하는지" 등을 살펴보는 것이다. 이것이 영업 컨설턴트의 첫 번째 업무다.

영업 컨설턴트에게는 대체로 3가지 단계가 있다.

1단계 : 병원의 주치의와 같은 역할이다.

고객의 문제점과 애로사항이 무엇인지 파악하고 해결책을 제안해 가는 능력이 있어야 진정한 영업사원이라고 할 수 있다. 간호원이나 의사들은 병원을 찾아온 사람들을 보통 환자라고 부르는데 엄밀히 말하면 환자가 아니라 고객인 것이다. 병원에서 환자와 고객의 차이는 아주 크다. 환자라고 하면 아픈 육체만을 낫게 해준다는 의미일 뿐 서비스라는 의식이 없다. 반면에 고객이라고 하면 육체적인 아픔을 낫게 해준다는 의식과 더불어 마음의 아픔까지도 낫게 해준다는 서비스 의식이 담겨 있다. 환자와 고객의 차이는 이처럼 크다고 볼 수 있다.

일본에서는 병원에서 근무하는 사람들이 병원에 오신 손님들을 부를 때 "다음 환자!"라고 부르면 그 병원은 1년 내로 망한다고 한다. 그래서 〈환자〉가 아니라 〈고객〉이라고 부르는 병원이 늘어나고 있다. 병원을 찾아온 고객은 "어쩐지 열이 나고 콧물이 나는데요"라는 식으로 원인을 알 수 없지만 이상 증상에 대해 상담을 하러 온다. 또 의사도 "어디가 불편하십니까?"라는 식으로 고객의 상태를 파악하려고 시도한다. 이것으로 보아 상담자의 역할을 수행하는 것이 의사라고 할 수 있다.

제2단계 : 학교 선생님과 같은 역할이다.

고객은 자신이 원하는 것을 이런 식으로 달성하고 싶다는 목표를 가지고 그것을 얻기 위해 여러분을 찾아왔다. 이런 고객에 대해서 지식을 제공하는 것이 학교 선생님의 역할이다. 오늘날 학교가 기업과 사회로부터 좋은 평가를 받지 못하는 면이 있는 것은 사회생활에 필요한 실용적인 지식을 가르치기보다 오래 전부터 내려오는 방식을 답습하는 면이 많기 때문이다. 영업사원도 마찬가지다. 고객에게 필요한 새로운 지식을 연구하고 전하는 노력을 게을리 하면 쉽게 따돌림당할 가능성이 많다. 그런데 주변의 영업사원들이 설명하는 내용을 가만히 들어보면 판매하는 제품은 디지털로 바뀌었는데도 아날로그 감각으로 설명하는 경우를 종종 볼 수 있다. 자기가 사용하는 컴퓨터를 업그레이드해 나가듯이 자신의 실력도 꾸준히 업그레이드해 갈 수 있어야 한다.

제3단계 : 생활 속의 지도자와 같은
　　　　　역할을 할 수 있어야 한다.

　고객의 생활에 맞춘 건전한 라이프 스타일을 제공하고, 올바른 가치관을 제공해줄 수 있어야 한다. 옷을 판매하는 점포라면 "이런 스타일의 옷이 잘 나가므로…"라는 식으로 설득해서는 고객이 동요되지 않는다. 단순히 "좋다", "나쁘다"가 아니라 고객의 마음 속에서 어떤 변화가 일어나고 있는지 관찰하는 것이다. 자신에게 어떤 옷이 어울리는지, 이 옷을 입으면 다른 사람들에게는

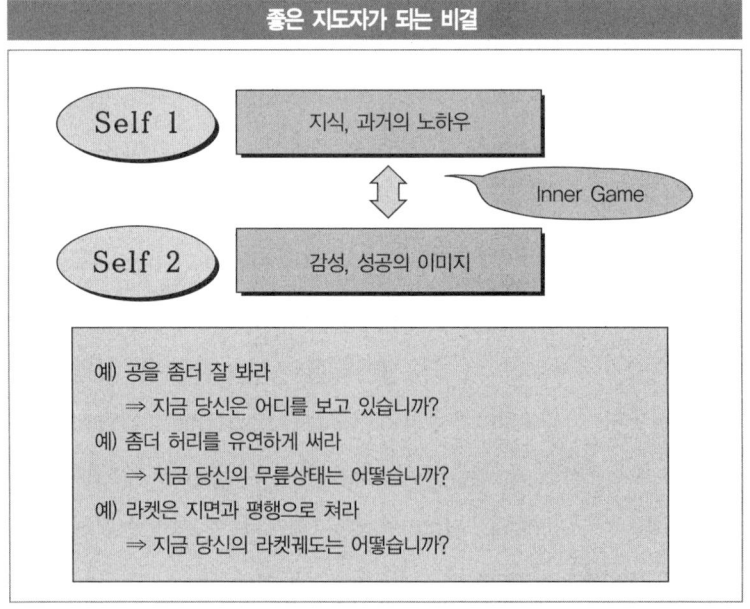

좋은 지도자가 되는 비결

Self 1 — 지식, 과거의 노하우

Inner Game

Self 2 — 감성, 성공의 이미지

예) 공을 좀더 잘 봐라
　⇒ 지금 당신은 어디를 보고 있습니까?
예) 좀더 허리를 유연하게 써라
　⇒ 지금 당신의 무릎상태는 어떻습니까?
예) 라켓은 지면과 평행으로 쳐라
　⇒ 지금 당신의 라켓궤도는 어떻습니까?

어떻게 보일지 등에 대해 어드바이스를 해줄 수 있어야 고객에게 진정한 생활의 지도자가 될 수 있다.

고객은 이러한 어드바이스를 바라고 있는 것이다. 고객에게 맞는 라이프 스타일을 제공한다고 해도 "내 생각으로는 이런 식이 좋으니까 이렇게 하라"고 강요해서는 안 된다. 이처럼 명령하는 방식은 즉효성은 있지만 상대의 자발적 행동을 이끌어내는 데는 한계가 있으므로 좋은 느낌으로 장기간 거래하기는 어렵다. 영업사원 자신의 지식, 과거의 노하우 등에 근거한 행동을 완전히 원천 봉쇄하고 모든 것을 고객에게 집중하여 진행할 때 고객은 은 연중에 구입 의사를 가지게 되며 영업사원은 탁월한 성적을 낼 수 있다. 이런 형태를 '질문 제안형'이라고 한다. 이런 방법은 상대의 자발성에 의한 것이므로 지속적으로 큰 힘을 발휘한다.

1970년대 테니스 코치로 유명했던 티모시 갈웨이 씨는 지도의 방법으로 가장 나쁜 것은 "이렇게 해라, 저렇게 해라" 하는 식으로 지도하는 것이라고 했다. 그렇게 하면 힘만 들고 성과는 오르지 않았다고 한다. 갈웨이 씨는 이런 체험을 통하여 '이너 게임 (Inner Game)' 현상을 발견하였다. 명령자인 셀프1(영업사원)이 실행자인 셀프2(고객)의 내부에서 어떤 역할을 하는가가 위에서 설명한 바와 같이 우수한 성적을 올리는 비결이라는 것이다.

잘 나가는 영업사원은 1단계, 2단계, 3단계로 스텝 업을 해갈 수 있어야 한다. 그래야 고객들에게 도움을 줄 수 있다. 1, 2단계에 머물러 있어서는 좀처럼 좋은 서비스를 하기 힘들다. 영업사원은 자신이 판매하는 상품에 대해서는 프로다. 그리고 고객보다 더 많이 알고 있을 수는 있다. 하지만 고객에 관해서는 고객 자신이 한 수 위다. 3단계로 올라서지 못하면 자신보다 한 수 위인 고객에게 좋은 서비스를 제공하는 것은 불가능하다.

3단계를 지향하는 영업을 하려면 지금보다 한 차원 높은 목표를 세워놓고, 거기에 도달하려는 노력을 쏟아 부어야 한다. 그래야 도달이 가능하다.

많이 파는 것만이 영업은 아니다

상품과 서비스를 통해 고객에게 필요한 가치를 부여함으로써
고객과 나 사이의 좋은 관계를 맺어가는 것이다.

나는 대학 시절부터 유통업에 관심이 있었다. 특히 도매보다 소매에 관심이 많았다. 그래서 판매회사에 입사하여 상품을 판매한다기보다 "어떻게 하면 소매업이 돈을 벌 수 있을까?" 하는 지식을 팔 생각이었다. 그래서 이런 지식을 얻기 위해 마케팅, 재무, 세무 등을 열심히 공부했고 그 결과 실적도 좋았을 뿐 아니라 소매점 경영컨설팅에는 누구보다 자신감을 가지게 되었다.

컴퓨터 영업사원이 하드웨어에 대한 지식만 가지고 있다고 해서 영업을 할 수 있는 것이 아니다. 컴퓨터 시스템을 도입하면 데이터의 관리와 경영의 측면에서 어떤 메리트가 있는지 제안할 수 있어야 한다. 주방기기를 전문으로 판매하는 영업사원이라면 식당의 개업, 운영, 직원의 교육 방법까지도 알아두어 고객에게 가르쳐주어야 성공하는 영업사원이 될 수 있다. 좋은 영업사원이라면 고객에게 고객이 기대하는 여러 가지 가치를 제공해줄 수 있

을 때까지 지식과 경험을 쌓아야 한다.

나에게 영업을 정의하라고 하면 "많이 파는 것이 영업이 아니라, **상품과 서비스를 통해 고객에게 필요한 가치를 부여함으로써 고객과 나 사이에 좋은 관계를 맺어 나가는 것이다**"라고 하겠다. 판매는 상대와 나 사이의 좋은 관계를 맺어 나가는 과정에서 생기는 결과인 것이다. 말하자면 장사치(흔히들 '장돌뱅이'라고 한다)가 아니라 건설적인 비즈니스라는 것이다.

서비스를 하는 사람들은 앞에 있는 고객 한 사람 한 사람을 잘 사귀어 나가는 능력을 가지고 있어야 한다. 그러기 위해서는 고객이 〈어떤 고민을 가지고 있고〉 〈어떤 점이 불만이며〉 〈무엇 때문에 주저하는지〉를 파악하는 관찰력이 있어야 한다.

지금까지는 영업사원들에게 고객의 요구에 부응하는 것이 고객을 만족시키는 것이라고 교육시켜왔다. 고객의 요구에 부응하기만 하면 고객은 만족할까? 나는 그렇지 않다고 생각한다. 예를 들어 고객의 요구가 조금 저렴하게 구입하는 것이라고 하여 조금 가격을 내려준다면 고객은 얼마나 만족할까? 공짜라도 만족하지 않을 것이다. 고객에게 가격을 낮추는 것만으로는 마음과 에너지를 제공할 수 없다.

여러분의 친구가 병원에 입원해 있다고 하면, 병 문안을 갈 때 무엇을 선물로 주고 싶은가? 아마 많은 사람들은 돈이나 먹을 것을 생각할지 모른다. 하지만 그 사람이 원하는 것은 돈도 아니고, 선물도 아니다. 입원해 있는 사람이 진정으로 원하고 바라는 것은 건강한 사람과 이야기하는 동안에 전해 받는 활력과 에너지다.

연인 사이도 마찬가지다. 항상 비싼 선물만 사주는 사람을 좋아할 것 같지만 실은 그렇지 않다. 연인에게 선물을 할 때도 그가 갖고 싶어하는 것을 그저 선물하기만 해서는 상대의 기대를 넘어서는 선물이 될 수 없다. 머리를 써서 "이 선물은 이렇게 하면 좋겠지"라는 식으로 생각한 다음에 선물을 하라.

지금 여러분이 고객에게 제공해야 하는 것은 여러분의 부드럽고 따뜻한 마음이다. 고객은 나름대로의 기대치를 가지고 있는데 바라는 대로만 대응해 간다면 고객에게 등돌림을 당할 뿐이다. 이런 상태를 당하지 않으려면 영업에 대한 여러분의 생각을 바꿔라. 많이 파는 것이 영업이 아니라, "생각하고 수행하는 것"이 영업이다. 어떻게 하는 것이 상대를 기분 좋게 하고, 만족시키고, 행복하게 하고, 활력을 불어넣는 것인지 제대로 머리를 써야 한다. 그리고 많은 연습을 통하여 몸에 익히고 고객에게 자연스럽게 제공될 수 있도록 수행하는 것이 영업이라고 하겠다.

사람이 만족과 기쁨을 느끼는 것은 자신이 생각했던 것 이상이었을 때라고 한다. 말하자면 〈기대 이상의 순간〉인 것이다. 고객에게 〈기대 이상의 순간〉을 만들어주기 위해 여러분은 어떤 카드를 준비하고 있는가?

상품을 구입해야 할 스토리를
제공하자

고객이 구입해야 할 이유와 스토리를 개발하고 이를 연출할 수 있는 능력이
있어야 한다.

점포에 상품을 구입하러 오신 고객에게는 선택지를 제공하는 것이 아니라 골라야 하는 스토리를 전달할 수 있어야 한다. 영업이란 〈스토리의 창조와 실천〉이라고 생각한다. 이것에 바탕을 두어 영업사원의 유형을 나누어보면 다음과 같다.

· 무능한 영업사원 : 스토리를 개발하지 못한다.
· 평범한 영업사원 : 예전부터 활동해온 것에 익숙하다.
· 변혁적인 영업사원 : 예로부터 사용해온 스토리를 새롭게 조명하고 각색해낸다.
· 비전 있는 영업사원 : 예로부터 익숙해진 스토리를 버리고, 완전히 새로운 스토리를 창조해가는 능력을 발휘한다.

요즘은 상품의 라이프사이클이 짧아지고, 상품의 수가 많아지

면서 고객의 선택지는 점점 늘어가고 있다. 고객의 입장에서 보면 신상품이라고 할 만한 것은 존재하지 않는 시대로 접어들어 어떤 상품을 구입해야 할지 모를 정도다.

고객은 무엇을 찾고 있는 것일까? 고객은 선택해야 할 이유와 스토리를 찾고 있는 것이다. 그런데도 많은 영업사원들은 확실한 스토리도 없이 "***이 괜찮습니다"라는 식으로 무의미하게 추천하는 것을 자신의 일이라고 생각한다.

스토리도 없고, 선택지도 없다면 무엇인가? 나는 이것을 〈사회주의 식 판매 방법〉이라고 한다. 앞으로는 고객이 선택할 이유를 상품에 붙여서 파는 시대다. 선택할 이유는 한 가지가 아니므로 끊임없이 스토리(story)를 개발하는 능력이 있어야 한다. 그래서 나는 영업사원은 자신이 취급하는 상품에 대한 스토리텔러(storyteller) 역할을 충실하게 할 수 있어야 한다고 강조한다.

예를 들어 보자. 고급 식당에서 소스가 필요한 요리를 먹을 때 보면 음식의 종류는 한 가지지만 소스의 수는 몇 가지나 되는 것을 경험한 적이 있을 것이다. 그래서 자신이 원하는 맛의 소스를 골라서 먹을 수 있다. 만일 소스가 한 가지뿐이라면 자신이 좋아하지 않는 것이라도 억지로 먹었을 것이다. 우리가 판매하는 상품도 마찬가지다. 고객의 수만큼 선택해야 할 이유가 존재하는 것이다. 당연히 이런 이유를 고객에게 전하는 능력이 있어야 한다.

고객은 처음부터 "사고 싶다", "갖고 싶다"는 생각을 갖는 것이 아니라 선택해야 할 이유가 생겼을 때 "구입해야겠다"고 생각한다는 것이다.

자신이 판매하고 있는 상품에만 몰두해 있으면 좋은 스토리를 엮어내기가 힘들다. 나는 항상 판매하는 측을 무대 연출가라고 생각한다. 똑같은 무대라도 연출가가 어떤 실력을 발휘하느냐에 따라 무대는 엄청나게 다른 표현이 될 수 있다. 말하자면 무대(상품과 매장) 자체는 한계가 있을 수 있지만, 이를 어필하는 연출의 세계는 무한하다는 것이다. 다양한 연출을 위해서는 고객의 요구 사항을 확실히 파악하는 능력이 있어야 한다. 특히 어린이와 여성 중심의 상품일수록 상품보다 스토리를 개발하여 전하는 능력이 있어야 한다.

예를 들면 여성용 브레지어를 판매하는 회사가 남자 영업사원들에게 브레지어를 차고 잠을 자도록 한다든지, 식품을 판매하는 회사에서는 신상품이 발매되면 반드시 먹어 보도록 한다든지 하여 좋은 성과를 내는 경우를 많이 보아왔다. 그래서 나는 영업사원들에게 자신이 취급하는 상품에 대해서 직접 사용해 보기를 적극 권장한다. 직접 사용하기가 곤란하면 실연이라도 해보기를 권한다. 그래야 살아 있는 감각의 스토리를 고객에게 전할 수 있기 때문이다.

평범한 것을 확실하게, 많이 하자

현재 하고 있는 일은 내가 해야 할 일의 100분의 1을 하고 있는 것이다.

지금까지는 유통 시스템이 덜 발달하여 전자제품은 가전 대리점에서, 책은 서점에서, 술은 술집에서 구입할 수밖에 없었다. 하지만 유통 시스템과 물류가 발달한 지금은 한 사람, 한 점포에서 모든 상품을 구입할 수 있게 되었다.

앞으로는 "**점포는 좋은 상품이 있으므로 00은 그곳에서 주로 구입한다", "##점포는 저렴한 상품이 많으므로 나는 &&에 관해서는 주로 거기서 구입한다"는 시대는 끝났다. 앞으로는 누구로부터 자신이 필요한 상품을 구입할지 선택하는 시대다. 그 결과 고객은 자신이 좋아하는 영업사원이 있는 곳에서 상품을 구입하게 된다. 조금씩 많은 사람에게 판매하는 시대는 끝이 났다. 미래에 성공하는 점포는 고객 수는 적어도 평생 거래할 수 있는 점포가 되기 위해, 작은 것부터 정성을 들여 고객에게 제공할 수 있어야 한다. 알기 쉽게 이야기하면 영업사원 자신이 신흥종교의

교주가 된다는 마음가짐으로 영업을 해야 한다는 것이다.

지금은 대형화의 흐름에 따라 작은 점포는 발붙일 곳이 없다. 하지만 점포가 큰 것이 장점만은 아니라는 것을 이야기해주고 싶다. 대형점포의 장점은 대량 구매에 의한 〈저렴함〉이지만, 대형점포는 좀처럼 방향 전환이 힘들다. 소형점포는 "이런 것을 해보자"는 식으로 얼마든지 주변 여건에 맞추어 변화가 가능하다. 하기로 했으면 시험삼아 한번 해보고 생각대로 잘 진행되지 않으면 방식을 바꾸어 해보는 식으로 계속하면 된다.

큰 것은 좀처럼 실행하기 어려우니까 작은 것을 반복해 간다는 것이 중요하다. 원래 큰 서비스라고 하는 것은 없다. 서비스란 큰 것을 하나씩 하기보다 작은 것을 100개 하는 것처럼 아무리 작은 서비스라도 〈즉시·많이·확실하게〉 제공하는 것이 이기는 방법이다.

그래서 나는 서비스 성공의 법칙으로 "평범한 것을 남보다 확실하게, 그리고 많이 하는 것이다"라고 강조한다. 이런 서비스는 원가를 들이지 않고 머리를 사용하며, 몸을 움직여 땀을 흘리는 것으로 돈은 사용할 필요조차 없다.

비용을 들여서 서비스를 하면 "이만큼 돈이 들었으니까…", "이 정도로 서비스를 하니까…" 등과 같이 "돈을 들였으므로 될 것이다"라는 생각으로 쉽게 안심을 해버린다. 그렇게 했는데도 팔리지 않으면 "왜 판매가 안 되지?" 하고 생각하다가 쉽게 가격에 손을 대게 된다.

가격에 손을 대는 것, 즉 저렴하게 파는 것은 자기 만족이다. 저렴하기 때문에 오는 손님은 단골이 아니다. 이런 손님의 대부분은 다른 곳에서 저렴하게 판매하면 그 쪽으로 가버릴 가능성이 많은 사람들이다. 그러므로 비용을 들여서 크고 많은 것을 하려고 하기보다 쉽고 간단한 것을 많이 하는 서비스를 개발해서 실시하자.

자기가 해보았으면 하는 서비스는 반드시 메모해 두었다가 실행해 보자. 대단한 일, 즉시 결과를 볼 수 없는 일 같은 것은 필요 없다.

일본도요타 자동차의 창업주는 직원들에게 항상 「자신이 현재 하고 있는 일은 자신이 해야 할 일 중에서 100분의 1을 한 것이다」고 했다. 우리도 마찬가지다. **내가 하고 있는 일은 내가 해야 할 일의 100분의 1을 한 것이므로 안 된다고 쉽게 포기하거나 변명하기보다 자신이 해야 할 일을 잊어 버리지 않도록** 메모해 두었다가 좋은 결과를 낼 수 있도록 실천하는 습관을 기르자.

좋은 구매 행위를 할 수 있도록 서비스를 하자

판매 실력이 뛰어나기 때문이 아니라 고객의 구매 방법이 탁월하기 때문이다.

나는 상품을 구입할 때 제일 신뢰성이 느껴지는 경우가 "나도 하나 사용하고 있습니다"라는 식의 말을 들었을 때인데 여러분의 경우는 어떤가?

지금까지는 고객이 상품을 고르면서 "어느 것이 제일 잘 팔리죠?"라고 물을 때 "최근에는 이 상품이 가장 인기가 좋습니다"라는 말을 하면 대부분 구입했을 것이다. 하지만 앞으로는 이런 식의 영업으로 상품을 판매할 수가 없다. 고객들의 개성이 강해지면서 남들과 같은 것은 구입하기를 꺼린다. 그렇다고 "상품은 좋은데 잘 판매되지 않는 것은 어느 것이죠?"라는 식으로 묻지도 않는다.

올바른 상품 판매와 권유 방법은 만약 고객이 남에게 선물로 사용할 것이라면 "내 것으로도 한 개 구입하자"는 생각이 들도록 해야 한다. 이런 마음이 들지 않고 〈구입할 수밖에 없으니까〉 구

94

입하도록 한다는 것은 서투른 방법이다.

여러분은 고객에게 권유할 상품을 자신도 사용하고 있는가?

아직 구입하지는 않았지만 자신이 사고 싶은 상품이 있는가?

판매하는 사람이 구입하고 싶지 않은 상품을 고객이 구입할 리가 없다. 그러면 구입하고 싶다는 생각이 들도록 하기 위해 어떻게 하면 좋을까?

"이 목도리 어떻습니까? 무늬가 좋은데요."

"그렇죠? 무늬가 참 좋아서 저도 하나를 구입했는데 정장에도, 캐주얼에도 잘 어울려 참 편리하더라 구요"

이런 식으로 이야기해야 고객을 설득할 수 있다. 만약 고객에게 "이 목도리는 정장에도, 캐주얼에도 사용할 수 있습니다"라는 식의 이야기를 하면 고객은 "매뉴얼대로 이야기하고 있지, 진실을 담고 있지 않다"는 것을 쉽게 알아차릴 것이다. 이것이 차이다. 진실한 내 마음을 전하여 고객을 설득하기 위해서는 〈나도 구입하여 사용하고 있습니다〉 라는 말을 할 수 있어야 한다. 왜냐하면 **고객이 물건에 관심을 가지는 시대는 끝났다. 고객은 판매자의 마음을 사고 있는 것**이다.

상품을 구입하는 것은 인생의 극히 일부분이다. 사람은 상품을 구입하기 위해 살아가는 것이 아니라 생활을 해 나가는 과정 중에 상품을 구입하는 것이다.

고객이 영업사원을 위해서 존재하는 것이 아니라, 영업사원이 고객을 위해서 존재하는 것이다. 여러분의 점포가 우수하고 실적이 좋은 것은 **영업사원의 판매 실력이 뛰어나기 때문이 아니라, 구입해 주는 고객의 구매 방법이 탁월하기 때문이다.** 다시 말하자면 구매를 잘하는 고객이 있기 때문이다.

영업사원의 일은 고객이 즐겁고 재미나게 쇼핑을 즐길 수 있도록 터전을 마련하고 제대로 어드바이스를 하는 것이다.

필자는 이를 실현하기 위해 단순한 〈접객〉 〈고객 응대〉의 수준을 벗어나야 한다고 생각한다.

영업사원은 〈기술 응대〉 〈기술 접객〉을 할 수 있어야 한다고 주장한다. 고객에게 도움을 줄 수 있는 기술과 상품지식, 상품 사용 시의 지식 등을 전해주는 기술이 뒷받침된 응대를 말한다.

세상이 아날로그에서 디지털로 바뀌면서 고객의 상품 선택 기준도 아날로그에서 디지털로 바뀌고 있다.

단순한 응대, 접객이 아날로그적 기술이라면 기술 응대는 디지털적인 기술이라고 할 수 있다.

현재의 고객에게 철저한 서비스를 하자

고객과 눈길이 마주치면 언제라도 보고(Look) → 웃으면서(Smile) → 인사 (Talk)하자.

나는 현장 지도를 할 때 가장 먼저 "자신의 상권, 자신의 점포 주변을 철저히 관리하라"고 강조한다. 멀리까지 가서 먼지 일으키고 올 것이 아니라 옆집 한 집이라도 좋으니 자신에 대한 철저한 고정고객으로 만들어 보라고 권한다. 대부분의 사람들은 이웃에 있기 때문에, 예전부터 거래를 해왔으니까 자신에게서 구입해 줄 것이라고 생각한다. 하지만 고객은 자신의 착각대로 움직여주지 않는다.

처음부터 과욕을 부려 이곳저곳 상권을 넓혀가고, 고객과 세대수를 넓히려고 한다. 과욕을 부리면 대체로 나쁜 결과를 가져오는 경우를 많이 보았다. 인기를 끄는 남자와 여자의 공통적인 특징은 "이 사람, 저 사람을 모두 만족시키려고 하기보다 현재 바로 앞에 있는 사람을 매우 소중히 여긴다"는 사실이다.

서비스업에 근무하는 사람도 마찬가지다. 지금 바로 앞에 있는 고객에게 최선을 다해야 한다. 다시 말해서 고객에 대한 집중력을 발휘할 수 있어야 한다.

얼마 전 아내와 요즘 인기 있는 탤런트 한 분의 사인회에 갔다. 30여 분 정도를 기다린 후 우리에게 차례가 돌아왔다. 우리는 조심스레 책을 내밀고는 악수를 했는데 그때 그 사람은 우리의 눈도 얼굴도 전혀 보지 않고 손목시계를 보면서 일어나 줄이 얼마나 남아 있는지 확인하는 것이었다. 우리는 화가 났다. 사인을 받기 위해 30분 넘게 기다렸는데 얼굴도 보지 않고 몇 사람 남았는지 확인이나 하다니! 그때 우리는 아주 크게 실망하여 그 뒤로 그 사람이 나오는 영화나 텔레비전은 쳐다보지도 않는다. 지금 악수를 하고 있는 사람과의 관계가 가장 중요할 텐데 그 사람은 그것을 하지 않았으므로 열렬한 팬 한 사람을 잃어버린 것이다.

앞에 고객이 있는데도 다른 고객에게 전화를 걸거나 다른 고객과 이야기를 시도한다면 앞에 있는 고객은 나가 버릴 것이다. 방문 고객이 몇 사람 밖에 없다고 하여도 고객이 없다고 투덜대기보다 현재 방문중인 고객에게 집중력을 발휘하여야 한다.

미국의 세계적인 소매업체인 월마트에서는 현재의 고객에게 집중력을 발휘하는 방법으로 3미터 이내에서 고객과 눈길이 마주치면 반드시 고객을 보고 웃으면서 인사하라는 규칙이 있다. 이를 3M규칙이라고 한다. 이렇게 하고나서 2001년 조사 결과 미국의 전체 소매업체 중에서 서비스 수준이 3등이라고 한다. 이것이 월마트 성장의 비결인 것이다. 자기 앞의 고객을 향아여 보고(Look), 웃으면서(Smile), 인사말(Talk)하도록 하자. 그러면 여러분은 성공 가능성이 높아질 것이다.

고객은 20명 정도 되는데, 판매사원은 5명밖에 없다고 하자.

이런 경우도 판매사원 1명이 4사람씩 맡아 4사람 모두를 향해 "~~합니다", "***합니다"라는 식의 영업을 해서는 상품을 하나도 판매하기가 어렵다. 여러분의 점포를 상상해보기 바란다. 정신 없을 것이다. 한 사람에게도 판매하지 못하는 경우는 4명 모두에게 "이 상품 어떻습니까?"라는 식으로 응대하는 스타일이다. 이때 4명 전원에게 판매하는 점포는 "구입할 것 같다"고 생각되는 한 사람을 선택하여 그 고객에게 판매를 성공시키면 나머지 고객들도 "저 사람이 구입하는 것을 보니 나도 구입해야겠네!"라는 식이 되어 전원이 구입하게 된다. 모두에게 판매하려고 노력하기보다 한 사람이 구입하도록 하면 모두에게 판매 할 수 있다. 이것이 해외 유명 브랜드의 판매 방식이다.

이것은 고객의 상품 구매 심리를 꿰뚫는 방법이다. 현재까지와 같이 전원에게 상품을 판매하려고 하는 방식은 이미 통하지 않는다. 상품보다 느낌을 판매하는 시대에는 먼저 한 사람을 열렬한 팬으로 만들 수 있어야 한다.

단순히 "하나 구입해 주세요"라는 말만으로는 안 된다. 단순히 방문을 한다거나, 전단을 뿌리거나 하는 평범한 영업으로는 안된다. 또 가격을 조금 저렴하게 한다고 해도 고정고객은 생기지 않는다. 여러분은 친한 단골 고객을 얼마만큼 소중하게 여기고 있는가? 여러분은 축구팀을 만들 만큼 열렬한 고객들을 모을 수 있는가?

만약 여러분이 축구팀의 인원만큼 고정고객을 갖고 있다면 평생 불황을 모르는 영업을 할 수 있다. 그런 고객은 평생 여러분으로부터 상품을 구입해줄 것이기 때문이다. 한 사람의 고객이 평생 얼마만큼의 상품을 구입하는지 계산해 보기 바란다. 바로 여기에 가까운 고객, 단골고객을 향하여 철저한 서비스를 해야 하는 이유가 있는 것이다.

 아무리 많은 고객이 있어도 건성으로 왔다갔다하는 고객뿐인 점포는 시간이 흐르면 망한다. 고객의 수는 적지만 열렬한 고객이 많은 점포가 성공한다. 경기나 나빠지고 판매 실적이 저조할수록 어떻게 해서든 고객의 수를 늘리려고 하는 경향이 있다. 하지만 지금 눈앞에 있는 고객을 간과해서는 안 된다.

 한 사람에게 성공하면 이것이 계속적인 연쇄 반응을 일으켜서 나중에는 커다란 형태를 이루어갈 것이다. 바로 앞에 있는 고객에게 성공하지 못한다면 다른 사람에게 성공할 리가 없다. 모름지기 현재 눈앞에 있는 고객에게 전력을 다하기 바란다. 인간 관계에서 가장 중요한 것은 자신의 눈앞에 있는 사람으로 그 사람과 어떻게 소중한 관계를 맺어나가는가 하는 것이다. 한참이 지났을 때 "그 손님에게 이렇게 해 주었어야 했는데…"라는 식으로 고민하기보다 지금 하고 있는 일에 전력을 다하는 것이 중요하다.

 주변의 사람들에게 주장하는 것 중에 하나는 최선을 다하지 않고는 성과를 기대하지 말자는 것이다. 열심히, 부지런히, 최선을 다해 일했다는 자부심만 자랑스러워해서는 안 된다. 이런 것에 익숙해 있는 사람은 절대로 성공하지 못한다.

 고객은 보고 있지 않은 것 같으면서도 지켜보고 있다. 적당한 인사, 적당한 설명, 적당한 포장, 적당한 업무 태도 등을 꼼꼼히 지켜보고 있는 무서운 존재인 것이다.

3 만족을 넘어
감동을 주는
영업을 하자

감동의 객(客) 단가를 높이자

하나 더 판매를 위해 하나 더 서비스를 하면 객단가는 자연스럽게 올라간다.

판매의 생산성을 높이는 방법 중의 하나는 〈객 단가〉를 높이는 것이다. 객 단가를 높이려는 목적으로 원가를 올린다고 객 단가가 높아지는 것은 아니다. 객 단가를 높이기 위해 가능한 한 비싼 재료를 사용하고, 비싼 부품을 사용하여 이런 재료를 사용한 것만큼 원가를 올리고 객 단가를 올리려고 한다. 이처럼 원가를 올린다고 객 단가가 높아지는 것은 결코 아니다. "객 단가가 올라갔으니까 이 가격을 지불해야지"라고 생각하는 고객은 없을 것이다. 원가는 업자들의 가격에 지나지 않는다.

고객들이 높아진 가격에 구입할지 여부는 영업사원의 서비스에 달려 있다. 경기가 나빠지게 되면 객 단가는 내려간다. 경기가 나빠진 만큼의 객 단가를 높이기 위해서는 보다 서비스를 향상시켜야 한다.

대형점이 중·소형점에 밀리거나 우리에게 익숙한 기업이나 점포들이 망하는 경우를 자주 접한다. 그 이유는 새로운 서비스를 개발하지 못했기 때문이다.

실적이 좋은 영업사원과 실적이 나쁜 영업사원의 차이는 하나 더 서비스를 하려고 하느냐, 하나 더 판매를 하려고 하느냐의 차이다. 먼저 **'하나 더 서비스'를 통하여 감동의 객 단가를 높이면 하나 더 판매가 이루어지면서** 객 단가는 자연스럽게 높아질 것이라고 생각한다.

서비스를 향상시키기 위해서는 고객이 하는 말이 아니라 고객과 대화하고 있을 때 고객의 말투, 목소리, 뉘앙스에서 문제점을 찾아내어 해결해줄 수 있어야 한다. 여기서 비즈니스의 찬스를 잡을 수 있는 것이다. 가전제품을 판매한 후 설치를 위해 고객 집에 들렀을 때 문 앞에 빈 박스가 한두 개 놓여 있었다면 "제가 버려 드릴까요?"라는 말을 할 수 있는 사람이 진정한 영업사원이다. 이런 것을 처리해 주었을 때 고객의 입에서 "이번에 이런 것을 구입하려고 하는데 좋은 것 하나 추천해 주세요"라는 말이 자연스럽게 흘러나와 〈덤〉의 상담이 생겨나는 것이다.

고객은 "미안하지만 이것 좀 치워주시겠어요?"라는 식의 말은 좀처럼 하질 않는다. 말을 하지 않았다고 하여 해주기를 바라지 않는 것도 아니다. 내가 먼저 고객이 원하는 바를 알아차려서 처리해줄 수 있는 센스를 가져야 한다. 센스라고 하는 것은 타고나는 것이 아니라 누구나 노력하기만 하면 기를 수 있는 영역이다. 이 능력을 갖추기 위해서는 말하는 내용도 중요하지만 말투, 뉘앙스, 목소리에 관심을 갖고 주변을 관찰하는 관찰력이 있어야 한다. 그래야 임기응변을 잘하고 순간순간 변화하는 고객의 요구를 잘 맞추어갈 수 있기 때문이다.

매뉴얼에 나오지 않는 이런 작고 사소한 서비스들을 할 수 있어야 차별화도 생기면서, 고객의 가슴 깊은 곳에 감동을 줄 수 있다. 또 다른 상품 하나를 판매하기 위해 노력하는 식의 거래를 위한 영업만을 생각해서는 성공할 수 없다. 다음의 거래로 계속 이어지게 하기 위해서는 또 다른 서비스를 늘려 나가야 한다.

필자가 근무를 한 적이 있는 일본의 한 백화점에서는 매월 "서비스 경진 대회"를 실시한다. 서비스 경진 대회는 매뉴얼상에 나와 있지 않으면서 고객을 감동시키고 좋은 반응을 얻고 있는 작고 사소한 서비스를 전 직원이 공유하기 위한 제도로서 이 백화점의 큰 자산이다. 여기에 나온 모든 노하우는 전 직원들이 공유하여 모두가 수준 높은 서비스를 제공하도록 하고 있다.

영업은 상품을 파는 것이 아니다

상대와 나 사이의 관계를 판매하는 것으로 영업사원이 하는 일의 정의를
바꿔야 한다.

영업이라고 하면 많은 사람들은 〈상품을 파는 것〉으로만 생각
하지, 좀더 크고 높은 것은 생각하지 못한다. 영업은 **상품을 파는
것이 아니라 〈상대와 나 사이의 관계를 파는 것〉이다**. 상품만 판
매하려고 하다가 보면 상품을 판매할 수도 있지만 고객과 영업사
원 사이, 고객과 점포 사이에 인간 관계는 남지 않아서 지속적인
거래를 유지하는 데는 문제가 따른다. 영업은 한번 판매하고 마
는 것이 아니다. 다시 말해서 끊임없이 새로운 손님만을 찾아서
헤매는 활동이 아니다. 지속적인 거래를 유지하려면 먼저 좋은
인간 관계를 만들지 않으면 끝이다. 좋은 관계가 성립되기만 하
면 그 다음의 인간 관계는 자동적으로 흘러간다. 이것이 잘 나가
는 영업사원들의 공통적인 특징이다.

그러면 어떻게 고객과 좋은 관계를 만들 수 있을까?

영업사원이 하는 일의 정의를 바꿔야 한다. 예를 들어 나이키

는 운동화를 판매하는 것이 목적이 아니다. 운동화가 필요하여 나이키를 구입하는 사람이 과연 몇이나 되겠는가? 승리감, 욕망, 성취감, 욕망을 판매하는 것이 나이키다. 커피 전문점을 운영하는 사람은 커피를 파는 것이 아니다. 커피가 마시고 싶고 목이 말라서 커피 전문점에 들르는 사람이 얼마나 되겠는가? 커피 전문점은 고객들에게 편안하고, 여유로운 삶을 영위하도록 하는 문화 산업인 동시에 여기서 얻을 수 있는 행복한 인생이라는 시간을 판매하는 직업이라고 나는 생각한다.

주택 업계에 근무하는 사람도 아파트나 집을 지어서 파는 것이 주업이 아니라 집에서 얻을 수 있는 〈자신의 인생〉, 〈가족의 인생〉이라는 행복한 삶을 파는 것이다.

가령 여러분이 택시회사에 근무하는 사람이라면 여러분은 어떤 일을 한다고 생각하는가?

서비스가 서투른 사람들은 〈손님을 원하는 목적지까지 이동시켜주는 일〉이라고 말할 것이다. 여러분의 택시가 손님을 이동시켜주는 일만 할까? 아니다. 손님이 가야 할 길을 모를 때 안내해주는 일을 하기도 한다. 손님을 대신하여 어느 지역에 있는 물건을 가져와 달라고 하면 갖다 주는 일도 한다. 심부름을 해주기도 한다. 말하자면 고객의 고민을 해결해주는 해결사의 역할을 하는 택시는 고객을 실어 나르는 것만이 주업은 아니다.

앞에서 언급한 택시회사나 주택 업계나 커피 전문점의 일이 바로 여러분이 하는 영업과 같은 것이다. 영업을 한다고 하여 상품만 판매하는 일을 하는 것이 아니다. 고객이 사용하다 애프터서비스를 의뢰하면 응해 주어야 하고, 고객이 상담을 부탁해오면 상담을 해주기도 하는 등 판매와 직접적으로 관련이 없는 사소한 일도 기꺼이 해주어야 한다. 다시 말해서 고객의 종합적인 상담

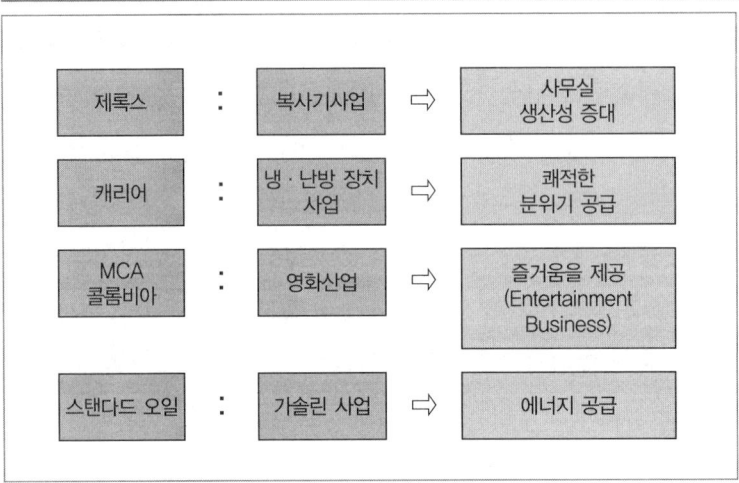

사, 고객 생활의 컨설턴트라는 마음으로 해야 남과 차별되면서 좀더 좋은 서비스를 제공할 수 있다.

이렇게 되기 위해서는 상대와 나 사이에 좋은 관계를 만들 수 있는 능력이 있어야 한다. 그래야 자신의 작은 문제까지 여러분에게 상담을 의뢰할 것이다. 여러분이 고객으로부터 이런 사소한 문제를 많이 부탁 받으면 받을수록 여러분은 그만큼 신뢰를 많이 받고 있다고 볼 수 있다.

고객과 이런 관계를 만들 수 있는 계기를 만들기 위해서는 고객과 이야기를 진행해 가는 과정 중에 고객의 관심사, 곤란하게 생각하고 있는 것을 파악하는 능력이 중요하다.

어떻게 하면 비싸게 판매할까

손쉽게 가격을 낮추면 알맹이 없는 판매는 많아도 자신의 서비스 실력을
높이는 내실을 쌓아가기 힘들다.

보통 판매장에서 일어나는 장면을 떠올려보자.

고객이 "음…, 생각보다 비싼데, 조금 싸게는 안 되요?"라는
말을 하면 일반적으로 다음과 같이 응대를 한다. "알겠습니다.
8% 할인한 58만 원에 하시죠. 제가 최대로 해 드릴 수 있는 금액
입니다. 그 이상은 어렵습니다. 이 가격에 부탁을 드리겠습니다"
라는 식일 것이다.

예전 같으면 고객이 망설이고 있을 때 얼마 할인을 해서라도
판매를 성공시키는 것이 고객을 만족시키는 일이고, 영업을 잘한
다고 이야기했을 것이다.

하지만 고객이 망설일 때 할인해서 판매를 성공시키는 영업력
의 시대는 이미 오래 전에 끝났다. 나는 이런 때 "발상의 전환을
하라"고 강조한다. 앞에서도 언급했듯이 영업은 단순한 판매직이
아니라 서비스업이라는 것이다. 그러므로 여기에 맞는 일을 할

수 있어야 한다. 고객이 구입을 망설일 때 가격을 할인해서 판매를 성공시키는 것은 서비스 따위는 생각조차 하고 있지 않다는 뜻이다. 판매 성공은 쉬울지 모르지만 개인적으로도 영업 기술의 성장은 기대하기 힘들다.

내가 주장하는 〈발상의 전환〉이란 긍정적인 발상의 전환이다. 60만 원 정도의 양복 한 벌을 권했더니 고객이 "어, 왜 이리 비싸?"라는 식으로 말한다면 여러분은 어떻게 하겠는가? 아마 대부분은 한 단계 아래의 옷을 권할 것이다. 나는 역으로 65만 원이나, 70만 원 정도의 옷을 권하라고 주장한다. 그러면 대부분의 고객은 어리둥절해 할 것이다. 이런 경우의 포인트는 65만 원이나 70만 원 정도의 금액으로 권해도 화를 내지 않도록 〈어떻게 하면 좋을까?〉를 생각하라는 것이다.

가장 간단한 방법인 가격을 낮추는 것은 "나는 판매 실력이 이것밖에 안 됩니다" 하는 표시인 동시에 자신감의 포기라는 위기의식의 표현인 것이다. **손쉽다고 가격을 낮추면 알맹이 없는 판매는 많을지 모르지만 자신의 서비스 실력을 높이는 내실을 쌓아가기는 힘들다.**

영업사원이 자신이 취급하는 상품을 비싸게 많이 판매하기 위해서는 적어도 다음의 4가지 정도는 갖추어야 한다.

① 영업사원 자신의 인품이 좋아야 한다.

형식적으로 상품 안내하고, 대금 받고, 상품 건네는 것은 자동판매기에 불과하다. 모든 분야에서 기계화가 진전될수록 사람에 의한 서비스가 중요해진다. 좋은 커뮤니케이션, 인간적인 매력, 최대한의 성의 등 기계로는 할 수 없는 서비스를 제공하는 진정한 인품을 지닌 사람이라야 고객에게서 사랑을 받는다. 이것이 고객의 구매 의욕을 불러일으키는 가장 중요한 수단이다.

잊지말자! 규모보다는 입지, 입지보다는 상품, 상품보다는 판매원의 서비스력, 즉 판매원의 매력이라는 것이다.

② 자신이 취급하는 상품에 대해서 잘 알고 있어야 한다. 상품의 특징 자체보다 그 특징으로 인해서 고객이 사용할 때 얻을 수 있는 이익을 표현할 수 있는 능력을 말한다.

③ 부드럽고 자연스러운 설명 능력이 필요하다. 많이 알고 있고 사람이 좋아도 전달하는 능력이 뒤처지면 좋은 결과를 기대하기는 어렵기 때문이다.

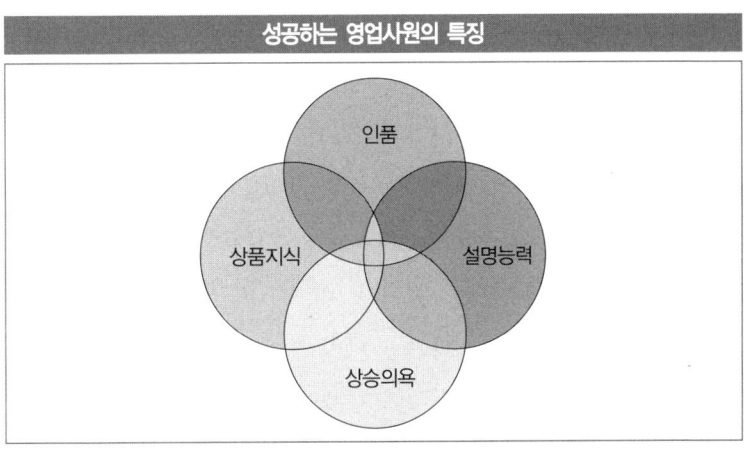

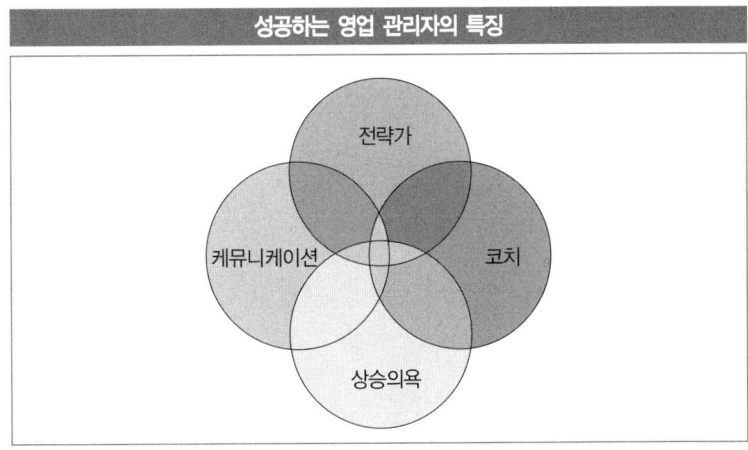

④ 자신의 기술과 가치를 끊임없이 높여가려는 상승 의욕을 가져야 한다.

영업 관리자에게 필요한 역량도 다음과 같이 설명할 수 있다.

① 훌륭한 전략가라야 한다. 경쟁 상대를 분석하고, 자신의 상황에 맞는 전략을 수립할 수 있으며, 이것을 근거로 직원들이 행동했을 때 좋은 결과를 가져올 수 있는 전략을 만들어낼 수 있어야 하기 때문이다.

② 좋은 커뮤니케이터라야 한다. 고객, 직원, 거래처, 회사의 경영진과 좋은 커뮤니케이션을 통하여 회사의 전략이 수요자에게, 수요자의 의견이 회사에 신속하고 정확하게 전달될 수 있도록 하는 능력이 있어야 한다.

③ 뛰어난 코치라야 한다. 자신의 직원들을 자신의 의도대로 움직이게 할 수 있는 능력을 가진 사람, 직원의 의욕을 이끌어낼 수 있는 사람이어야 한다는 것이다.

④ 상승 의욕을 가지고 과거 자신의 경험에 연연해하지 않는 사람이어야 한다. 그래야 좋은 지도자가 될 수 있기 때문이다.

앞에서 언급한 이런 것들이 갖추어지면 다른 점포가 10만 원의 상품을 8만 원으로 내려 판다고 해서 자신도 8만 원으로 내리지 않고 자신만의 가격을 당당하게 결정해 나갈 것이다.

섬세한 서비스를 제공하자

한 사람, 한 사람의 고객은 모두 다르기 때문에 개개인에 대한
서비스도 다르게 해야 한다.

스포츠에서도 실력이 좋은 팀과 실력이 보통인 팀의 차이는 세
련미와 섬세함이 넘치는 경기를 할 수 있느냐, 없느냐의 차이다.
예를 들어 한국과 프랑스 축구 대표팀이 경기를 한다면 여러분은
어떤 팀이 승리할 것으로 예상을 하겠는가? 그리고 승패를 결정
짓는 요소는 무엇이라고 생각하며, 어떤 면에서 가장 많은 차이
가 날 것으로 예상하는가? 아마 기술면에서의 차이일 것이다. 섬
세한 기술을 세련되게 발휘하는 능력의 차이 말이다.

영업의 세계도 마찬가지다. 고급이고, 세련된 서비스일수록 섬
세함이 넘친다는 것이다. 세련미가 넘치려고 하면 개인적인 실력
이 있어야 한다. 내가 말하는 섬세한 서비스란 〈작은 서비스〉를
말한다. 큰 서비스, 크게 하는 서비스는 개인적인 서비스이기보
다는 만인 공통의 서비스가 되어 버린다. 고객은 작은 서비스를
원한다. 말하자면 고객은 자기만을 위한 서비스를 바라는데, 자

기만을 위한 서비스란 무엇일까?

고객은 누구에게나 통용되는 서비스를 필요로 하지 않는다. 자신만을 위한 서비스라고 생각했을 때 비로소 "좋은 서비스다!"라고 생각한다. 해외여행을 다녀온 동료로부터 선물을 받았다고 하자. 나를 위해 특별히 사온 선물이므로 받을 때 기분이 아주 좋았을 것이다. 그런데 며칠 후 다른 팀의 사람도 나와 똑 같은 것을 가지고 있기에 "어디서 구입했느냐?"고 물었더니 나에게 선물을 준 사람으로부터 받았다는 것이다. 이런 경우 여러분이라면 어떤 생각이 들겠는가? 똑같은 상품을 몇 개 구입해와 이 사람, 저 사람에게 돌렸다는 생각에 지난번에 좋았던 기분이 반감할 것이다.

선물의 내용이 같은 경우라면 포장을 바꾼다든지, 안에 넣는 메모 내용을 바꾼다든지 하여 그 사람만을 위한 것이라는 인상을 주어야 한다. 특히 여성의 경우는 더욱 철저하다. 얼마 전 아내가 일 때문에 어떤 학회에서 주최하는 세미나를 다녀와서 자랑을 너무 하기에 이유를 물어보았다. 자기에게 배정된 숙소에 들어가서 개인별로 포장된 조그마한 선물이 있기에 뜯어보았더니, 그 지역 관광지 그림을 넣은 예쁜 손수건 하나와 예쁜 메모지에 개인별로 어울리는 내용의 글이 적혀 있었다는 것이다. 내용은 평상시 그 사람의 관심사나 활동의 내용을 보고 그 사람에게 맞도록 씌어 있어서 더 감탄을 했다는 것이다. 여자 회원들의 경우는 "나는 이런 내용이었는데, 당신은 무슨 내용이었느냐?"고 돌려가면서 이야기도 나누고, 돌려가면서 읽어보기도 했다고 한다.

"어디서 이런 내용을 알아냈느냐?"고 담당자에게 물었더니, 지난 6개월 간 개인별로 전화 통화, 이메일, 업무를 하면서 오고 간 이야기를 메모해 두었다가 적었다고 대답하더라는 것이다.

그 사람에게만 할 수 있는 맞춤서비스를 하기 위해서는 그 사람과 평소부터 접촉을 하면서 접점을 늘려 나가는 여러 가지 이야기를 나누고, 여러 가지 사항을 파악할 수 있어야 한다.

연말 연시가 되면 연하장을 많이 주고받는데, 누구에게나 해당하는 "지난해엔 정말로 고마웠습니다. 새해에도 변함 없는 성원을 부탁드립니다" 하는 식의 내용으로는 안 된다. 최근엔 통신이 발달하여 이메일을 이용한 카드를 많이 보내는데, 이것 역시 그 사람에게만 해당하는 내용이 아니면 곤란하다.

흔히 말하기를 "한 날 한 시에 태어난 쌍둥이도 차이가 있다"고 한다. 나는 세미나를 진행할 때 "각자 '쌀' 하면 지금 현재 머리 속에 떠오르는 단어를 동사, 명사, 부사, 형용사 어느 것이든 10가지씩 적어 보라"고 한다. 그런 후 주변의 사람들과 같은 단어가 몇 개 있는지 비교해 보도록 한다. 그러면 같은 단어는 거의 없다. 모두가 틀리다. 우리 생활과 아주 밀접한 관련이 있는 '쌀'에 대하여 적었음에도 차이가 있다는 것은 무엇을 말하는가? 사람은 모두가 다르다는 것을 보여주는 단적인 예다.

그래서 **한 사람, 한 사람의 고객은 차이가 있기 때문에 고객 개개인에 대한 서비스도 다르게 해야** 하는 것은 너무나도 당연한 것이다. 섬세함을 제공하는 서비스가 어렵다고 생각할지도 모른다. 하지만 고객을 중심으로 생각해 간다면 서비스는 무한히 바뀌어갈 수 있을 것이다.

고객을 애인이라고 생각하자

고객에게 보여주는 모든 자료는 자신의 열렬함을 나타내는
러브레터와 같아야 한다.

고객에게 자료를 내밀 때 어떤 식으로 내보이면 고객이 감동할
까? 여러분이 고객을 방문하여 카탈로그를 내보일 경우 이미 만
들어져 있는 대로만 보여준다면 고객은 특별한 생각 없이 받아
놓고는 한번도 읽어보지 않고 그냥 버릴 것이다.

여러분은 〈고객〉을 애인이라고 생각할 수 있는가?

지금부터 여러분이 **고객에게 보여주는 모든 자료는 러브레터
와 같아야 한다**. 그것이 카탈로그든, 전표든, 견적서든 마찬가지
다. 지금 자신이 고객에게 보여주려고 하는 자료들이 연인에게
보내는 러브레터와 같은가를 한번쯤 생각해보기 바란다.

만약 러브레터와 차이가 있으면 무엇을 어떻게 수정해야 하는
지 생각해봐야 한다. 과거에 해외여행을 다녀오면 면세점에서 볼
펜이나 향수세트 등을 구입해와 봉투에 넣거나 포장을 하지도 않
은 채로 "자! 선물이야" 하면서 한 개씩 나누어주던 장면을 자주

보아왔다. 이런 경우 나는 선물을 받으면서도 겉으론 "고맙습니다" 하지만 속으로는 "정말 매너 없게 주네!"라고 생각하면서 썩 기분 좋지 않게 받은 기억들이 많다. 왜 그랬는지 지금 와서 생각해보면 사소한 것에 서비스하는 능력이 없었기 때문이다.

만약 자신의 연인에게 선물을 한다면 그런 식으로 했겠는가?

만약에 자신이 이런 식으로 선물을 받았다면 얼마나 감동을 받을 수 있었겠는가?

자신의 연인에게 러브레터를 보낼 때 귀찮다고 생각해본 적이 있는가? 러브레터를 적다가 실수로 잘못 적었을 때 다시 적어야 할 경우 "야! 그냥 긋고 대충 다시 적어 보내자"고 생각해본 적이 있는가? 아마 없을 것이다.

힘들고 귀찮아도 호감을 얻기 위해 새로운 용지에 다시 적기를 몇 번이나 해본 경험이 있을 것이다. 이렇게 정성들여 새롭게 적어 보내면서도 "이거 받고 싫어하면 어쩌지?", "이것 받고 좋아할까?" 하고 염려하면서 보내는 것이 러브레터다.

고객에게도 이런 마음이라야 통한다. 이런 차이가 고객의 기분을 동요시킨다. 이런 일을 제대로 하면 잘 나가는 영업사원이 될 수 있고, 귀찮아하거나 싫어하면 좋은 영업사원이 될 수 없다.

올바른 영업을 하려면 자부심과 자신감이 넘쳐야 한다. 자부심과 자신감이 넘치는 사람들의 공통적인 특징은 고객을 대할 때 고자세나 저자세보다는 서로 대등한 관점에서 생각하고 행동한다는 사실이다.

프로페셔널리즘으로 일하자

고객은 좋거나 나쁜 서비스를 구분하는 뛰어난 능력을 가지고 있으며,
고객의 요구도 점점 높아지고 있다.

프로와 아마추어는 많은 차이가 있다. 이런 차이 중에서 가장 중요한 것을 선택한다면 목표의 수준이 다르다는 것이다. 아마추어는 자신의 능력에 한계를 긋고 달성하기 쉬운 목표를 정해서 일을 하기 때문에 도전의식이 없다. 반면에 프로는 작은 일이라도 대단한 노력과 정신으로 일을 하기 때문에 도전의식이 넘친다. 그래서 항상 높은 목표를 정하고 이를 달성하기 위해 최선을 다하는 태도를 보인다.

서비스에 종사하는 사람들은 철저하게 프로페셔널리즘으로 무장해야 한다. 어떻게 하면 고객을 만족시킬 수 있을까? 여러분이 어떤 정도의 만족 목표를 정해서 실천하느냐가 중요하다. 예를 들어 100을 기준으로 하면 여러분은 100 이상은 불가능하다. 아마 70~80 수준에 그치거나 겨우 100 정도의 수준에 도달할 것이다. 여러분이 좀더 좋은 서비스를 제공하려고 하면 서비스의 목

표를 정하는 방법이 중요하다. 스포츠 경기에서 우승하는 팀들의 공통적인 특징이 있다. 전문가들은 어려울 것이라고 하지만 신년사에서 "금년도 목표는 우승이다!"라는 목표를 정하고서 도전한다는 사실이다. 이렇게 목표를 정한 팀만 우승을 했지, 어떻게 게임을 하다 보니 우승하게 되었다는 팀은 없었다.

목표를 정할 때도 20～30% 정도 높은 목표를 정하는 것이 통상적인 관례다. 일류를 지향하게 되면 일류의 서비스는 불가능하다. 초일류를 지향해야만 비로소 일류에 도달할 수 있는 것이다.

지금까지는 〈고객만족〉이라는 용어들을 많이 사용해왔다. 그러나 고객에게 만족을 주는 것은 이제 기본이 되었고, 다른 기업과의 차별은 거의 없다. 얼마 전 일본에서 〈고객만족〉 관련 세미나가 열려 참석한 적이 있다. 일본 기업들의 평균 고객만족지수는 100점 만점에 56점이라고 나온 조사 결과를 보았다. 일본 기업들이 고객으로부터 〈잘한다〉는 소리를 들을 수 있으려면 최소한 57점 이상은 받아야 한다는 말도 들었다. 이유는 간단하다. 고객의 기대치가 점점 높아져 가고 있으므로 고객을 만족시키는 것으로 자신의 목표를 정해서는 안 된다는 것이다.

다른 기업과 차별화를 만들어내기 위해서는 만족의 수준을 넘어서서 고객이 감동을 느끼게 해줄 수 있어야 한다. 우스개 소리로 이젠 감동으로도 안 되고 〈고객 졸도〉, 〈고객 오르가즘〉을 느끼는 수준까지 서비스할 수 있어야 한다는 말까지 나온다.

고객들의 기대 수준도 점점 높아져 가는 추세다. **좋은 서비스와 나쁜 서비스를 구분하는 눈을 확실히 가지고 있으며, 고객의 요구도 점점 높아지고 있다.** 지금까지 고객들은 서비스 수준에 대해서는 별로 관심이 없고 가격만 저렴하다면 좋아하는 형태였다. 하지만 앞으로는 달라질 수밖에 없다. 가격은 얼마라도 지불할 용의가 있으니 확실하게 서비스해주는 사람을 바란다. 고객이 요구했던 것에 비해 조금이라도 웃도는 서비스를 제공하는 능력이 있어야 한다.

　고객에게 차별화 된 서비스를 전하기 위해서는 지금 하는 것보다 훨씬 높은 목표를 정하고 실행해 나가야 한다. 아마추어는 현상 유지에 급급하기 때문에 적당주의에 아주 익숙해져 있다. 아무리 잘해도 고객만족의 수준을 넘어서기는 힘들다. 반면에 프로는 아마추어보다 많은 노력과 투자를 해야 하기 때문에 생각하기 나름으로는 조금 괴로울 수도 있다. 하지만 매력은 넘치고 오랫동안 빛을 발하기 때문에 투자해볼 만한 일이다.

말로만 하는 영업은 한계가 쉽게 드러난다

고객과 대화를 할때 어떤 모습일지 다른 사람으로부터 한번쯤 확인을 받아보자.

고급 식당과 일반 대중식당의 가장 큰 차이가 뭘까? 주문을 받을 때 반드시 메뉴 판과 주문 표를 가지고 오느냐, 아니면 메뉴 판만 가지고 오느냐의 차이다. 주문 표를 가지고 오지 않는 사람에게 주문을 할 때 "요리가 잘못 나오면 어떻게 하지?"라는 생각을 한번쯤은 해보았을 것이다. 실제로 주문과 다른 요리가 나와 클레임을 제기한 경험도 있을 것이다. 만약 메모를 충실하게 했다면 당연히 이런 실수는 없었을 수도 있다.

고객은 말 잘하는 사람보다 자기의 이야기를 잘 들어주는 사람을 좋아한다. 들어준다고 하여 단순히 귀 기울이는 정도로는 안된다. 영어로 이야기하면 히어링(Hearing)의 수준이 아니라 적극적인 모습으로 들어야 한다는 것이다. 이를테면 액티브 리스닝(Active Listening)의 수준이다.

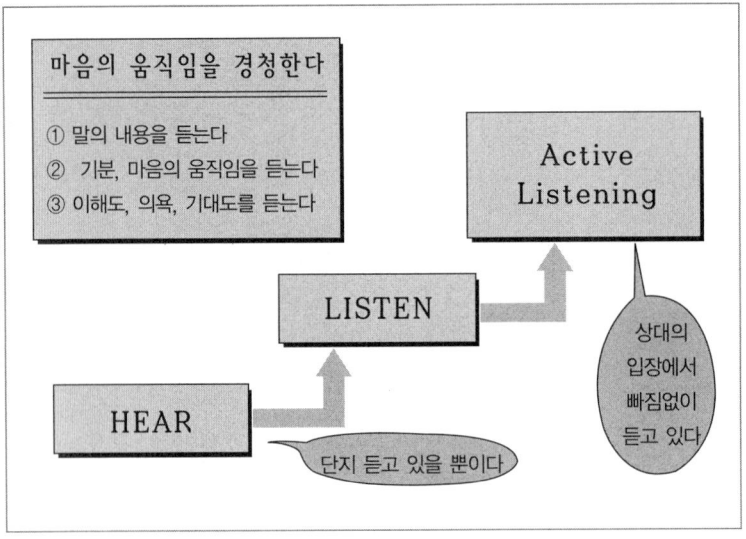

여러분은 고객의 **이야기를 들을 때 어떤 자세를 취하고 있는가?** 여러분의 자세를 거울을 통해서 직접 확인해 보거나 주변의 사람들과 동료들에게 어떤 모습인지 한번쯤 확인을 받아보기 바란다.

여러분이 취하고 있는 자세는 크게 나누어 2가지다.

① 이야기를 집중해 들으면서 메모를 열심히 하는 사람
② 이야기에 맞장구는 열심히 치지만 메모를 하지 않는 사람

어떤 영업사원은 고객을 응대하면서 메모는 한 자도 하지 않으면서 "예! 알겠습니다. 곧바로 처리해 드리겠습니다"라는 식으로 말하는 경우를 많이 볼 수 있다. 이런 사람들은 고객으로부터 "저 친구, 너무 건성으로 하는 것 같아 믿을 수 없는데!", "저 친구는

내 이야기가 싫은가 봐!"라는 인상을 줄 가능성이 있어서 높은 신뢰를 얻지 못한다.

반면에 말은 많지 않지만 고객으로부터 은근히 지원과 지지를 받는 사람들이 있다. 이들의 특징은 고객과 대화를 할 기회가 있으면 자연스럽게 수첩을 꺼내어 메모를 하는 사람들이다. 이런 모습을 본 고객들은 "잊어먹지 않고 제대로 해주겠구나!"라는 생각을 한다는 것이다.

실제로 국내 최대의 가전제품 판매회사인 〈하이마트〉는 전 판매사원들에게 메모장을 만들어주고 고객과 상담할 때 활용하라고 지도를 했더니 판매사원에 대한 고객의 신뢰도가 2배 이상 높아졌다.

메모를 하는 영업사원도 2가지 타입이 있다.

① 고객의 말이 떨어져야 메모지를 꺼내고 준비하는 사람
② 고객의 주문이 나오기 전에 메모지를 꺼내 들고 준비하는 사람

메모는 하는 것 자체가 중요한 것이 아니다. 고객은 메모 준비가 되어 있지 않은 사람에게는 주문을 내지 않는다. 고객은 메모 준비가 되어 있기 때문에 주문을 하는 것이다.

여러분은 어떤 메모 스타일인가?

고객이 말하는 것을 전부 메모할 필요는 없다. 고객이 말하는 것을 캐치하기 위한 메모가 되어야 한다. 메모를 잘못하면 고객들에게 거부반응을 일으킬 수 있다. 마치 상대를 취조하는 듯한 경우가 될 수도 있다. 판매사원들의 메모 습관을 들이기 위해 응대하는 모든 고객에 대해 이름과 주소를 적게 해보았다. 그랬더

니 자연스러움이 없으니까 거의 반은 취조 수준으로 흘러 고객들로부터 많은 거부 반응을 사는 경우를 본 적이 있다.

또 메모는 해야 하는데 테이블이 있는 곳도 있고 테이블이 없는 곳도 있다. 어느 곳에서든 메모가 원활하게 될 수 있도록 해야 한다. 어떠한 경우라도 말로만 "예!", "예!" 하는 식의 맞장구에 의존해서는 잘 나가는 영업사원이 될 수 없다.

장고(長考)보다 즉행(卽行)이 실력이다

고객의 민원을 즉시 처리해 주기 위해 〈바로 해주는 과〉라는 조직도 있다.

〈고객감동〉은 생각만으로는 되지 않는다. 사소한 것이라도 실천으로 보여주는 능력이 중요하다. 자신의 머리 속에 "이러저러한 서비스를 해보고 싶다"고 떠오르는 것이 있으면 즉시 실천해 보기 바란다. 그러면 실제보다 더 좋은 아이디어가 떠오를 것이다. 머리는 천재인데 행동이 둔재면 아무런 쓸모가 없는 사람이다. 고객에게 감동을 전해주는 사람들의 공통적인 특징은 〈…싶다〉보다 〈…하자〉는 사람들이다.

얼마 전 일본에서 열린 세미나에 참석하러 갔다가 공무원들의 실천력에 대해서 이야기를 들을 기회가 있었다. 일본의 한 시청에는 **고객의 민원을 즉시 처리해주기 위해서 〈바로 해주는 과〉라는 조직이 있다는 이야기를 듣고는 감동을 했다.**

고객에게 확실한 감동을 전해주기 위해서는 생각하는 시간을 길게 하는 것보다 즉시 행동하는 실천력을 길러야 한다. 이런 실천도 내 임의대로, 나만의 생각대로 하는 것이 아니라 고객이 원하는 대로 고객의 요구대로 하는 능력을 가져야 한다.

영업에는 정답과 끝이 없다고 생각한다. 또 어느 날 갑자기 완성품이 탄생되는 것도 아니다. 영업은 〈발견－계획－실행－결과〉의 연속인 것이다. 어떤 일을 시도한 다음 실패했다고 주저하기보다 그것을 계속적으로 시도하여 힌트를 얻고 조금씩 개선한 결과의 연속으로 이어가면 좋은 성과를 얻을 수 있을 것이다.

또 좀더 좋은 실행을 위해서는 발견하는 능력이 중요하다. 발견을 잘하려고 하면 RA가 중요한데, RA란 조사(Research)와 분석(Analisys)을 의미한다.

어떤 것을 조사, 분석하고난 다음에 그것을 하나하나 실행하기 위한 계획을 세우고 계획에 따라 실행하는 것이 중요하다. 이때 전체를 하려면 하기가 어려우므로 한 가지, 한 가지씩 차근차근 실행하는 능력을 가져야 하는데 이것을 〈레이저 업무 방식〉이라고 말한다.

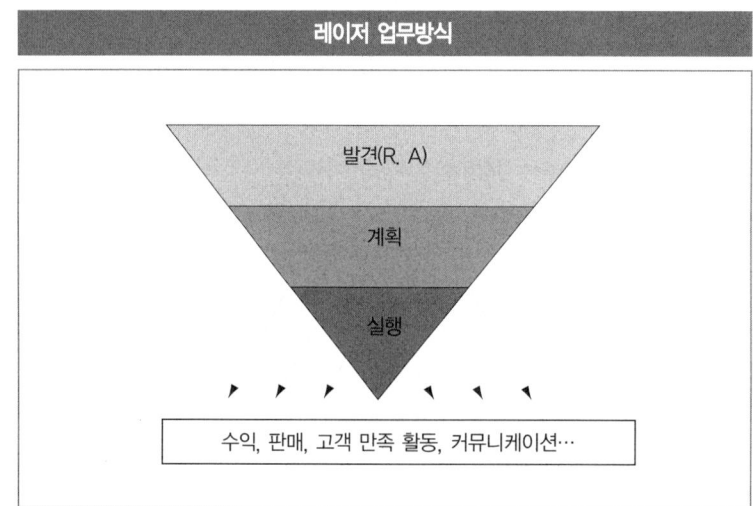

좋은 실천력을 가지기 위해서는 〈머리〉를 사용하고, 〈마음〉을 사용하고, 〈몸〉을 사용 할 수 있는 능력을 가져야 한다.

〈마음〉은 강요나 회피의 마음보다 고객을 위해서 배려하는 마음이 중요하다. 한 마디로 표현하면 고객을 예쁘게 볼 수 있는 마음을 가져야 한다. 그러면 자연스럽게 상대를 배려하는 마음이 표현된다.

〈머리〉는 좀더 좋은 서비스를 제공하기 위해 무엇을 해야 하는지를 끊임없이 생각할 수 있는 능력을 가져야 한다. 지능지수와는 상관이 없으며 자신의 관심과 집중력의 차이다.

〈몸〉을 사용해야 좀더 좋은 아이디어가 떠오르기 때문에 말과 함께 몸을 움직이는 영업을 할 수 있어야 한다. 업무 개선을 위해 토론을 하다가 보면 새롭고 좋은 아이디어가 많이 나온다. 하지만 결론 내는 것을 보면 "다 좋은 이야기인데 지난번에 어떻게 했지?", "그러면 지난번처럼 해보지 뭐!" 하는 식이다. 이런 악순환의 고리를 끊을 수 있는 실천력이 필요한 때다.

아이와 같이 길을 가다 아이가 돌부리에 부딪혀 넘어지면 유럽과 같은 유목민족 출신들은 먼저 일으켜 세운 뒤 괜찮은지, 다친 데는 없는지 물어본다고 한다. 하지만 농경민족 출신들은 "야! 다친 데 없어, 일어나"라고 말부터 먼저 한다고 한다. 이처럼 유럽과 같은 유목민 출신들은 말보다 행동이 앞서지만 우리는 농경민족이기 때문에 어떤 일이 생기면 행동보다 〈이러쿵저러쿵〉 말이 앞설 가능성이 많다.

"백 가지의 생각보다 한 가지의 행동이 필요한 때다."

목보다 마음이 발달한 사람이 성공한다

마음에서 우러나오는 성의를 샘물과 같이 표시할 수 있는 능력을 가진 사람이 성공한다.

요즘 서비스산업에 근무하는 사람들을 보면 기계처럼 훈련되어 보기에는 좋을지 모르지만 진정으로 고객의 마음을 움직이지 못하는 경우가 많다. 목이 발달된 무미건조한 서비스에 아주 익숙해져 있는 것이다. 그 결과 내가 노력한 것보다 좋은 평가를 받지 못하는 것이 현실이다. 고객은 목이 발달한 사람보다 마음이 발달한 사람을 원한다. 머리에서 목까지가 20센티, 머리에서 마음까지는 40센티라는 데 착안하여 이를 〈40센티 이론〉이라고 한다.

앞으로의 시대는 과거처럼 갑작스런 변화나 발전, 급격한 성장을 기대하기는 힘든 시대다. 이런 시대에는 판매하는 것이 불가능한 것은 아니지만 더욱더 힘들어진다. 왜냐하면 만나는 사람마다 "힘이 든다", "어렵다", "잘 안 된다", "예전 같지 않다" 등과 같이 암울한 이야기만 하는 고객들을 구매하도록 만들어야 하기 때문이다.

"경기가 예전 같지 않다"는 식으로 말을 한다고 경기가 좋아지는 것은 아니다. 이런 식으로 말하는 사람들이 경기가 좋아진다고 좋은 영업 실적을 올릴 수 있을까? 그렇지도 않다. 이런 시대일수록 "이제야말로 영업력이 중요한 시대다"라는 생각을 가진 사람만 잘 된다.

앞으로의 시대는 돈과 상품의 가치가 점점 내려가고, 정신적인 면이 훨씬 중요해진다. 그래서 단순한 판매 기법만으로는 안 된다. 사회적으로도 보면 〈선〉이나 〈정신수련원〉 등과 같이 마음을 다스리는 곳들이 유행하고 있는 것만 봐도 알 수 있다. 이런 현상은 20세기가 물질의 시대라면 21세기는 마음의 시대라는 것을 의미한다. 이것이 가장 큰 변화다.

다시 말하면 고객은 지혜 있는 사람도 좋아하지만 마음, 즉 정이 있는 사람을 더 좋아한다. 지혜가 상대의 두뇌에 작용한다면 정은 마음에 관련된 것이다. 마음의 지능지수를 우리는 EQ라고 부른다. 고객은 지식도 풍부하면서 마음도 풍부한 사람을 원한다는 사실을 명심하기 바란다.

고객에게 서비스를 제공하는 방법도 물질의 시대와 같은 방법을 취하면 성공보다 실패의 가능성이 높다. 물질의 시대에는 유행을 따르거나 값싸면 팔렸기 때문에 영업력 같은 것은 크게 필요하지 않았다. 얼마 전 하이마트의 사장님과 면담을 할 기회가 있어서 어떤 영업사원을 원하시느냐고 질문을 했더니 단호하게 다음과 같이 말씀하시는 것을 듣고 감동을 받았다.

"마음에서 우러나오는 성의를 샘물과 같이 표시할 수 있는 능력을 가진 사람을 원한다."

앞으로의 시대는 과거와는 다른 영업력을 요구한다. 영업력이 있는 사람이 좋은 성과를 내는 진정한 영업력의 시대가 도래한 것이다.

여러분이 좋은 영업 실적을 내기 위해서는 "시장이 한계에 도달했다", "시장이 없다"고 말하기보다 새로운 시장을 만들어내는 능력을 가져야 한다. 고객의 물질적인 욕구를 충족시키기 위해서 새로운 시장을 만드는 것이 아니라 고객이 행복한 생활을 할 수 있도록 도움을 주기 위해서 새로운 시장을 만들어나가는 영업력을 가져야 한다.

새로운 시장을 창조해 가기 위해서는 상품의 구성이 좋아야 한다. 상품에는 ① **수요가 감퇴하는 상품군** ② **수요를 창조하는 상품군** ③ **부가가치가 높은 상품군**이 있다.

새로운 시장을 만들어 가기 위해서는 고객의 트렌드를 사전에 읽어서 수요를 창조하는 상품, 부가가치가 높은 상품을 많이 판매하는 능력을 가져야 한다.

항상 신선함이 넘치는 서비스를 하자

자기 부정을 통해 자신이 보완해야 할 점을 찾아내고, 신속히 보완하자.

신선함이 넘치는 서비스는 리더가 하는 것이 아니라 직원이 하는 것이다. 리더는 직원이 좋은 서비스를 제공하도록 하기 위해 감동을 전하는 일을 해야 한다. 이런 감동을 받은 직원들은 고객이 감동을 느끼도록 서비스를 하는 것이다.

여러분은 점포의 리더로서 직원들에게 감동을 전하기 위해 어떤 일들을 하고 있는가? 리더가 제대로 자기 역할을 하지 못한 점포들의 공통적인 특징은 리더가 있으면 "보고 있으니까 할 수 없다", "열심히 하지 않으면 잘린다"는 의무감으로 움직일 뿐이다. 리더가 없으면 당연히 서비스를 게을리 하는 특징을 가지고 있다.

점포는 리더, 직원, 고객의 행복을 실현하는 장소다. 리더의 일은 직원들이 즐겁게 일하는 상황을 만드는 것이다. 직원은 이것이 편안해서 고객들에게 서비스하는 즐거움을 가지도록 해야 한다. 고객들은 "저 점포에 가면 왠지 기분이 좋아"라는 식의 활기를 원하고 있다. 조금 기다리더라도 서비스가 좋고, 제대로 대우받는 점포를 찾아간다. 이것이 점포의 기운인데 항상 좋은 기운을 가지도록 하는 서비스에 정열을 쏟아야 한다.

지금부터 여러분이 해야 할 일은 고객이 신선함을 느끼도록 서비스를 하는 것이다. 이런 일들을 통하여 고객의 마음을 확실히 잡지 못하면 어떤 일도 성공할 수가 없다. 영업하는 사람들의 일은 여기에 전력투구를 하여 차별화를 해 나가는 것이다.

사라지는 점포의 공통적인 특징은 "거기에 가면 상품이 많이 갖추어져 있기 때문에…", "가격이 저렴하기 때문에…"라는 평가를 받는다는 것이다. 반면에 생명력과 활력이 넘치는 점포들의 공통적인 특징은 "저 점포는 느낌이 참 좋아", "저 점포의 사람들은 마음에 들어"라는 평가를 받는다는 것이다. 두말할 것도 없이 이런 평가를 받기 위해서는 항상 신선함이 넘치는 서비스를 해야 한다.

매출과 이익을 올려도 좀처럼 서비스 수준이 높아지지 않는 경우가 있다. 이런 영업은 지속적으로 좋은 성과를 내지 못한다. 반면에 항상 신선함이 넘치는 서비스로 손님의 마음을 먼저 사로잡는 방법을 취하면 나중에 이익과 매출은 저절로 따라오면서 지속적으로 좋은 성과를 낸다.

얼마 전 어려운 시장 환경 속에서도 계속적으로 좋은 실적을 올리는 가전제품 판매점포가 있어서 그 점포의 고객 270명을 대상으로 "당신은 왜 이 점포를 선택했습니까?"라는 설문 조사를 해보았다. 그 결과 "친절하기 때문에", "다른 곳보다 즐겁기 때문에", "다른 곳보다 새로운 요소가 많기 때문에"라는 대답이 많았다. 이 조사를 통해 보더라도 신선함이 넘치는 서비스가 얼마나 중요한지를 알 수 있다.

흔히들 말하듯이 〈별 볼 일 없는 점포〉와 〈잘 나가는 점포〉가 있다고 치자. 그러면 고객은 지체 없이 잘 나가는 점포로 들어간다. 그래서 〈잘 나가는 점포〉는 더 잘 나가게 되고, 〈별 볼 일 없는 점포〉는 더 뒤처지게 되는 것이다. 잘 나가는 점포로 인정받기 위해서라도 항상 신선함이 넘치는 서비스를 하도록 하자.

이렇게 하기 위해 수시로 자기 부정을 해 보라고 권하고 싶다. 자기 부정이라고 해서 염세주의적 비관론자가 아니라 내가 무엇을 더 보충해야 되는지를 알기 위한 자기 부정인 것이다. 이를 그림으로 표현해 보면 다음과 같다. 고객이 원하는 것은 그림A인데 내가 가진 것은 그림B이다. 원 속에 삼각형을 넣어 보면 빈 곳(음영 부분)이 생기는 데 이것을 찾아내기 위한 자기 부정을 해 보자는 것이다. 그래야 자신의 부족한 부분, 즉 보완점을 찾아내고 신선한 서비스 제공이 가능하기 때문이다. 이것을 신속하고 부지런히 채워야 고객으로부터 사랑을 받을 수 있다.

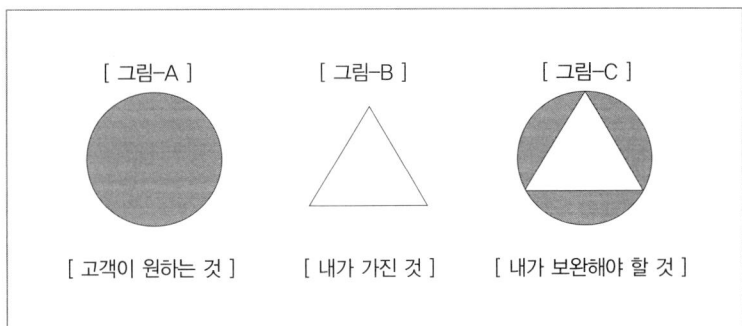

만족을 넘어 감동을 주는 영업을 하자

KFC 창업자에게서 배우는 지혜

어차피 해야 할 일이라면 멈칫거리거나 생각만 하지 말고 지금 바로
시도해 보자!

지금부터 60년 전쯤 미국에서 있었던 일이다. 산골마을에 65세
된 노인이 한 사람 살고 있었다. 하산더 샌더스라는 사람이다. 원
래는 군인이었는데 열심히 돈을 모아서 나이가 들어 레스토랑을
개업했다. 부인과 함께 운영하는 조그마한 레스토랑으로 점포의
이름은 〈미세스 샌더스 패밀리 레스토랑〉이
었다. 그런데 어느 날 집 앞에 고속도
로가 생겼다. 그 결과 은행 빚도 갚
지 못할 정도로 손님이 눈에 띄게
줄어 도산하였고, 레스토랑은 남
의 손에 넘어갔다.
　　65세 노인이 운영하던 식당이 갑
자기 망하게 되자 할 일을 잃고 집에
서 쉬고 있던 노인은 65세 생일날 우체국

으로부터 125달러의 연금을 받았다. 그 연금을 받자마자 노인은 쇼크를 받았다.

"이게 뭐야? 이런 종이 한 장을 받기 위해 내가 평생을 살아왔단 말인가?"

앞으로 자신의 인생은 매달 정부에서 베풀어주는 125달러로 살아야 한다는 것에 괴로움을 느끼며 며칠 밤을 뜬눈으로 지새워야 했다.

그러던 어느 날 그는 부인에게 갑자기 "오늘부터 나의 제3의 인생의 시작된다"고 선언했다. 그러자 부인이 "그 꿈이 뭐냐?"고 물었다. 노인의 대답은 "어릴 적부터 가지고 있었던 꿈이 있는데 그것을 지금 해봐야 되겠다"는 것이었다. 그 꿈은 다음과 같은 것이었다.

샌더스는 어린 시절 어머니가 만들어주신 치킨 후라이를 세상에서 최고로 맛있는 것으로 여기며 자랐는데 그 최고로 맛있는 후라이드 치킨을 모든 미국 사람에게 맛보이는 것이 꿈이었다. 그래서 아내에게 "어머니가 만들어주셨던 치킨 후라이를 전 미국에 보급시킬 생각인데 당신에겐 미안하지만 같이 해보자"는 제안을 했다.

샌더스 할아버지는 밴을 구입하여 부인을 태우고 곳곳을 다니면서 홍보를 하기 시작했다.

"실례합니다. 저는 샌더스라고 하는데 굉장히 맛있는 치킨 요리법을 알려 드리러 왔습니다. 저희가 재료도 드리고, 조리법도 가르쳐 드릴 테니 판매되는 금액의 몇 %만 주십시오."

가는 곳마다 치킨을 프랜차이즈하자는 할아버지의 말에 깜짝 놀란 식당 주인들로부터 "우리 식당에선 판매가 잘 되지 않을 것 같은데, 다른 집에 가서 알아보시죠" 하는 식으로 문전 박대를 당했다. 캔터키 주 곳곳을 돌아다녀 보았지만 허사여서 테네시 주, 미조리 주에도 가보았지만 결과는 항상 거절이었다.

결국은 유타 주의 소트렉스키까지 갔다. 그곳에서 젊은 가게 주인에게 "나는 켄터키에서 온 샌더스입니다. 맛있는 치킨 한번 먹어 보시고 만약 맛이 있으면 같이 한번 영업해 봅시다"라는 제안을 했다. 젊은 주인은 치킨을 먹어보고 난 뒤 "이거 정말 맛있군요. 잘 팔릴지 모르겠는데… 좋습니다. 어디 한번 해봅시다"라고 흔쾌하게 대답했다.

여기서 비로소 그 유명한 캔터키 후라이드 치킨 제1호 점포가 캔터키 주가 아닌 유타 주의 소트렉스키에서 탄생한 것이다. 그리고는 순식간에 미국 어디를 가나 빨간색과 흰 색 무늬의 점포를 볼 수 있을 정도로 미국 전역을 휩쓸게 되었다.

샌더스 씨는 5년 후 70세가 되었을 때 미국에서 가장 성공한 비즈니스맨으로서 미국 상공회의소로부터 표창을 받았고, 비즈니스맨 중의 비즈니스맨으로 대통령 표창도 받았다. 75세 때 모든 권리를 유브라인트 대주주에게 판매하고 자신은 그 후라이드 치킨 점포 앞에 서 있는 흰 양복을 입은 할아버지의 사용료만 받게 되었다.

수년 전에 세상을 떠났지만 샌더스 씨가 사업을 시작한 것은 65세 때였고 순탄한 길만은 아니었을 것이다. 하지만 샌더스 할아버지는 모든 생각을 용감하게 실천에 옮겼으며, 실천을 통해 빛을 본 것이다.

독자 여러분! 여러분은 몇 살입니까?

아마 대부분의 독자들은 샌더스보다 한참 젊을 것이다. 그러므로 무한한 가능성을 가지고 있는 것이다. 머리로만 "이렇게 했으면 하는데…", "저렇게도 했으면 하는데…"라고 생각하지 말고 직접 해보는 것이다. 아직은 무리라고 생각하지 말고 시간 있을 때 차근차근 해보자고 미뤄서도 안 된다. 지금 바로 시도해보기로 하자.

고객에게 만족을 주는 행동도 **멈칫거리거나 생각만 하지 말고 일단 시도해보자**. 그것이 감동을 주는 초석이 되는 것이다.

얼마전 미국에 세미나를 받으러 갔는데 시작 전 실시하는 게임에서 1등을 하여 선물을 받았다. 선물은 강사가 직접 붓으로 적은 대형 글씨였는데 내용은 [PRESENT]였다.

PRESENT를 우리말로 번역하자면 「현재」 「선물」이라는 의미가 있다. 그 강사의 표현대로라면 현재, 현재가 최고의 선물이므로 지금 이순간 「해야지!」라고 생각한 것을 실천하는 사람에게만 성공이 다가오므로 다소의 방해자가 있을지라도 지금 현재에 충실하라는 것이다.

경험이 곧바로 성장과 직결되는 것은 아니다

경험이 많다고 센스 있고, 높은 매출과 이익으로 연결되는 것은 아니다.

신입사원 입문 교육을 마치고 영업부서 근무를 명령받으면 "나는 영업 스타일이 아니다. 영업적인 센스가 부족하다"고 고민하는 사람들을 많이 보게 된다. 심지어는 몇 년 정도 영업을 한 사람들도 "나는 영업적인 센스가 부족하다"며 자신감 없게 이야기하는 사람들을 많이 볼 수 있다.

절대적인 이야기는 아니지만 센스가 있는 것은 없는 것보다 훨씬 낫다고 볼 수 있다. 어떤 일에나 어느 정도의 센스, 적성이라는 것이 있기는 있다고 하겠다.

여러분은 영업적인 센스가 얼마나 있다고 생각하는가?

기획사원에게는 창조적인 센스, 경리사원에게는 꼼꼼한 센스가 필요하다고 볼 수 있는데 영업사원에게는 어떤 센스가 있어야 고객을 확실하게 감동시킬 수 있을까?

내 생각으로는 고객들과 잘 지내는 센스, 사람들을 좋아하게 되는 센스, 고객의 심리를 잘 꿰뚫어보는 센스, 판매를 재치 있게 잘하는 센스 등이 필요할 것 같다. 이런 센스들이 천성적으로 탁월한 사람도 간혹 있지만 전혀 없는 사람은 없다. 대부분의 사람들은 후천적인 노력에 의하여 길러진 사람들이다. 이는 자신이 적극적으로 노력을 해 가면 얼마든지 배양할 수 있다는 뜻이다.

나 자신도 영업적인 센스가 지극히 부족했던 사람 중의 하나다. 그러나 영업을 열심히 하여 좋은 성과를 올린 경험을 가지고 있다. 솔직히 나는 처음에 영업이라는 것을 무척이나 싫어하기까지 했다. 나는 소극적이면서 내성적인 성격상 다른 사람들과 어울려서 마음에도 없는 소리를 해야 하고, 어울려서 술을 마셔야 하는 등의 일들이 너무나 싫었다. 영업 부서에 배치를 받고 나서는 다른 일을 찾아보고 싶었고, 센스에 앞서 우선 자신이 없었다. 그러나 영업 부서에 배치를 받고 난 다음에는 어쩔 수 없이 할 수밖에 없었다. 나는 "영업적 센스가 없는데…", "자신이 없는데…" 등으로 괴로워해도 뾰족한 수가 없었다. 그래서 나는 "포기하기보다 해볼 만큼은 해보고 난 다음에 결정해야 하지 않겠는가?"라고 마음을 고쳐 먹었다. 이것이 결과적으로 마음 약한 나에게 용기를 불러일으켜 주었다. 선천적으로 센스가 부족한 나 자신과는 아무런 상관없이 좋은 실적을 연속으로 기록하자 사내에서 최연소로 영업팀장을 맡는 행운도 가지게 되었다. 지금은 그때의 일들을 기본으로 글도 쓰고 강연도 열심히 하고 다닌다. 일본의 백화점에서도 1년 정도 영업을 해본 경험이 있는데 항상 상위권을 차지했던 경험이 있다. 그래서 그 쪽의 간부들은 나를 아주 영업적인 센스가 있는 사람으로 인정해준다.

얼마 전 나를 만나러 왔던 영업사원 중에 탁월한 사람이 한 사람 있어 소개해 보고자 한다. 2년 전쯤 그를 만났을 때는 자신감도 없고 열의도 없이 마지못해 영업을 하는 사람 같아 보였다. 저렇게 하여 어떻게 영업을 하는지 답답할 정도였다. 아무리 보아도 흔히들 하는 말로 〈영업 스타일〉은 아니었다. 그런 그가 사내에서 최고의 영업사원이 되어 지점장 발령을 받고 부임하게 되었다는 인사를 하기 위해 다시 나에게 온 것이다. 그의 이런 영업 실적에 대해서 회사도 놀라고, 본인도 놀라고 있다고 했다.

"짧은 기간 내에 톱 영업사원이 될 수 있었던 비결이 무엇이오?"

내가 이렇게 물었더니 그는 다음과 같이 대답을 했다.

"특별한 일을 한 것은 없습니다. 다른 동료들보다 열심히 노력을 했습니다. 고객들을 만나는 것이 정말로 좋은 공부가 되었습니다. 영업은 정말로 재미나는 일이라 지금도 처음 시작할 때의 마음으로 열심히, 성실하게 노력하고 있습니다."

성실함을 무기로 남보다 열심히, 남 모르게 노력한 덕분에 다른 사람보다 〈고객감동〉을 많이 시키고 그 결과가 자연스럽게 실적으로 연결된 것이었다. 여기서 중요한 것은 "비결이 뭐냐?"고 누가 묻더라도 자연스럽게 "노력했습니다"라는 말을 할 수 있어야 한다는 사실이다. 처음부터 고객에게 감동을 전하는 센스나 재능을 충분히 가진 사람은 없다. 센스나 재능은 자신의 노력 여하에 따라 연마되는 것이다.

흔히들 영업은 땀 흘린 대로 돌아오는 정직한 일이라고 한다. 고객에게 감동을 전하는 노력을 게을리 하지 말자. 그러면 누구나 우수한 영업사원이 될 수 있다. 센스라고 하는 것은 일종의 지혜다. 손님은 열심히 노력하여 길러진 센스, 정성을 보여주는 센스를 원한다. 여러분의 센스를 어필할 수 있는 서비스가 몇 가지 정도 있는가?

속칭 잘 나가는 영업사원이 되기 위해서는 경험이라는 이름의 매너리즘을 조심하기 바란다. 경험이 많은 사람들이 경험이 적은 사람들에게 하는 가장 대표적인 이야기 중에 하나는 「내 경험으로 보면 그것은 아무 소용이 없다」「몇 년 전에도 그렇게 한 적이 있지만 잘 안 되었다」는 식으로 그럴 듯한 이유를 말한다.

　　경험이 많다고, 경험이 있다고 곧바로 매출로, 이익으로 연결되는 것은 아니다. 또 경험이 부족하다고 걱정할 필요도 없다. 경험이 적기 때문에 새로운 센스를 기를 수 있는 찬스는 더 많은 것이다. 경험의 부족을 탓하기보다 오늘 하루 얼마나 성실하게 대했는지 확인해 보자. 예전보다 더욱 성실하게 서비스를 하면 센스는 자동적으로 길러지는데 승부는 오로지 그것에 달려 있다.

　　고객은 아주 타산적이다. 자기에게 조금만 성실이 가미된 센스를 보여주면 즉시 영업사원의 편이 된다.

4

영업사원에게
요구되는
역할과 행동

상품 판매의 구속에서 벗어나라

점점 높아져 가는 고객의 눈높이에 맞추어 가는 활동을 할 수 있을 때만
좋은 성과를 낼 수 있다.

오늘날은 매출도 떨어지고, 이익도 떨어지고, 결정적 우위를
지킬 수 있는 상품도 없는 영업 환경의 시대다. 경쟁도 단순한 상
품 판매에 의존하지 않고 있다. 그러므로 영업에 종사하는 사람
들은 상품 판매의 틀에서 벗어나 새로운 활로를 모색해 나가야
할 시기이기도 하다.

새로운 영업 활동을 전개해 나가기 위해서는 먼저 최(最)일선
에서 근무하는 사람들이 바뀌어야 한다. 하지만 기존 영업 활동
의 체질에 익숙해져 있기 때문에 오랜 시간 동안 이루어진 관습
적인 패턴에서 탈피하는 것은 상당히 어렵다.

시대 흐름의 변화는 과거의 스타일에 안주하는 것을 허락하지
않는다. 서비스업에 종사하는 사람들은 이런 현실을 냉정하게 인
식하고, 시대의 흐름에 발맞추어 변화를 모색하는 강한 의지를
키워 나가야 한다. 좋은 상품을 만들면 잘 팔린다고 하는 시대는

이미 지나갔다. 지금은 상품 자체의 매력만으로 높은 판매 실적을 올리는 경우는 적어지고, 또 가격만으로 경쟁자와 차별화를 도모하는 것도 어렵다. 고객의 선택 기준을 보면 그 상품과 직접적으로 관련이 없는 측면 때문인 경우도 많다.

고객의 변화를 인식한 판매자 측도 최근 "자사의 상품만으로는 고객을 만족시킬 수가 없다"고 하는 목소리가 높아지고 있다. 이것은 라이벌 회사 상품과의 구조 제안이 필요함을 나타내는 동시에 고객의 기대가 상품 이외에도 존재한다는 점을 나타낸다고 볼 수 있다.

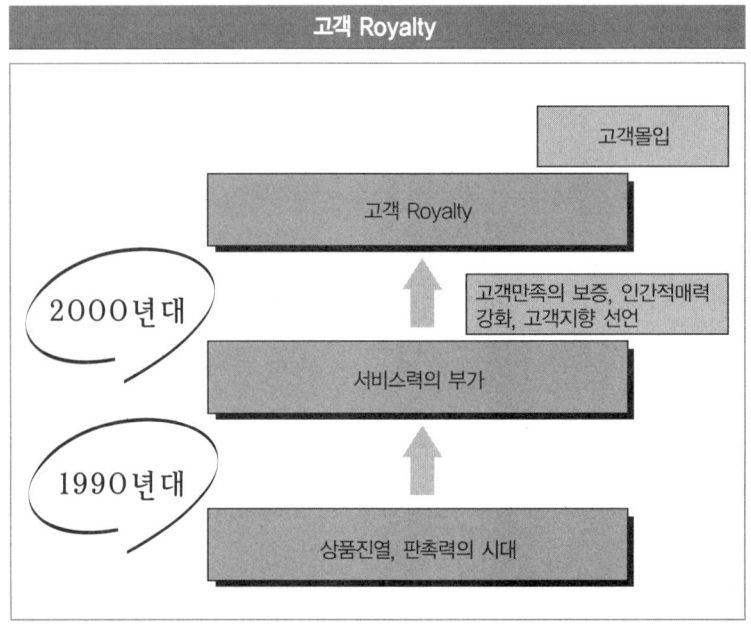

상품력으로 승부했던 시대의 대표적인 영업 방식은 〈진열 식판매〉였다. "가 회사 상품도, 나 회사 상품도, 다 회사 상품도 있습니다"라는 식으로 진열대에 나열해 놓고 나서 기능에 관해서도

"이것도 됩니다, 저것도 됩니다" 하는 식의 나열형이다. 이 방법은 가격과 상품의 차별화가 이루어지기 힘든 현재에 와서는 거의 효과가 없다고 하겠다.

이런 고객의 니즈(needs) 변화를 인식하지 않으면 현재 자기 상품에 자신감이 있다고 자부하는 기업들에게도 대단한 위험이 닥쳐올 수 있다. 상품에 대해 지나친 자신감을 가진 결과 "상품이 좋으니까 잘 팔릴 것"이라고 믿고 있기 때문이다.

자신이 개발한 상품과 연구개발 부분에 자부심을 갖는 것은 좋은 일이다. 하지만 지나친 자신감은 금물이다.

오늘날은 상품의 질만 가지고는 팔리지 않는 시대다. 경쟁 우위에 서기 위해서는 상품 이외의 부분에서 승부를 걸어야 하는 시대라는 말이다. 하지만 많은 기업에서는 조직적 · 체계적으로 실천하는 경우는 거의 없고, 슬로건으로 끝나 버리는 경우가 많다. 실질적인 실천이 가장 중요하다고 하겠다.

상품 판매에 급급하지 않고 고객 만족으로 이익률 증대를 이룬 성공 사례가 있어서 소개하고자 한다.

미국에 있는 사우스웨스트항공사의 경우다. 이 회사의 최대 성공 요인은 사람에 대한 투자였다. 신뢰할 수 있는 서비스를 창조하기 위해 현장의 관리직이 종업원들을 격려하고 지도하며 철저하게 이야기를 해주면서 회사가 직원들의 성장을 도와준 것이다. 수많은 항공사들이 관리직의 수를 줄이고 있는 데 반해 사우스웨스트항공사에서는 관리직 전원이 '플레잉 메니저(Playing Manager)'로서 다른 직원들과 함께 일을 하면서 지원 활동을 하고 있다. 이 회사는 인재의 채용과 훈련에 다른 어느 항공사보다도 많은 투자를 하고 있다. 기업 풍토상 관리직이 직원들에게 경의를 표하는 습관이 있으며 그 결과 직원들은 자연히 고객이나 후배에게도 이와 같은 태도로 대하는 것이 기업문화로 정착되어 있는 회사다. 전 직원들이 호주머니 속에 「A Guide to Inflight & Gate Games」라는 핸드북을 가지고 다니면서 비행기 승객들을 지루하지 않고 재미난 여행이 될 수 있도록 돕고 있다. 그 결과 하루 비행 시간이 업계 평균인 8.6시간을 훨씬 초과한 11.5시간 이고 사원 일인당 응대 고객 수가 업계 최고인 2,400명(2위가 1,200명)이나 되는데도 불구하고 이직률은 연간 7%에 지나지 않는다고 한다. 노동조건이 가혹한데도 안전성은 업계 1위이며 이익률 또한 단연 톱을 자랑하고 있다.

이 사례에서도 볼 수 있듯이 상품 판매에 급급하기보다는 **점점 높아져 가는 고객의 눈높이에 맞추어 가는 활동을 할 수 있을 때만 좋은 성과를 이어갈 수 있다.**

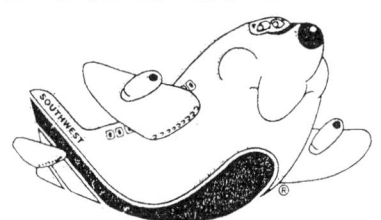

T.J.LUV Presents

A Guide to Inflight & Gate Games
5th Edition

비즈니스 컨설턴트로서의 역할을 수행할 수 있어야 한다

고객이 필요로 하는 과제에 대한 표과적인 해결책을 제시할 수 있어야 한다.

비즈니스 컨설턴트의 역할은 한 마디로 말하면 **고객의 과제를** 해결하는 좋은 상담자가 되어야 한다는 것이다. 필요한 정보를 수집·분석하고 고객의 과제를 종합적으로 이해하고 고객의 지원을 얻으면서 **효과적인 해결책을 제안해 갈 수 있어야 한다.** 고객은 내가 아니라도 다른 사람과 얼마든지 거래가 가능하다. 고객을 대할 때는 이런 위기감을 갖고 진정한 서포트가 가능하도록 파트너로서 고객의 기대에 부응해야 한다.

비즈니스 컨설턴트에게 요구되는 3가지 지식

영업사원이 고객에게 인정받기 위해서는 비즈니스 컨설턴트로서 고객의 니즈를 파악하고, 문제에 대한 정확한 해결책을 제안해야 한다. 그러면 고객은 어떤 점을 기준으로 영업사원을 평가할까?

① 상품이나 서비스 이상의 지식

고객에게 자신이 프로페셔널하다는 것을 첫 단계에서 나타내지 않으면 고객은 쉽게 방향을 돌려버린다. 따라서 영업사원은 자사의 상품과 서비스에 관한 지식보다 더 많이 알고 고객을 대해야 한다. 고객이 안고 있는 문제를 신속하게 파악하고, 아이디어의 상호 교류를 촉진해 나갈 수 있어야 한다.

② 통상적인 설득력을 넘어서는 커뮤니케이션 스킬

미국의 유명한 경영자 중 한 사람이었던 리 아이아코카에게 "영업사원에게 필요한 지식을 무엇이라고 생각합니까?"라고 물었더니 "Communication is everything!"이라고 답변했다. 커뮤니케이션은 이처럼 중요한 것이다. 영업사원은 자신이 아무리 명석한 두뇌와 풍부한 지식을 가지고 있어도 고객에게 그것을 명확하게 전달해주지 않으면 그 가치를 인정받지 못하게 된다. 고객이 가치를 인정하고, 이해를 했을 때만 고객에게 유용한 것이 된다. 영업사원에게 요구되는 커뮤니케이션 스킬은 〈효과적인 질문〉, 〈경청〉, 〈이해 능력〉, 〈자기 자신을 명확하게 표현하는 능력〉, 〈어떤 일에 대해 개념화하는 능력〉이다.

③ 적극적인 사고와 행동

간혹 영업사원들을 만나보면 들어서 알고 있는 것은 많아 유창하게 이야기는 하지만 그 태도는 상당히 소극적이어서 고객으로 하여금 구매 행위를 하도록 하는 데는 미숙한 사람을 많이 볼 수 있다. 고객의 입장에서 보면 능력은 인정해도 거래는 하고 싶지 않은 스타일이다. 성실하고 적극적인 모습을 보임으로써 고객의 마음을 움직일 수 있는 능력이 필요하다. 항상 고객의 입장에서 생각하고, 함께 문제를 해결해 간다는 자세를 잊어서는 안 된다.

비즈니스 컨설턴트로서의 구체적 행동

고객으로부터 신뢰를 받는 컨설턴트가 되기 위해서는 앞에서 말한 능력을 기반으로 하여 다음과 같은 행동을 할 수 있어야 한다.

① 고객의 문제에 관한 광범위한 정보를 파악한다.

여러 가지 정보망을 활용하여 고객에 관한 정보를 간접적으로 입수하고, 통찰력 있는 질문을 통하여 고객의 문제를 직접적으로 입수한다.

② 문제에 대한 배경이나 과제를 명확하게 파악한다.

수집한 정보를 근거로 고객의 문제에 대해서 자기 나름대로 가설을 구축하고, 그것이 현실적인지, 아닌지 확인해본다.

③ 경쟁자에 대해서 적극적으로 정보를 수집한다.

조사한 여러 가지 정보를 근거로 고객으로부터 다른 정보를 수집한다. 고객의 관점에서 다양한 정보원을 활용해 정보를 모은다.

④ 업계의 움직임이나 자기 회사의 정보를 제공한다.

고객을 염두에 두고 핵심이 되는 기술이나 노하우, 기술 제휴 등의 네트워크와 앞으로의 상품 계획 등 회사나 타 부문의 움직임 등을 주의 깊게 관찰해 둔다.

⑤ 자기 회사의 종합력을 활용하여 과제 해결의 제안을 한다.

영업에 성공한 사내의 사례를 자세히 확인하고 제안의 폭을 넓혀간다. 상식보다 데이터를 세밀히 분석하여 여러분 나름의 식견으로 비즈니스를 개척할 수 있어야 한다.

⑥ 고객의 관심을 끌 수 있는 프리젠테이션을 한다.

고객 한 사람 한 사람의 관심과 흥미를 끌 수 있도록 하는 프리젠테이션을 할 수 있어야 한다.

⑦ 단순히 상품을 제공하는 것이 아니라 고객이 의지할 수 있는 상담 상대가 된다.

고객이 아무런 의미 없이 던진 말이라도 재치 있게 캐치하여 고객이 필요로 하는 정보를 제공해줄 수 있는 능력이 있어야 한다. 단순한 관련 지식뿐만이 아니라 자신의 경험, 타 회사의 사례 등을 제공할 수 있도록 항상 가공해 두는 노력이 필요하다.

전략적 코디네이터로서의 역할을 수행할 수 있어야 한다

고객을 최대한 지원하기 위한 프로세스를 만들어 가는 영업 활동을 할 수 있어야 한다.

전략적 코디네이터로서의 역할은 개인 영업의 경우보다 팀 영업을 하는 사람들에게 대단히 중요한 기술이다. 자신이 중심이 되어 자연스럽게 영업 활동을 진행시키는 역할을 말한다. 전략적 코디네이터 역할은 **고객을 최대한 지원하기 위한 연결 창구**가 되는 역할을 말한다. 복잡화되어 가는 시대에 고객의 니즈를 만족시키기 위해서는 복잡한 프로세스를 원활하게 해결해 나가는 코디네이터의 역할이 더 필요해진다.

전략적 코디네이터에게 요구되는 5가지 기본 능력

고객의 기대에 부응하는 영업사원이 되기 위한 전략적 코디네이터로서의 기본 능력은 다음 5가지다.

① 자기 회사에 관한 지식

고객의 기대에 전면적으로 부응하기 위해서는 자기 회사의 핵심 역량은 무엇인지, 비즈니스 파트너는 누구인지, 어떤 지원이 필요한지 등 우선 자신의 회사에 관한 사항을 충분히 알아두어야 한다. 자기 회사의 미션, 비전, 상품, 서비스, 경쟁 상대 등에 대해서 종합적으로 이해해 두어야 한다.

② 팀 편성 및 운영을 위한 전문 지식

필요한 경우 자기 회사의 협력을 얻어내기 위해서 사내의 인맥을 파악하고 전문가나 동료, 지원 스텝들과 협력 관계를 유지해 두어야 한다. 동시에 팀을 편성할 때는 효과적인 커뮤니케이션도 해 두어야 한다.

③ 우선 순위 부여와 활동 내역의 관리

최종적인 목표는 하나지만 그 과정상의 업무는 각자가 다를 것이다. 어떤 문제가 일어나더라도 즉시 대응이 가능하도록 구체적인 계획을 세울 수 있어야 한다. 또한 각 팀원들이 우선 순위에 따라서 일을 하고, 활동 내역을 관리해 줄 수 있어야 한다.

④ 효율성을 추구하는 능력

영업사원들의 시간 구성을 보면 40~50% 이상을 사무 처리에 보내고 있는 경우가 많은데 가능하면 고객을 향해 서비스하는 일에 더 많은 시간을 소비하도록 노력해야 한다. 이를 위해서는 자신의 시간 관리를 더욱 철저하게 해 나가야 한다.

⑤ 유연성

일을 진행하다가 보면 자신이 미처 생각하지 못한 문제에 부딪히는 경우가 많이 발생할 수 있다. 이런 경우는 필요에 따라 우선순위의 변경 등을 통하여 상황에 유연히 대처해 가는 능력이 있어야 한다. 최종의 목표는 고객의 요구에 부응하는 것이 목표가 되어야 한다.

전략적 코디네이터로서의 구체적 행동

그렇다면 이런 필요한 기본 능력을 이용하여 전략적 코디네이터로서 어떤 행동을 하는 것이 좋을까?

① 고객의 기대에 부응할 수 있는 적절한 사람을 상담에 참가시킨다.

사내에 고객과 효과적으로 이야기를 진행시킬 수 있는 사람이 어디에 있고, 그 사람의 협력을 얻어내려면 어떻게 해야 하는지 항상 염두에 둔다. 이를 위해서는 평소에 상사, 동료 등 사내의 부문과 협력하는 것을 명심하고, 커뮤니케이션을 중요시한다. 상황을 잘 모르는 사람에게 협력을 구할 때는 당사자에게 신속히 정보를 제공하고 고객의 상황을 설명해준다.

② 직접 영업하지 않는 사람에게도 고객의 요구를 정확히 전달한다.

직접 영업 활동을 직접 하지 않는 사람도 누구나 동일한 응대가 가능하도록 정보를 공유하게 한다. 이를 위해 사내에 정보 공유 시스템을 구축해야 한다.
③ 고객의 요구에 대해 자사가 적절한 대응을 하고 있는지 체크한다.

고객을 직접 상대하는 사람들에게 진행 상황들을 수시로 알려주고 확인시켜 트러블을 미연에 방지하도록 한다. 고객과 진행 상황을 정기적으로 확인하고 문제가 없는지 확인한다.

④ 판매가 성사된 후에도 고객과 원활한 커뮤니케이션이 되도록 한다.

판매로 끝내는 것이 아니라 지속적인 지원과 관리가 이루어지도록 할 수 있는 능력이 있어야 한다. 고객은 보통 영업사원이라고 하면 상품을 판매하는 사람으로 생각하는데 이런 선입견을 없애주는 활동을 할 수 있어야 한다.

⑤ 고객이 어떤 프로세스로 상담하고 의사 결정을 하는지 파악한다.

고객 측의 의사 결정자가 누구이며, 의사 결정에 대해 누가 영향을 끼치는지 정보 수집을 한다.

⑥ 고객 기업의 사내 조정을 적극적으로 지원한다.

회사를 상대로 영업하는 경우에는 제안을 진행하기 위해 고객의 사내 회의를 기획하고, 사내 승인을 얻을 수 있도록 자료 작성에 협력한다. 상사와 동행하여 고객 기업의 역할을 설득하고 담당자가 사내에서 평가받도록 한다.

⑦ 회사 전체가 한마음이 되어 고객을 지원한다.

"회사 임직원 모두가 영업사원이다"라는 사실을 전 직원에게 자주 표시하고, 직원들에게 철저하게 주지시킨다.

장기적인 파트너로서의 역할을 수행할 수 있어야 한다

자신의 입장을 이해하고, 장기적으로 자신을 지원해 줄 사람을
만나고 싶어 한다.

한번만의 거래나 단기적인 성과에 그치지 않고, 지속적이고 장
기적으로 관계를 이어갈 수 있도록 관계를 구축하는 것이 〈장기
적인 파트너〉로서의 역할이다. 고객은 바쁘기 때문에 새로운 거
래처를 파악하거나 검토할 시간적 여유가 없다. 지금 현재의 거
래뿐만 아니라 **자신의 입장을 이해하고 장기적으로 자신을 지원
해줄 사람을 만나고 싶어한다.** 그리고 영원한 관계를 유지하고
싶어한다. 그래서 영업사원은 매출이 곧바로 발생되지 않는다고
할지라도 고객을 향해 지원할 수 있는 마음을 가져야 한다.

장기적인 파트너에게 요구되는 8가지 기본 능력

파트너 사이에는 신뢰감과 친근감이 있어야 한다. 서로의 입장
을 이해하고, 존중하고, 비즈니스를 원활하게 진행해 나가는 능

력이 있어야 한다. 이를 위해서는 자신이 경쟁 상의 우위를 확보할 수 있어야 한다. 중요한 것은 쌍방 간에 확실하게 유익한 관계를 구축해 갈 수 있는 〈프로피터블 파트너십(profitable partnership)〉을 확립해 나갈 수 있어야 한다.

① 개인적인 신뢰 관계를 만드는 능력

고객과 회사와의 첫걸음은 고객과 영업사원과의 관계에서 시작된다. 따라서 영업사원 자신이 먼저 고객의 신뢰를 얻는 데 주력해야 한다.

② 자사의 좋은 이미지를 만들어내어 그것을 유지하는 능력

자기 회사의 강점이나 특징을 확실히 파악하고, 그것을 유지해 나가는 능력을 가지고 있어야 한다. 그리고 이것을 고객에게 제공해 가면서 이미지 업(image up)을 위해 더 많은 노력을 한다.

③ 자기 회사에 대한 이해를 촉진하는 능력

고객이 자신의 회사에 대해서 어떤 평가를 하고 있는지 항상 확인하고 그 의견에 귀를 기울인다. 또한 고객과 자신의 회사와의 사이에 갭(gab)이 있으면 자신감과 적극성을 가지고 어필을 한다.

④ 장기적인 관점에서 고객을 보는 능력

지금 당장의 영업 활동에는 도움이 되지 않을지 모르지만 장기적인 관점으로 고객에게 관심을 갖는 능력이 있어야 한다.

⑤ 고객과 관계 강화를 위한 방법을 실행할 수 있는 능력

고객과 일회성의 거래가 아니라 지속적인 관계를 만들어 나갈 수 있는 능력을 가져야 한다. 지속적인 관계를 만들어 나가기 위해서는 자신의 몸, 마음, 머리를 부지런히 움직여야 한다.

⑥ 고객의 니즈를 만족시키고 지원하는 능력

고객의 니즈를 파악할 수 있는 능력을 가져야 한다. 그래서 고객이 원하는 정보를 제공해 도움을 줄 수 있어야 고객은 장기적인 파트너로서 인정을 해준다.

⑦ 솔직함과 성실함

자신의 매출만을 추구하지 말고, 경쟁 상품과 서비스에 대해서도 객관적으로 평가하며, 고객에게 불이익이 되는 것이 있다면 명확하게 어드바이스를 한다.

⑧ 약속을 확실하게 실행하는 능력

고객과의 사이에 약속한 납기, 부탁 받은 일 등은 사소한 것이라도 확실히 지킨다. 이것이 고객과의 신뢰 구축에 필수 불가결한 요소다.

장기적인 파트너로서의 구체적인 행동

단지 판매의 성공만을 목적으로 하는 것이 아니라 장기적인 협력 관계의 구축을 위해서는 다음과 같은 행동이 필요하다.

① 고객과의 약속을 지키고, 성실하게 신뢰감을 줄 수 있는 태도로 대한다.

고객이 걱정하는 부문에 대해서 성의를 가지고 대하며, 영업사원 개인으로서 신뢰 관계 구축에 최선을 다한다.

② 새로운 지식과 방법을 익혀 고객을 응대할 때 활용한다.

　자신의 영업력 향상을 위해 적극적으로 자기 계발의 노력을 기울인다. 그리고 영업 방법을 적극적으로 개선한다.

③ 고객의 중요 관심사에 대해서는 성의를 갖고 대한다.

　판매와 직접 관련이 없거나 지금 당장 판매에 관련이 없는 고객의 질문 또는 요구에 대해서도 적극적으로 대응한다.

④ 영업사원 개인의 단기적인 이익을 우선하는 것은 피한다.

　단기적인 관점보다 장기적인 관점에서 해결책을 제안한다. 고객과의 거래는 단기가 아니라 항상 장기적인 관점에서 접근해야 성공적인 영업을 할 수 있다.

⑤ 판매 후에 발생하는 일에 대해서도 적극적으로 대응한다.

　"팔고 나면 끝이다"가 아니라 "판매는 고객과 관계를 맺는 일의 시작이다"라는 발상을 갖는다.

⑥ 항상 창조적인 해결책을 제안한다.

　자기 회사의 상품만으로 고객의 요구를 충족시키지 못하는 경우가 발생할 경우에는 사외의 자원을 동원하거나 필요한 상품 정보를 소개한다.

⑦ 일상적으로 장기적인 협력 관계를 만들기 위해 노력한다.

꼭 일이 아니더라도 평상시 고객과 친밀한 관계를 맺는 노력을 꾸준히 한다. 또 고객과의 관계가 얼마나 중요하고 플러스(plus)적인 요소가 되는지 전원이 공감할 수 있도록 이야기하며 다닌다.

리레이션 갭의 관리가 성공의 지름길이다

판매하기 전 번지르르하게 말하기보다 판매한 다음에 성실한 서비스를 하자.

가장 나쁜 영업 방법 중의 하나는 판매가 이루어지고 나면 그것으로 끝이라고 생각해 버리는 것이다. 영업은 한 사람 한 사람에게 반복되는 비즈니스라는 생각을 가져야 한다. 매출이 오르기 때문에 고객이 늘고 고객이 늘기 때문에 일에 쫓겨 리레이션을 갖기가 힘들다. 일에 쫓기지 않고 쫓아갈 수 있는 능력을 가진 사람이 훌륭한 세일즈맨이다.

장기적인 신뢰 관계를 맺어 가는 파트너로서 영업사원은 고객과의 원만한 관계 유지를 위해 항상 주의를 기울여야 한다. 일반적으로 고객과 영업사원 사이의 갭은 판매 성공이 이루어진 후의 시간 흐름에 따라서 커진다.

그림에서도 나타나 있듯이 상담 초기에 고객의 관심은 낮지만, 영업사원의 관심은 아주 높다. 하지만 판매가 성공되고 나면 영업사원의 관심은 급속도로 저하되는 데 비해 고객의 관심도는 구매 후 급속도로 높아져 간다.

　판매사원과 고객 사이에는 이런 관심의 차이가 생기게 마련인데 이런 차이를 〈리레이션 갭(Relation Gap)〉이라고 한다. 이런 갭의 발생이 장기화되면 고객을 잃는 요인이 되기도 하고 고객 불만의 요소가 되기도 한다. 또 "저 사람은 팔고 나면 끝이다"라는 이미지를 주어 장기적인 관계를 맺는 데 장애물로 작용한다.

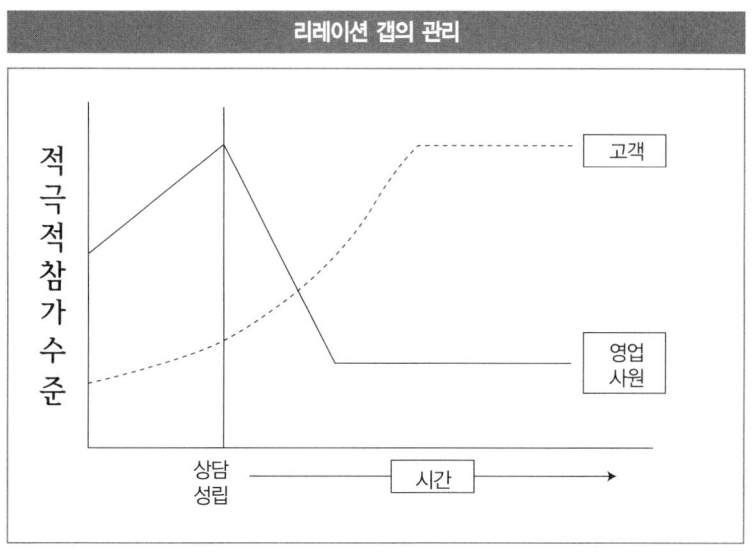

리레이션 갭의 관리

　영업사원의 일이란 고객과 장기적인 관계를 맺어 나갈 수 있도록 갭을 메워 가는 역할을 하는 것이다. 여러분과 여러분의 점포는 이런 갭을 메우기 위해서 어떤 일들을 하는가?

　나는 자동차를 구입하여 현재 10년째 타고 있다. 아이러니하게도 자동차를 판매하기 전까지는 사흘이 멀다 하고 전화를 했지만, 자동차를 구입한 후로는 한번도 전화를 받아본 적이 없다. 기업에서 교육을 담당하면서 많은 강사 분들을 초대하여 세미나를 개최하는데 강의 시간에는 고객 관계 관리 등에 대해서 유창하게 이야기를 하지만 강의가 끝난 다음에는 지난번 강의의 내용, 반응, 보충하면 더 좋아질 수 있는 아이디어 수집을 위해 연락을 해오는 사람이 거의 없다. 그저 연말이 되면 성의 없는 연하장이나 이메일 한 장 정도 보내오는 수준이다.

몇 번씩이나 강조했거니와 영업사원의 주된 역할은 파는 것이 아니다. 영업사원의 일은 손님과 나 사이의 〈관계관리업(關係管理業)〉이다. 그러므로 많이 파는 것도 중요하지만 더 중요한 것은 판매하고 난 다음에 어떤 일을 하느냐 하는 것이다.

또한 이런 장기적인 관계를 맺어 가는 핵심적인 요소는 손님이 왜 우리 점포를 방문하고, 나를 찾아오는지 생각해보는 것이다. 상품이 넘쳐나는 시대는 실력으로 고객을 끌어들일 수 있어야 한다. 여러분이 가장 잘할 수 있는 것이 무엇인지 생각해보기 바란다. 손님은 그것 때문에 장기적인 관계를 맺어간다고 할 수 있다.

많은 사람들의 연구 결과에 의하면 고객 감소율을 조금만 줄여도 기업 전체의 이익을 크게 높여준다. 이를 위해서는 고객 밀착도를 높여야 한다. 고객 밀착도는 고객과의 관계를 친밀하게 유지하는 정도로서 고객 유지도를 높여주는 데는 대체로 다음과 같은 프로그램이 주로 사용되고 있다.

① 포인트 제도로 대표되는 고객 충성도 프로그램
② 백화점 VIP 카드로 대표되는 특별할인 서비스
③ 친근감 있는 이벤트나 프로그램과 연계한 화합(Affinity) 프로그램
④ 할리 데이비슨으로 대표되는 소비자 그룹을 형성하는 공동체 프로그램

⑤ 아마존닷컴에서 볼 수 있는 고객의 기호 특성을 반영한 서비스를 제공하는 지식 축적(Knowledge Building) 프로그램을 들 수 있다.

그러나 고객들을 대상으로 실제 현장조사를 해보면 이러한 각종 특별할인이나 세일보다 더 효과적인 것이 '비(非)금전적 이익'으로 다음과 같은 것들을 예로 들고 있다.

① 영업사원에게 정중한 응대를 받는 것
② 고객으로서 자기 이름을 알아주고, 영업사원이 자기 이름을 불러주는 것
③ 고객의 클레임에 대해서 신속하게 대응해주는 것

이런 활동을 통하여 고객의 불안감을 해소해주면서, "어떻게 하면 고객의 신뢰감을 얻을 수 있을까"를 최우선 과제로 삼아 연구해 나가야 한다. 그래야만 단 한번으로 끝나는 거래가 아니라 지속적인 단골 거래 고객으로 삼을 수 있다.

다시 한번 강조하지만 경쟁이 치열해진 오늘날 신규 고객을 찾기란 힘들다. 그러므로 한번 거래를 한 고객을 타인에게 빼앗기지 않도록 하는 것이 우선인데 이를 위해서는 **판매하기 전에 번지르르하게 말하기보다 판매한 다음에 성실하게 서비스를 하자.** 이것이 「여기라면 안심할 수 있다」는 신뢰감을 심어 주는 가장 중요한 요소일 것이다.

설득 영업보다 제안 영업을 하자

하드, 소프트, 솔루션의 3가지 제안이 좋은 밸런스를 이루어야 상대의 상황에 맞는 제안이 가능하다.

요즈음 판매 부진과 수주 부진으로 고전하고 있는 많은 기업들이 그 대응책으로 영업 현장에서의 가격 경쟁과 덤핑 경쟁이 이루어지고 있다. 그러나 이러한 가격 경쟁은 영업 채산성만 더욱 악화시키고 기업 능력을 떨어뜨리는 결과를 가져오고 있다. 가격 소구란 제조나 구매에 있어서 대폭적인 코스트 다운에 성공한 기업에게만 효과적인 수단이 될 수 있다. 그래서 주목을 받게 된 영업이 제안 영업(提案 營業)'이다. 우선 제안 영업의 슬로건을 살펴보자.

"앞으로는 고객을 '기다리는 영업'이 아니라, 적극적으로 나서는 '공격적 영업'이 필요하다."

"우리 회사도 '단골 위주 영업'에서 탈피하여 '제안 영업'을 도입하자."

하지만 영업 매니저들은 영업사원들에게 "고객에게 제안하여 판매하라"고 하면서도 목소리만 높일 뿐이어서 부하 직원들로서는 도대체 무엇을 제안하면 되는지 전혀 감을 잡지 못한 채 고민 끝에 결국 원래의 단골 위주 영업으로 돌아가는 것이 현실이 아닐까 생각한다.

고객에 대한 방문 빈도나 고객과의 인간 관계만으로 상품을 팔아온 시대의 영업 경험을 가지고 있는 매니저나 호경기에 입사하여 쉽게 영업을 하다가 경제가 어려워지면서 자신감을 상실한 영업사원의 경우 제안 영업의 구체적인 내용에 대해서는 누가 가르쳐준 적도 없고 실천해본 적도 없다.

따라서 제안 영업이란 단순히 자사 상품을 고객에게 판매하기 위한 설득 방법이라는 정도로밖에 인식하지 못하는 영업 매니저가 대부분이다. 입으로는 "제안 영업을 하라!"고 외치면서 다른 한편에서는 고객 방문 회수만 체크하고 엉업은 발로 뛰는 거라며 부하들에게 호통치는 매니저들이 대부분이다. 또 영업은 결과라며 결과상의 수치만 가지고 부하를 평가하는 경우가 비일비재하다. 제안 영업이 제대로 이루어지려면 이런 영업 간부들의 생각부터 바꾸지 않으면 안 된다.

제안 영업을 '자사 상품을 구입하도록 고객에게 추천하는 방법' 정도로밖에 이해하지 못하는 사람들의 경우, 고객을 만나면 자사 상품의 설명에는 열중하지만 고객의 입장을 설명하고 설득하기가 어려운 것은 당연한 노릇이다.

여기서 제안 영업에 대해 분명히 정의해둘 필요가 있다. 제안 영업이란 고객이 안고 있는 과제를 분명히 한 다음 그 해결책을 자사 상품의 효과적인 이용 방법과 연결하여 설명하고, 상담의 원활한 성공을 도모하고자 하는 고객 대응 방법이다. 자사 상품을 고객의 과제를 해결하기 위한 '수단'으로 간주하는 것이 지금까지의 영업 방법과는 크게 다른 점이다. 그리고 이 과정에서 고객이 제안을 받아들임으로써 누릴 수 있는 베니핏(Benefit : 이익, 편리함, 이점)을 더욱 강조해 가는 것이다.

제안 영업에는 크게 '하드 제안 영업'과 '소프트 제안 영업', 그리고 '솔루션 제안 영업'의 3가지 스타일이 있다.

상품(하드) 제안형 영업

상품 및 하드 제안 영업의 경우는 고객이 어떤 상품을 필요로 하는지 파악하지 않고는 제안 영업이 진척되지 않는다. 고객의 입장에 서서 자사의 상품과 타사 상품의 차이점을 이해하지 못하면 자기 회사 상품의 판매로 연결할 수 없다.

특히 기능 중심의 상품이나 산업재(産業財)의 경우에는 기술 부문과의 연계가 필요하다. 고객의 수준에 맞추어 기술적인 면에서의 제안이 가능하고 고객의 질문에 대해 얼마나 알기 쉽게 설명해줄 수 있는가 하는 것이 포인트이기 때문이다.

상품 제안형 영업의 경우는 고객이 무엇을 필요로 하는가를 파악하는 것과 자사의 상품이 타사의 상품과 비교하여 고객에게 어떤 메리트를 가져다줄 수 있을까가 핵심이다. 먼저 고객이 필요로 하는 물건인가를 파악하는 능력이 있어야 하는데 다음과 같은 관점으로 파악할 수 있다.

① 무엇을 필요로 하는가?
② 어떤 기능이나 편의성을 갖춘 제품을 필요로 하는가?
③ 무슨 목적 때문에 필요로 하는가?
④ 필요성은 어느 정도인가?

⑤ 어디에서 사용하는가?

⑥ 누가 사용하는가?

⑦ 언제 사는가? 언제 도입하는가?

⑧ 예산의 한도와 구매 단가는?

기획(소프트) 제안형 영업

기획 제안이란 소프트회사의 전매 특허가 아니다. 기획 제안, 즉 소프트 제안 영업이 제대로 이루어지지 않는 경우가 있는데, 왜 그럴까? 상품을 판매하기 위해서도 용도 기획이나 판촉 기획에 대한 제안이 필요한데, 이러한 것들은 당연히 거래처의 업종이나 업태에 따라, 고객의 사용 용도에 따라 또 생산 방침이나 판매 방침에 따라 각각 다른 제안이 이루어져야 한다는 것은 불문가지다. 그런데 혹시 어느 거래처에나, 어느 고객에게나 똑같은 제안을 하는 것은 아닌지 생각해보기 바란다.

이런 것을 잘하기 위해서는 사내에서 과거부터 축적되어온 기획 성과의 활용과 정보의 사내 공유화가 필수적이다.

영업 관리자들의 대부분은 "사무실에만 있지 말고 부지런히 다니면서 하나라도 더 팔아!"라는 식의 이야기를 자주 하는데 이는 영업하는 사람들이 기획서를 만들고 이것에 다라 활동하는 것을 싫어한다는 것이다. 또 설령 꾸민다고 해도 기획하는 일 자체를 싫어하기 때문에 바쁘다는 핑계로 대충대충 작성하는 경우가 대부분이다.

상품 자체로는 라이벌 회사와 차별화가 어려운 경우에 그 상품이 활용되는 목적에 대해서까지 발상을 확대하여 자사의 상품을 활용한 시스템을 제안하는 영업 방법을 택한다면 상품의 가격이 약간 높더라도 성공할 가능성이 많다. 예를 들어 다음과 같은 경우다.

판매 예측 시스템의 경우에는 자사 상품에 추가하여 동일 상품 장르나 관련 상품에 대해 소매점이 하루에 얼마 정도 팔 수 있을지 예측하는 시스템을 제안하여 자사 상품의 판매를 확대해 가는 시스템이다. 나아가 자사 상품의 제안에 판촉기획 제안을 플러스하여 영업하는 방법도 있다.

기기 점검 및 진단의 경우에는 이미 설치되어 있는 기기의 성능이나 마모도를 점검·진단하여 리모델링이나 용도 기획을 제안하는 방법이다.

기획을 쉽게 하는 포인트는 패턴화를 해놓는 것이다. 판촉 기획이라면 점포의 규모별, 입지 조건별, 지역별, 점포의 각 고객층별로 기본 패턴을 정해두어 약간씩만 변경시키면 될 수 있도록 해야 한다.

문제 해결(솔루션) 제안형 영업

판매 성공을 위해서는 문제 해결형(솔루션 제안) 영업 단계까지 필요로 하는 경우가 자주 있는데, 이 경우에는 고객이 어떤 문제점을 안고 있는지 파악하지 못한다면 실패하게 된다. 오랫동안 거래를 해온 단골 고객일지라도 다른 사람과는 전혀 다른 엉뚱한 질문을 하는 경우가 있으므로 형식적인 인터뷰를 한다면 고객의 본심을 이끌어내기가 어렵다. 또 문제 해결형 제안에서는 하나의 제안이 고객에게 받아들여지지 않는다고 하여 포기해 버리면 안 된다. 항상 몇 가지의 대체 안을 준비하여 2, 3차 계속적인 시도를 할 수 있는 복안을 마련해두어야 한다.

상품 제안형, 기획 제안형으로 한계가 있는 경우, 특히 고객의 욕구가 구체화되어 있지 않을 경우에 문제 해결(솔루션)형의 영업 제안이 필요하다. 이는 대체로 다음과 같은 순서로 진행된다.

① 고객이 처해 있는 현 상태를 파악한다.
② 고객이 어떠한 문제(바람직한 상태와 현 상태와의 차이)를 안고 있는지 파악해야 한다.
③ 문제점 인식이 끝난 후 그 문제점을 해결하기 위해서는 어떻게 해야 할까에 대해 검토한다. 이때 중요성, 긴급성, 파급성이 높은 경우가 우선순위에서 앞서게 된다.
④ 자사의 상황을 고려하여 구체적인 해결책을 고객에게 제시할 수 있어야 한다.
⑤ 해결책에 대한 기획 제안을 할 수 있어야 하는데, 이런 제안을 하게 된 배경, 문제와 구체적인 해결책, 자사 상품의 기획, 효과 메리트, 경적, 비용 대 효과 분석, 안심하고 믿을 수 있는 증거와 같은 사항들을 포함한 내용이어야 한다.

3가지 제안의 좋은 밸런스

하드 제안, 소프트 제안, 솔루션 제안 등 3가지가 제대로 균형을 이루지 못한다면 역시 실패의 요인이 된다. 흔히 볼 수 있는 사례로서 상품의 팜플렛은 충실한데도 상품에 대한 용도나 상품에 대한 정보가 충분하지 않은 경우다. 이런 경우는 아무래도 하드 제안에만 의지하게 되어 소프트 제안이나 문제 해결형 제안이 자사 상품에 있어서의 차이점을 충분히 고려하지 않은 채 실시할 경우에는 실패할 가능성이 높다고 하겠다.

예를 들어 자동차 영업사원의 경우, 개인용이라면 하드 제안으로 충분하지만 그 차량이 법인용이라면 차량 용도에 의해 기획 제안의 내용이 달라지게 된다. 더구나 차량이 운송업자용이라면 물류 면에 있어서의 문제 해결형 제안을 하지 않으면 판매는 힘들어진다. 그렇다고 소프트 제안이나 문제 해결형 제안 쪽으로 너무 치우쳐 자사 상품의 특징과의 연결성이 없으면 모처럼의 제안이 타사 상품을 도와주는 결과가 되어 버릴 것이다.

　따라서 **3가지의 제안이 좋은 밸런스를 이루어 상대의 상황에 맞는 제안을 할 수 있어야 한다.**

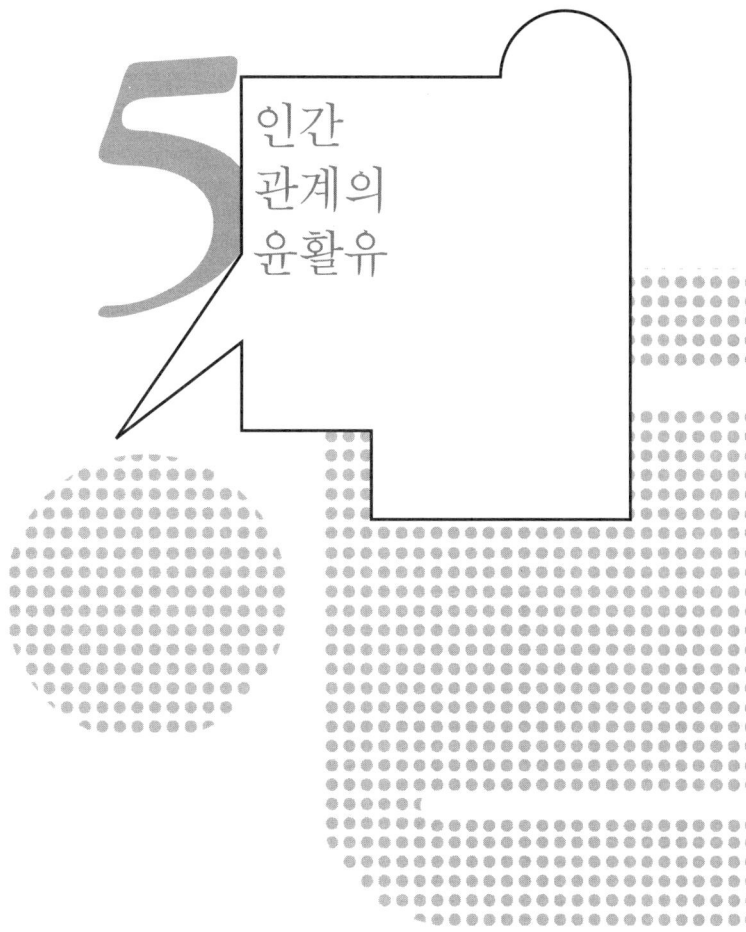

5
인간
관계의
윤활유

성공적인 비즈니스를 위한 〈丁賞感微謝〉의 법칙

고객과 좋은 인간 관계를 맺는 윤활유로서 다섯 글자는 반드시
기억하자-〈정·상·감·미·사〉

비즈니스는 사람과 사람의 관계라는 것을 몇 번씩이나 언급했다. 어떻게 하면 비즈니스에서도 성공하면서 좋은 인간 관계를 만들 수 있을까? 지금부터 그 비법을 이야기하겠다. 성공적인 영업인이 되기 위해서는 "상대방의 입장이 되어라", "성실하고 정직하게 성의를 갖고 대하라" 등등의 내용들이 수많은 책에 적혀 있지만 나는 다음과 같이 이야기해주고 싶다.

앞으로 성공적인 비즈니스를 위해 정(丁), 상(賞), 감(感), 미(微), 사(謝)의 다섯 글자는 반드시 기억하기 바란다. 그러면 성공하는 영업을 할 수 있을 것이라고 확신한다.

① 정(丁)은 "정중하고 공손하다"는 뜻이다.

사람들은 다정한 사람, 말이 정중한 사람, 자신을 소중히 여겨주는 사람을 좋아하지만 남이 나를 얕보는 것과 무시하는 것을

가장 싫어한다.

우리 집의 아이들도 마찬가지다. 지금 초등학교 3학년인데 덮어놓고 큰소리로 야단치면 아주 짜증을 내며 오히려 반박을 가해 온다. 예를 들어 아이가 7시가 되어도 일어나지 않을 때 "야, 송동헌! 빨리 일어나, 지각하고 싶어?"라고 큰소리치면 "아빠! 일어날 시간을 가르쳐 주셔서 너무 고맙습니다"라고 대답할까? 아니다. 우리 집의 경우는 대체로 "아이, 시끄러워요. 나 지금 일어나려던 참인데…"라는 식으로 말대꾸를 한다. 아이들도 자신들의 입장을 무시하고 큰소리로 야단치면 당연히 싫어한다.

하물며 대체로 어른들을 상대로 하는 영업이야 오죽하랴. 남을 무시하는 듯한 태도, 행동, 말투로는 안 된다. 공손하고 정중한 태도와 언어를 구사할 수 있어야 한다. 성공적인 서비스를 위해서 "벼는 익을수록 고개를 숙인다"는 사실을 반드시 명심해야 한다.

② 상(賞)이란 무슨 뜻일까?

〈상〉을 받으면서 일하라는 의미다. 여기서 말하는 〈상〉이란 〈칭찬〉을 말한다. 리더가 되려는 사람들은 사람 다루는 기술을 잘 익혀야 한다. 그 특급 기술 중의 하나는 칭찬이다. 단점을 찾아서 지적해주고 고치도록 하면 도리어 반발해 버리므로 잘하는 것, 좋은 점을 찾아서 칭찬해주고 들려주는 것이 사람을 크게 키우는 것이다. 왜 질책보다 칭찬이 좋으냐 하면 다른 사람이 나를 잘 봐주었으면 하고, 또 그 사람에게 잘 보이고 싶어하는 것이 사람의 심리이기 때문이다.

그러므로 영업을 할 때 고객에게는 칭찬을 아끼지 말고 상대할 수 있어야 한다. 고객이 나를 좋게 생각하는 것, 그리고 고객으로부터 칭찬 받는 것이 영업사원의 가장 기쁜 일이다. 고객을 칭찬해 주고, 고객이 좋아할 일을 하는 것을 습관화해야 한다.

나도 어느새 중년의 나이에 접어들었다. 중년이 되면 확실히 인기가 떨어진다. 그러나 인기가 있었으면 하는 마음은 대단히 많이 가지고 있다.

새 양복을 입을 때면 거울 앞에 서서 "야! 오늘은 내가 봐도 멋있네! 조금 화려한 넥타이를 매니까 더 좋은데!" 하는 들뜬 마음으로 회사에 간다. 만나는 사람마다 "안녕!", "안녕!" 인사를 해도 알아주는 사람이 없다고 하면 속이 무척이나 상할 것이다. 그런데 회사 여직원으로부터 "차장님! 그 옷 굉장히 멋있네요, 너무 잘 어울려요!"라는 소리를 들으면 겉으론 "뭐! 별로 그렇지도 않은데…"라고 이야기하면서도 속으론 기뻐서 어찌 할 바를 모를 것이다. 그러면서 속으로는 "이 양복 비싸긴 해도 참 잘 선택했다"고 생각하는 것이 인간이다.

앞으로는 고객을 만날 때 먼저 칭찬해주자. 이것은 아첨하는 것이 아니다. 칭찬과 아첨은 다르다. 아첨은 거짓이다. 누구라도 속이 훤히 들여다보이는 거짓말은 듣고 싶어하지 않는다. 사실대로 이야기해 주기를 바란다.

고객이 좋은 셔츠를 입었으면 "셔츠가 너무 잘 어울리네요"라고 칭찬해주자. 많은 사람들은 매일 화장을 하고 옷을 깔끔하게 입는다. 만약 태평양 한가운데 혼자 산다면 누가 매일 화장을 하겠는가? 나 같으면 옷을 홀랑 벗고 춤을 출 것이다. 남의 눈이 있으므로 화장도 하고, 머리도 빗고, 양복도 입고, 넥타이도 매는 것이다.

고객의 좋은 점을 찾아내서 칭찬하자. 그러면 고객은 분명 여러분에게 호감을 가지게 마련이다.

③ 감(感)은 무슨 뜻일까?

우리가 생활하면서 감동, 감사, 감격 등과 같이 감(感)자가 붙은 말들은 대체로 좋은 뜻을 가진 경우가 많다. 리더로서, 선배로서, 상사로서, 고객으로서 주변의 사람들로부터 칭찬을 받고, 감사를 받으면 기분이 좋아질 것이다. 사람이란 타인으로부터 감사와 칭찬을 받고 싶어한다.

어떻게 하면 칭찬과 감사를 받을 수 있을까? 원칙은 간단하다. 칭찬하면 칭찬 받고, 미워하면 미움을 받는다. 감정이라는 것은 이런 식으로 자기가 느낀 감정이 그대로 자신에게 돌아오는 것이다.

고객과의 관계든, 생활 속의 관계든 맞은 편에서 걸어오는 사람은 향해서 "야! 정말로 까다로운 손님이 오는구나"라고 생각하면 상대편에서도 역시 "정말 귀찮게 따라붙을 영업사원이 오는구면"이라고 생각한다. 그래서 상대는 나를 비추는 거울이다. 좋은 관계를 맺으려면 "당신은 정말로 좋은 사람이다"라고 생각하라. 그러면 이심전심으로 무언중에 친밀감 같은 것이 솟아나게 된다.

나는 세미나에서 항상 "고객과의 관계든, 일상적인 관계든 상대를 예쁘게 보는 마음을 가지라"고 권한다. 그러면 만사가 다 잘 풀릴 테니까.

예를 들어 내 앞에서 강의를 열심히 듣고 있는 오창운 씨에게 (물론 말을 한 것은 아니지만) "메모도 열심히 하고, 집중해서 잘 들어주는 것을 보니 정말로 좋은 사람이다"라는 생각을 하고 있다고 하자. 그러면 오창운 씨도 나에 대해서 "정말로 잘한다. 너무 쉽고, 논리 정연하게 설명하는 것을 보니 역시 최고의 강사야!"라는 생각을 할 것이다. 거울이니까 이심전심이 가능하다는 말이다.

마음 속으로부터 "당신은 정말로 좋은 사람이야" 하고 감사하면 상대도 "당신도 정말로 좋은 사람이지"라고 감사하는 마음과 좋아하는 마음이 돌아오는 것이다. "당신, 그 넥타이가 참 좋은데" 하면 "선생님 넥타이도 참 멋집니다"라고 하는 식이다. 반대로 "당신 넥타이는 너무 평범해, 그래서 전혀 어울리지 않아!"라고 한다면, "선생님 넥타이는 너무 야하네요"라는 식으로 돌아온다는 것이다. 칭찬 받고 싶으면 칭찬해야 하고 감사받고 싶으면 감사해야 한다.

부부 관계에서는 이것이 더욱 확실하다고 볼 수 있다. 나는 결혼한 지 10년이 되었는데 전국으로 강연을 하고 다니다 보면 저녁 귀가 시간이 일정하지 않다. 지방 강연이 있는 날은 더욱 더 늦어지는 경우가 많다. 얼마 전 일인데 충북 영동에 강연을 갔다가 돌아오는 길이었다. 나의 집은 영등포 역에서 그리 멀지 않은 곳에 있다. 밤 12시가 지나서 역을 나오니 정말로 추운 날씨에 버스는 없고, 택시 승강장 앞에 4~50명의 손님들이 순서를 기다리고 있었다. 눈발도 날리고 너무 춥고 무거운 자료도 많이 있어서 걸어가는 것은 엄두도 내지 못할 판이었다. 그래서 용기(?)를 내어 "여보, 나 지금 영등포 역인데 차 가지고 나올래?" 하고 전화를 하여 "잠깐만 기다려요"라는 대답을 듣고 전화를 끊었다. 대체로 10분 정도면 도착하는데 그날 따라 20분이나 기다렸는데도 도착하지 않는 것이었다.

날씨는 춥지요, 배는 고프지요, 몸은 피곤하지요, 이런 때는 정말로 짜증납니다.

속으로 "제기랄 빨리 오지 않고 뭐 하는 거야?" 하고 투덜거리며 추위에 떨면서 기다리고 있는데, 30분쯤 지났을 때 아내가 방금 잠에서 깨어난 얼굴로 나타났다. 나는 화가 머리끝까지 치밀어서 차를 타자마자 "야! 뭐 이렇게 늦어? 추워 죽겠는데"라고 소리를 버럭 지르고 말았다. 아내도 절대로 지지 않고 "알았으니까, 고함지르지 마세요"라고 대응하고는 외면해 버렸다.

냉랭한 분위기 속에 집에 도착하자마자 아내는 문을 쾅 닫고 방으로 들어가 버리는 것이었다. 배가 고파 냉장고 문을 열어보니 반찬이라고는 김치와 김뿐이었다. 밥통에 있는 밥을 떠서 그럭저럭 저녁을 때우고 잠을 청할 수밖에 없었다.

아내는 가끔 나에게 "당신은 실제 행동이 강연하는 내용이나 글 쓴 내용과는 다를 때가 많은 것 같아요" 하고 핀잔을 준다. 잠을 청하는데 이 생각이 퍼뜩 머리를 스치고 지나가 "앞으로는 어떠한 경우라도 고마워하자"며 "항상 감사하게 생각한다"고 표현하기로 마음을 먹었다.

그러면 위의 경우가 어떻게 바뀌었을까?

날씨는 춥고, 화가 나고, 피곤하기 때문에 신경질이 날 것이다. 30분 정도 지나서 마냥 태평스럽게 아내가 나타나면 화가 치밀어 오를 것이다. 아내는 차를 운전해 오면서 나름대로 "30분 정도가 지났으니까 화가 나서 야단을 칠 텐데, 그러면 나도 대꾸해야지"라는 식으로 분명 작전을 짜고 왔을 것이다.

이때 자동차 문을 열면서 치밀어 오르는 화를 참고 "여보! 춥지? 자는데 오라고 해서 미안해, 고마워"라고 하면 아내도 "여보! 미안해요. 애들 때문에 좀 늦었어요. 오늘은 다른 날보다 늦어서 걱정 많이 했어요. 추우니까 몸조심하세요"라는 식의 말을 해오지 않겠는가. 즐겁게 대화를 나누면서 집으로 돌아오면 밥통의 밥에 김치와 김이 아니라 따뜻한 밥에 좋아하는 생선구이에다 따끈따끈한 국까지 나올 것이다. 아내와 오순도순 이야기도 나눌 수 있을 테고.

이것이 바로 천국과 지옥의 차이다. 천국을 만드는 것도, 지옥을 만드는 것도 바로 자기 자신이다. 아내에게 "왜 이렇게 늦어, 좀 빨리 나오지"라고 하면, 아내는 "기다렸다가 택시 타고 오면 되지, 밤늦게 귀찮게 한 사람이 누군데 화를 내요?"라고 달려들 것이다. 반대로 아내에게 "늦어서 미안해"라고 한다면, 아내는 "당신이야말로 힘드시죠, 늦어서 미안해요. 다음부터는 빨리 나올게요" 하고 이야기하지 않겠는가.

천국은 자신이 만드는 것이다. 상대가 하는 일에 감사하면 감사받고, 야단치면 야단을 듣게 마련이다.

인간은 커다란 주머니 2개를 앞뒤로 차고 다닌다고 한다. 앞쪽의 주머니에는 상대의 약점, 실수, 결점, 잘못들이 가득 차 있다. 이것은 눈에 잘 띄는 앞쪽에 있으므로 이상하리 만치 잘 보일 것이다. 뒤쪽의 주머니는 앞쪽의 주머니보다 훨씬 크다. 여기에는 자신의 결점, 실수, 잘못이 가득 들어 있다. 그러나 이것은 뒤에 있어서 잘 보이지 않으므로 가끔 뒤를 돌아보자.

일본에 가면 삼성당(三省堂)이라는 큰 서점이 있다. 삼성당의 삼성이란 하루에 3번 반성하라는 뜻이다. 이것은 원래 논어에 있는 공자님 말씀에서 나온 것인데, "나 자신을 하루에 3번 반성하라"는 뜻이다. 삼성당 사장은 사원들에게 "이제 다른 사람의 결점이나 흠을 찾지 말고 자신의 결점을 하루에 3번 찾아보자는 뜻으로 삼성당이라고 하는 이름을 지었다"고 말한다. 우리도 남의 흠을 찾아내는 짓은 그만두고, 자신의 흠을 찾아서 반성하도록 하자.

상대에게 감사하자. 상대는 나를 비추는 거울이다.

이런 시도 있다.

내 눈앞에 있는 사람은 나의 거울입니다.
당신의 마음을 그대로 비춰주는 거울입니다.

④ 미(微)는 무슨 뜻일까?

이것은 미소(微笑)의 미인데 잡지책에 나오는 미소와는 다르다. 여기서 말하는 미는 스마일(smile)이라는 뜻의 미소를 말하는 것으로 아주 중요하다.

사람은 보기에 따라서 판단된다. 예를 들어 아무리 성실하고 좋은 사람이라도 항상 화난 얼굴을 하고서 "명준 씨! 당신은 참 인간성이 좋은 사람인 것 같아요, 우리 터놓고 지냅시다"라고 한다면 여러분은 어떻게 느끼겠는가? 상대는 내가 하는 말보다 눈으로 보이는 표정을 더욱 중요시할 테니까 "말은 저렇게 하지만, 속은 정반대일 거야!"라는 생각을 할 것이다.

고객과 대화할 때는 항상 웃는 얼굴과 마음 속으로부터 우러나오는 진실을 가지고 이야기하자. 언제나 미소 띤 얼굴을 갖도록 노력하자. 인간은 〈화난 얼굴〉과 〈웃는 얼굴〉, 두 가지 타입밖에 없다.

방실이와 고릴라의 얼굴

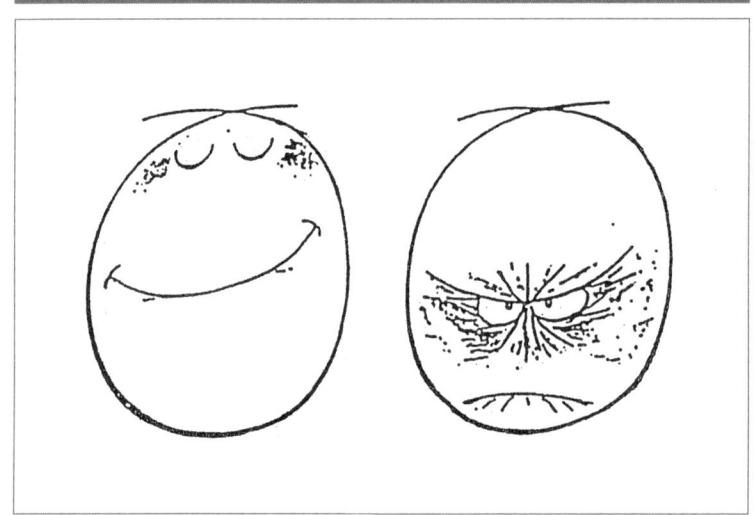

나는 언제나 오른쪽 타입이라고 생각할 수도 있을 것이다. 하지만 일이 잘 풀릴 때는 그렇지만, 일이 순조롭게 풀리지 않을 때는 "그러니까 내가 말했잖아! 몇 번이나 말해야 알겠어?" 하고 화를 내기 때문에 왼쪽이 될 가능성이 많다.

언제나 미소 띤 얼굴을 하면 주변에 사람이 모인다. 이런 말도 있다.

"소(笑)는 소(笑)다. 소(笑)가 승(勝)이다."

소란 웃는 것이며, 인생의 승자가 된다는 것이다. 옛날 사람들은 언제 어디서나 얼굴에서 미소가 사라지지 않는 사람, 그런 사람은 인생에 있어서 반드시 승자가 된다고 이야기한다.

⑤ 사(謝)는 무슨 의미일까?

이 말은 사과를 의미한다. 상대에게 잘못을 저질렀거나 실수를 했을 때는 즉시 사과하고 양해를 구하는 것이 좋다. 실제로 일산에서 가전제품 판매점의 점장으로 아주 우수한 실적을 올렸던 H마트의 L상무는 직원들이 고객에게 실수를 했을 때 사과 표시를 잘하여 고객으로부터 탄탄한 신뢰를 얻고 점포 운영을 성공적으로 했던 사람이어서 간단히 소개해 보고자 한다.

고객이 클레임을 제기할 경우 L상무는 점포에서 사죄를 표시해야 할 것과 직접 방문하여 사과를 해야 할 것을 구분하여 알맞게 행동해왔다. 특히 고객의 가정을 방문하여 사과해야 할 경우에는 업무 미스를 범한 영업 담당자를 직접 대동하고 방문하여 사정 이야기를 하면서 담당자에게 진심으로 죄송하다는 표현을 하게 했더니 고객들은 화를 삭이면서 이해를 해주더라는 것이다. 더구나 그런 일이 있고 나면 그 고객은 자기 주변의 사람들을 소개해주기도 하고, 다른 점포와의 차이점을 스스럼없이 지적해주는 등

점포의 컨설턴트 같은 역할까지 해준다고 했다.

주변에서 보면 사과는 곧 지는 것이라는 잘못된 인식을 가진 사람들이 많이 있는데 신속한 사죄는 고객과 좋은 관계를 맺어나가는 또 하나의 계기가 될 수 있다.

같은 팀에서 근무했던 경험이 있는 최 대리는 화가 나서 클레임을 제기하는 고객을 대하는 데 탁월한 능력을 소유하고 있었다. 만약 고객과 마찰이 생기면 "손님, 죄송합니다", "손님, 미안합니다"라는 식의 통상적인 말은 절대로 사용하지 않는다. 이런 말은 입에 발린 통상적 표현이기 때문에 고객의 마음을 움직이는 데는 한계가 있게 마련이다. 그래서 좀더 진정함을 표현하기 위해 항상 "손님, 제가 100% 잘못했습니다. 한번 양해해 주십시오"라는 말로써 고객을 사로잡곤 했다. 그래서 그런지 최 대리에게는 충성 고객이 가장 많을 뿐 아니라 실적도 항상 전국에서 1~2위를 기록했다. 이 사례에서도 보듯이 고객을 대하다 보면 마찰이란 있게 마련이다. 문제는 이를 어떻게 해소하고 오히려 내편으로 만드느냐가 중요한 셈이다.

아홉 마리의 소 이야기에서
영업을 배우자

성공 영업을 위해서는 동물의 소가 아니라 마음의 소(笑)를 많이
주어야 한다.

지금으로부터 500년쯤 전 태평양의 〈브루나이〉라는 섬에서 있
었던 이야기다. 그 섬 가까이에서 폭풍우를 만난 영국 배가 난파
되어 침몰해 버렸다. 영국의 젊은 수병 두 사람이 겨우 해안까지
헤엄쳐와 섬 토인들에게 구출되었다. 그 섬의 추장은 그들을 불
쌍히 여기고 작은 오두막과 밭까지 주면서 당분간 그 섬에서 살
도록 허락했다.

영국의 젊은 수병은 3년이라는 세월을 열심히 그 섬에서 살았
는데, 어느 날 영국 배가 지나가는 것을 보았다. 두 사람은 있는
힘을 다해 살려달라고 외치며 손을 흔들고 봉화를 흔들어 신호를
보냈더니, 다행히 그 배에서 알아차리고는 보트를 타고 구출하러
왔다. 한 수병이 "아아! 이제 살았다. 이제 영국으로 돌아갈 수
있어"라고 하자 다른 수병이 "난 돌아가고 싶지 않아"라고 말하
는 것이었다.

"그토록 돌아가고 싶어하지 않았니?"

"아니야! 난 사실 여기서 결혼하고 싶어!"

"아니, 누구하고 말인가?"

"세 번째 집 딸, 왜 그 물 길러 오는 아가씨 말이야."

"자네, 생각 잘못한 것 아냐? 왜 하필이면 소문도 좋지 않고, 얼굴도 못 생긴 그런 여자야? 그 여자는 토인이잖아. 단념해. 본국으로 돌아가서 좋은 여자와 결혼하라고."

"아니야, 나는 진심이야."

그래서 한 사람은 섬에 남고, 한 사람은 영국으로 돌아갔다. 그 후로 또 3년이라는 세월이 흘렀다. 본국으로 돌아간 사람은 섬에 남아 있는 사람이 궁금해졌다. 잘 지내는지 어떤지 보고 싶어서 견딜 수가 없었다. 그래서 큰배를 타고 브루나이 섬 가까이에 와서 다시 보트를 갈아타고 섬에 도착하자 마침 그 날은 섬의 대축제가 있는 날이었다. 먹고 마시고 춤을 추면서 그 섬의 축제 구경을 다 하고 난 뒤 축제가 끝나자 친구의 집으로 찾아갔다. 오랜만에 만난 두 사람은 감격의 인사를 나눈 뒤 이야기를 했다.

"너, 결혼 생활은 재미있니? 아내는 어디에 있어? 아내 구경 좀 하자."

"너, 방금 축제를 보고 왔다고 했지?"

"그래, 축제를 보고 왔지. 거기서 '브루나이의 별'이라고 하는 사람을 봤는데 정말 미인이더라."

그 당시 브루나이에서는 가장 아름답고 착한 여성에게 '브루나이의 별'이라는 칭호를 내린 후 축제 때는 가마를 타고 온 동네를 누비도록 하는 풍습이 있었다. 그 섬에서 최고의 여성이며 브루나이 여성들의 선망의 대상인 동시에 모든 남성들의 동경의 대상이기도 했다.

"그 여자가 내 아내야."

"그 여자가 3년 전의 그 못 생긴 여자란 말이야? 설마 거짓말이 겠지. 그 아가씨는 정말 못 생겼는데…"

"사실 나는 아홉 마리의 소를 바쳤어!"

그 당시 브루나이 섬에서는 결혼하고 싶은 여성에게 소를 한 마리 주어야 했다. 최고의 여성과 결혼하고 싶으면 두 마리 이상 의 소를 주어야 했다.

"아홉 마리의 소를 바치자 여자 집에서는 무척이나 좋아했지. 그 아가씨도 '나를 위해 소를 아홉 마리나 주다니 과연 내가 소를 아홉 마리나 소를 받을 자격이 있는 여자인가' 하는 생각을 하도록 했지. 그 후로도 나는 계속하여 처가에 마음의 소를 보냈어. 그러 니까 아내를 칭찬하고, 아내에게 감사하며, 아내를 인정하고, 소 중한 보물로 생각했더니 아내는 참으로 아름답고, 총명하고, 훌륭 한 여성이 되어 3년이 지난 지금 '브루나이의 별'이 된 거야."

아홉 마리의 소 이야기는 여기까지다.

이것은 인간 관계에 있어서 지녀야 할 모습을 비유한 이야기 다. 실적이 좋은 영업사원으로, 비즈니스 리더로 성공하려면 어 떻게 하면 좋을까? 남에게 소를 주어야 한다. 동물의 소가 아니 라 마음의 소를 주어야 한다.

여러분, 여러분은 고객에게, 부모님께, 아내에게, 자녀에게, 동료에게, 친구에게 얼마나 많은 마음의 소를 주는가? 소를 많이 주자. 그리고 좋은 인간 관계를 만들자.

모든 것은 내발적 요인 (內發的 要因)이다

자신의 일을 지옥이라고 생각하는 것도, 극락이라고 생각하는 것도 전부
자신의 마음이다.

미국에서는 지금까지 40여 명의 대통령이 배출되었다. 대통령
이 된 사람들은 어떤 사람들이며, 어떤 심리 상태와 성격의 소유
자인지 연구한 심리학자가 있었다. 학자의 연구 결과에 의하면
대통령이 된 사람에게는 공통적인 심리를 볼 수 있었다. 어떤 점
인가 하면 〈내발적 요인(內發的 要因)〉이라는 것이다. 말하자면
원인을 내부에서 찾는다는 것이다. 실패했을 때는 "내 노력이 부
족한 것이다. 좀더 분발하자"는 식으로 항상 자신에게서 원인을
찾으려 했다고 한다.

바꾸어 말하면 "저 사람이 잘못하여 실패했어", "이 사람이
***게 잘못하여 안 되었어" 하는 식으로 타인에게 그 원인을 돌
리는 사람은 모두 실패한다는 것이다. 성공하기 위해서는 항상
자기 자신을 돌아보아야 한다.

영업 실적이 저조한 사람에게 원인 분석을 해보라고 하면 대체

로 3가지 원인을 이야기한다.

① 회사
② 상사
③ 상품

하지만 독자 여러분은 지금 내가 부탁하는 대로 한번 해보시기 바란다.

"오른손 들어보세요. 기분 나쁜 사람, 자신이 싫어하는 사람이 있다면 그 사람을 향하여 나는 저 사람이 나쁘다고 해보세요"

그러면 어떻게 될까? 인지는 그 사람을 가리키고 있지만 나머지 세 손가락은 자신을 향하고 있을 것이다. 타인을 향하고 있는 손가락은 하나지만, 자신을 향하고 있는 손가락은 세 개가 된다. 말하자면 나 자신이 타인보다 세 배나 더 나쁜 셈이다.

실적이 나쁜 사람들은 "회사의 영업 정책이 잘못되어서…", "내가 모시고 있는 상사가…", "상품의 경쟁력이 없어서…" 등과 같은 이야기를 하지만 실적이 부진한 실제 이유는 자신에게 있는 것이다.

물론 영업사원 개인의 역량만으로는 도저히 어떻게 할 수 없는 일도 있다. 예를 들어 경기가 나쁘다거나 달러의 가치 하락, 경쟁사의 무자비한 공세 등. 하지만 그런 상황 속에서도 실적이 좋은 사람이 있다. 문제는 모든 원인을 자신이 아니라 다른 곳에서 찾으려고 하는 데 있다. 타인을 향한 손가락 하나보다 자신을 향한 손가락 세 개를 생각해야 한다.

나의 은사인 일본인은 이런 마음을 〈삼계유심조(三界唯心造)〉라고 가르쳐주었다. 삼계란 전세, 현세, 미래의 세 가지 세계인데 이것은 자신의 마음이 만든다는 것이다. 자기 자신의 세계 이외의 세계를 삼계라고 한다. 알기 쉽게 이야기하면 지옥을 만드는 것도, 극락을 만드는 것도 모두 자기 자신의 마음이라는 말이다.

지금 여러분이 하고 있는 **일을 지옥이라고 생각하는 것도 자신의 마음이고, 극락이라고 하는 것도 자신의 마음으로 전부 자기 자신의 마음이 가지고 있다**는 것이다. 나의 스승은 이것을 잊어버리지 않도록 알기 쉽게 노래로 나에게 가르쳐주었다.

활활 타는 불차
만드는 목수는 없지만
자신이 만들어
자신이 타고 간다네
자신의 일에 대한 각본을 쓰는 사람은 누구인가?
감독은 누구인가?

주연 배우는 누구인가?

자신의 상사 또는 회사라고 대답하는 사람도 있을지 모르겠지만 어디까지나 자기 자신인 것이다. 앞으로 자신의 일을 새하얀 캔버스 위에 자신이 물감을 칠해 간다고 생각하자. 그래야 지금보다 더 좋아질 가능성이 있다. 몇 년 전 한 종교단체에서 〈내 탓이오!〉 운동을 했는데 참으로 합당한 운동인 것 같았다.

지금부터라도 늦지 않다. 원인을 자신에게서 찾고, 해결책도 자신으로부터 구하자.

안전지대에서 벗어나라

할까말까 망설이고 있다면 소극적인 계산을 벗어나 적극적으로 열의를
갖고 행동하자.

나는 세미나를 할 때 참석자들에게 간혹 이런 질문을 한다.

"현대 비즈니스맨들의 필수 핵심 역량 중에 하나가 프리젠테이션입니다. 배우기를 원하는 분 계시면 손들어 주십시오."

그러면 대부분 손을 든다. 손든 사람을 향하여 다시 요청하고 묻는다.

"앞에 나와서 3분 동안만 발표를 해보세요. 나는 전문가니까 발표하는 모습을 보고 즉석에서 비법을 가르쳐 드리겠습니다. 앞으로 나와서 발표하실 분 계십니까?"

이제는 아무도 나와 눈을 맞추려고 하질 않는다. 그 사람들의 심리를 설명해보자면 "마음 속으로는 잘해보고도 싶고 배우고도 싶은데, 쑥스럽게 발표가 뭐야? 가만히 있지 뭐!"라는 것이다. 이야기는 잘하고 싶은데 쑥스러우니까 그만두자는 것이다. 우리는 이런 눈에 보이지 않는 벽 속에 살고 있는 셈이다. 나는 이 벽

을 〈쾌적 존(안전지대)〉이라고 한다.

안전지대

"안전지대"

　머리 속으로는 배우고 싶다, 잘하고 싶다고 하지만 "발표까지 할 필요가 있을까?"라고 뒷걸음질치는 것이다. 말하자면 머리 속으로는 알고 있는데 실행이 따르지 않는 경우다. 지금 하고 있는 방식에 익숙해 있으므로 좀더 새롭고, 좋은 방식을 익히고 싶어 하지 않는다.

　사실 여러분은 이 책을 읽지 않아도, 또 내가 주관하는 세미나에 참가하지 않아도 어떻게 하면 비즈니스에 성공하는지, 좋은 실적을 올릴 수 있는지 다 알고 있다. 그런데 머리로는 알고 있어도 "뭐, 아직 시간이 있으니까", "굳이 그렇게 안 해도 그런 대로 실적은 가는데 뭐!" 등으로 핑계를 대면서 자꾸자꾸 시간을 흘려보내 버린다. 중요한 사실은 쾌적 존에서 한발 나오는 것이다. 그리고 행동하는 것이다. 그렇지만 대부분의 사람들은 머리로는 알고 있지만 행동으론 하지 않는다.

사람들에게 "깨끗한 화장실과 더러운 화장실 중에서 어디가 좋으냐?"고 물으면 대부분 깨끗한 곳이 좋다고 한다. 그렇지만 "화장실 청소를 좋아하십니까?"라고 물으면 한결같이 "싫어한다"고 대답한다. 화장실은 깨끗한 곳이 좋은데 청소는 하고 싶지 않은 모순을 가지고 있는 것이다.

점수는 잘 받고 싶은데 공부는 하고 싶지 않다는 학생이나, 돈은 많이 있었으면 좋겠는데 일은 하고 싶지 않다는 백수의 주장과 같은 것이다. 나는 이것을 "알고 있는 것을 실천하지 않고 희롱한다"고 하여 〈희론(戲論)〉이라고 한다. 희론은 선(禪)에서 나온 말로 속임수, 협잡의 의미를 가지고 있다. 또 거짓 이론, 속임수 이론, 아무 쓸모가 없는 이론, 공리공론, 자기 주장의 합리화, 억지 이론을 희론이라고 한다.

책을 읽고 이해가 된 것으로 생각하고 다른 사람들로부터 들은 것으로 알았다고 생각하지만 실은 그렇지 않다. 따라서 발표를 할까 말까 망설이는 것, 화장실 주위를 빙빙 돌고 있는 것은 아무런 도움이 안 된다. 안으로 뛰어들어가야 한다. 그래야 가장 중요한 해결을 할 수 있다.

머리 속에서 할까 말까 망설이고 있다면 과감하게 시도해보자. 손을 들까 말까 망설인다면 손을 번쩍 들자. **소극적인 계산을 벗어나 적극적으로 열의를 가지고 행동하자.** 그 행동이 중요한 것이다.

여러분, 좋다고 생각한 것은 곧바로 행동으로 옮겨 보라. 이것이 성공하느냐, 그렇지 않느냐의 기준이다.

그럼 언제부터 하면 좋을까? 오늘부터, 지금 당장 시작하는 것이 좋다.

인생의 설날은 오늘이다

오늘 밖에 없다. 지금 이 순간이 가장 중요하다. 그러므로 항상 이 순간부터 시작하자.

여러분의 생활 속에 어제는 없다. 그제도 없고, 2년 전도 없다. 지나간 세월은 절대로 돌아오지 않는다. 그러면 내일은 있는가? 내일 역시 없다. 만약 내일이 있다는 사람이 있다면 한번 보여주길 바란다. 있는 것은 오늘뿐이다. 오늘이라고 해서 고정된 것이 아니라 24시간 움직이는 것이다.

그럼 있는 것은 무엇일까? 오늘도 없다면 〈바로 이 순간〉밖에 없는 셈이다. 이 순간! 인간이란 이 순간에 살고 있는 것이다. 시간이란 〈이 순간〉밖에 없다.

과거가 없으므로 미래도 없다. 이 말은 이 순간만이 의미가 있다는 뜻이다. 순간이 모인 것이 오늘이다. 오늘이 모인 것이 일년이고, 일년이 모인 것이 인생이다. 그러므로 〈이 순간〉이 생활의 시작인 것이다. 우리가 〈이 순간〉부터 노력하면 뭐든 할 수 있다는 말이다.

"이 책을 읽고 계시는 독자 여러분 중에서 영어를 마스트하고 싶은 분은 손을 들어 보세요. 지금 손드신 분 어떻습니까? 오늘 공부하시겠습니까? 오늘은 사정이 있어서 아무래도 힘들 것 같다고요? 그럼 내일은요? 내일 다시 한번 생각해 보시겠다고요? 아무래도 금주는 어려울 것 같네요."

지금 손을 드신 분들은 벌써 1, 2년 전부터, 아니 5년 전부터 영어를 마스터하고 싶다는 생각을 가지고 있었을 것이다. 하지만 마스터하지 못한 이유는 해야지, 해야지 하다가 차일피일 미루고 말았기 때문이다. 그래서 마스터를 못한 것이지 능력이 없어서 그런 것은 아니다. 말하자면 실제 행동이 따르지 않았던 것이다.

"이러다 언제 마스터하시겠어요?"

오늘밖에 없다. 지금 이 순간이 가장 중요하다. 그러므로 항상 이 순간부터 시작하자.

나는 매년 250회 이상 강의를 한다. 내가 가장 중요하게 생각하고 최선을 다하는 강의는 그 날 그 날의 강의다. 최선을 다할 수 있는 강의는 그 날 그 날의 강의뿐이기 때문이다. 어제는 지나갔고, 오늘은 대충 넘기고, 내일 잘하면 되지 않느냐는 사람이 있을지 모르겠다. 아니다. 내일은 내일, 또 내일 최선을 다해야 할 일이 밀려오기 때문이다.

일도 마찬가지다. 사람들은 자신이 무엇을 해야 좋은 실적을 내고, 고객들로부터 신뢰를 얻는지 누구보다 잘 알고 있다. 그런데도 잘 하지 않는 이유는 무엇일까? 알고 있으면 할 수 있다고 생각하기 때문이다. 알고 있는 것과 할 수 있는 것은 다르다.

책을 한 권 읽으면 마치 그 책에 나와 있는 내용들을 다 알고 있다고 생각하겠지만, 그렇지 않다. 단지 알고 이해했을 뿐이지, 할 수 있는 것은 아니다. 해야 할 일을 즉시 확실하게 처리하지 않고

"내일 하지 뭐!, 내일 하지 뭐!" 하는 식으로 미루기 때문이다.

고객들은 많이 알고 있는 사람보다 작은 것이라도 확실하게 처리해주는 사람을 좋아한다. 많이 알고 있는 사람을 원한다면 영업하는 사람들이 모두 적어도 미국 MBA 정도의 학위는 있어야 하지 않을까?

지금 하고 있는 일에 최선을 다하자

자신이 옳다고 생각하고, 해야 한다고 생각한 일에 대해서 전력투구를
해야 한다.

여러분은 지금 그 자리에 앉아 있다고 생각할 것이다. 하지만
아니다. 모두 걸어가고 있다. 무엇을 향해 걸어가느냐 하면, 밝
은 미래가 아니라 여러분의 이름이 씌어진 묘지를 향해 걸어가는
것이다. 이 순간도 쉬지 않고 묘지를 향해 걸어간다. 과거는 없으
며, 어쩌면 미래도 없다. 꼭 내일이 있다는 보장도 없다.

내가 좋아하던 김정호라는 가수가 아주 젊은 나이로 가는 것을
보면 우리도 언제 갈지 모른다. 확실한 것은 자신의 자리를 찾아
가고 있다는 사실이다. 내가 일본에 가면 반드시 들르는 선방의
선사께서 나에게 다음과 같은 이야기를 했다.

"미스터 송, 자네는 잠잘 때 뭐라고 하며 자는가?"

"말은 무슨 말입니까? 그냥 잡니다."

"무슨 말이든 할 텐데…? 하다 못해 '이제 슬슬 자볼까', '내일
아침엔 일찍 일어나야지' 하는 정도라도 말이야. 그러나 미스터

송, 내일 아침에 잠을 깨어 눈을 뜬다는 보장이 어디에 있단 말인 가?"

그렇다. 심장이 멈춰 버릴 수도 있고, 지진이 일어날 수도 있는 것이다. "이제 슬슬 자볼까"는 "이제 슬슬 죽어볼까"와 같은 말이 다. 이렇게 생각하면 시간 낭비란 생각할 수도 없는 일이다.

오늘 하루를 전력투구해서 힘껏 살아가자. 우리는 순간에 살고 있다. 지금 현재에 살고 있다고 생각하자. 선방의 선사께서는 나 에게 이것의 중요성을 다음과 같은 글귀로 가르쳐 주었다.

〈즉금당처자기(卽今當處自己)〉

즉금(卽今)이란, 바로 지금을 말한다. 당처(當處)는 지금 있는 이곳을 의미한다. 이 말은 바로 〈지금 이 자리에서 자신이 최선 을 다하고 있는가〉라는 뜻이다. 특히 중요한 것은 **자신이 옳다고 생각하고, 해야 한다고 생각한 일에 대해서는 전력투구해야 한다** 는 사실이다.

· 지금 하지 않고 언제 할 것인가? (If it is not now, when)
· 여기서 하지 않고 어디서 할 것인가? (If it is not here, where)
· 당신이 하지 않고 누가 할 것인가? (If it is not you, who)

고객들은 점점 까다로워지고, 경쟁은 더욱 심해지는 등 분명히 여러분의 일에 제약 조건은 많을 것이다. 하지만 이런 마음가짐 으로 이것이 나쁘다, 저것이 나쁘다 핑계 거리를 만들지 말고 이 순간뿐이라는 마음으로 꾸준히 쉬지 않고 열심히 노력한다면 성 공할 수 있지 않을까?

매일매일 해야 할 일을 살펴보면 대부분이 간단한 경우가 많다. 그러므로 일단 해보자. 해보고 나서 안 되면 바꾸자는 실험 정신을 가지고 해보자. 일본의 한 시청에 가면 〈바로 하는 과〉까지 설치되어 있다고 한다.

노만 빈센트 필 박사에 의하면 불안의 50%는 미래에 관한 것, 불안의 40%는 과거에 관한 것, 현재에 관한 불안은 10%뿐이라고 한다. 그러나 불안의 92%는 현실에서 일어나지 않고 8%는 자신이 해결할 수 있는 것이라고 한다.

그렇기 때문에 고민하지 말고 지금 있는 그 자리에서 처리를 하자. 이것이 가장 중요한 원칙이다.

예를 들어 고객과 약속을 정하는 경우라도 "그럼 다음 주에 전화하겠습니다"라고 말하기보다 "그럼 다음주 화요일 2시에 만나기로 하죠"라고 말하는 것이 중요하다. 자기가 현재 있는 곳에서 최선을 다하라는 의미인데, 내가 모셨던 상사 중의 한 분은 "자기가 현재 하는 일에서 작은 것이라도 좋으니 1등 한번 해보고 회사를 옮겨라"고 강조했다. 1등을 해본 사람과 그렇지 않은 사람과의 차이는 엄청나게 크다는 것이다. 1등을 해본 사람은 현재 하는 일에 베스트를 다해 보았기 때문에 앞으로 무슨 일을 하든지 자기가 하는 일에 최선을 다할 가능성이 있다는 것이다.

주변의 여건과 상황을 탓하기 전에 현재의 일에서 어떤 분야라도 좋으니 최선을 다하여 반드시 1등 한번 해보길 바란다.

자신의 고정관념을 깨라

과거의 성공 경험에 익숙해진 3K 형태에서 벗어나 3I로 무장한 영업을
할 수 있어야 한다.

가을날 길을 가다 보면 많은 코스모스들을 볼 수 있다. 사람들
은 이런 풍경을 보면 "아름답다"고 한다. 하지만 꽃 자체가 "아름
답다", "아름답지 않다"고 판단하는 것은 아니다. 그러면 무엇이
아름다움을 판단할까? 꽃을 쳐다보는 사람의 마음이다. 그러므로
"사실을 어떻게 바라보느냐" 하는 문제는 대단히 중요하다. 내가
강조하고 싶은 점은 항상 밝고 즐겁게 바라보자는 것이다. 고객에
대해서도, 사물을 바라볼 때도 그렇고, 인간 관계에 있어서도 항
상 "좋은 사람이구나!" 하는 호의를 가지고 보자는 것이다.

매사를 자기 위주로 보는 사람들이 참으로 많다. 매장 영업의
경우를 보면 고객의 구입 의사와는 상관없이 "저런 손님은 진상
이다", "저 손님은 구입할 사람, 저 손님은 구입하지 않을 사람"
이라고 나름대로 미리 예단을 하고서 고객을 대하는 영업사원이
많다. 고객의 의사와는 상관없이 그 손님의 외모, 말투, 그리고

자신의 과거 경험에 의존하여 판단을 하는 것이다. 대단히 수준 낮은 영업 방법이다.

자기 위주로 본다는 것은 어떤 의미일까? 이는 자기의 선입관이나 고정관념을 가지고 본다는 것이다.

여러분은 [그림1]이 무엇으로 보이는가? 여성의 몸, 즉 등에서부터 엉덩이에 걸친 부분? 정말로 그렇게 보이는가? 아니다. [그림2]를 보자. [그림1]만 보면 등이지만, 전체를 보면 사실은 손이다.

그림1	그림2
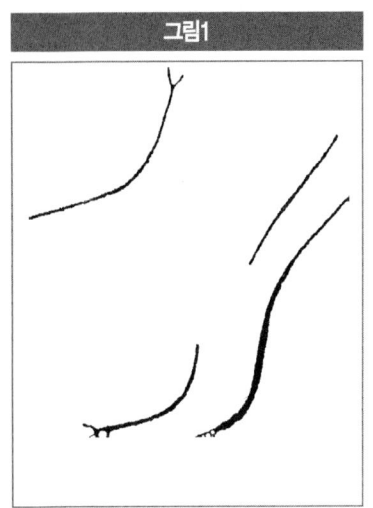	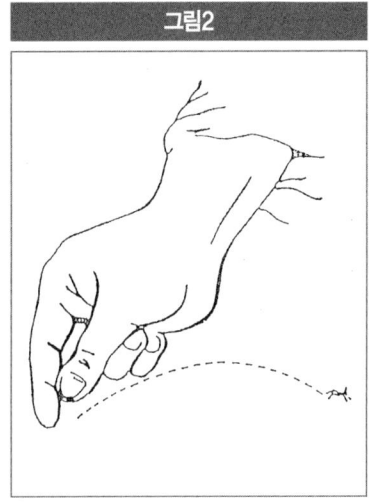

일부분만 볼 때와 전체를 볼 때와는 천지 차이다. 예를 들어 우리가 창문을 통해서 보면 사실 좀더 넓은 경치가 있음에도 불구하고 창틀만큼의 경치밖에 보이지 않는다. 모두 자기의 틀을 가지고 있다는 것이다. 그러므로 사물을 순수하게 보는 것이 중요하다. 선입관과 편견을 버리고, 항상 긍정적이며 적극적인 사고 방식을 가져야 한다.

나는 아직 젊으니까, 일을 시작한 지 얼마 되지 않았으므로, 자신은 아직 순수하다고 생각하는 사람들을 주변에서 많이 볼 수 있다. 그렇지만 꼭 그런 것만도 아니다. 상당한 선입견을 가지고 있다.

오늘부터 자신에게 유리한 쪽으로만 보고 판단해 버리는 것을 멈추자. 정도의 차이는 있겠지만 **과거의 성공 체험에 익숙해진 영업 형태에서 벗어나야 한다.**

감(K), 경험(K), 근성(K)의 과거에 익숙한 영업 스타일을 나는 〈KKK 영업 방식〉이라고 부른다. 이 방식을 버리고 **3I(Innovation, Intelligence, Information)로 무장한 영업을 할 수 있어야 한다.**

3K 영업에서 3I 영업으로 전환하는 것이 중요하다.

어느 회사에서는 영업의 대명사처럼 되어 있는 전단을 없애고

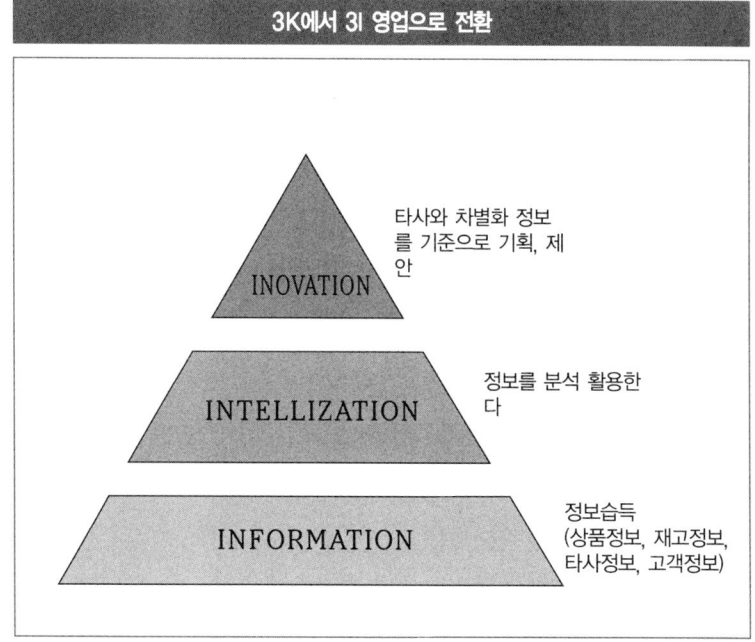

신문이나 TV 광고를 통하여 더 좋은 성과를 거두고 있다. 사람들은 "전단이 예전에 비해 효과가 없다"고는 해도 "전단이 없으면 영업이 안 된다"는 사고 방식을 가지고 있었다. 하지만 이 회사의 사장은 과감하게 전단을 없애고 TV나 신문 광고로 전환하기로 결정하였다. 그랬더니 제일 반발이 심한 사람들은 현업의 간부들이었다. "전단이 없으면 영업이 안 된다"는 이유였다.

현업의 간부들은 새로운 것에 대해 더 좋은 성과를 올리기 위한 아이디어를 찾기보다 오래 전부터 익숙해져온 전단이 효과는 떨어지지만 그래도 있어야 한다는 식이었다. 여러분이 하는 일도 이런 경우가 많을 것이다. "버려야 하는데…", "바꾸어야 하는데…" 하고 생각은 하지만 결단을 내리지 못한 것이 있다고 하면 익숙해져 있으므로 편안하다고 이끌려가지 말고 과감하게 버리기 바란다.

버리는 것을 아까워하지 말자. 버린 만큼 새것으로 채우면 되지 않겠는가?

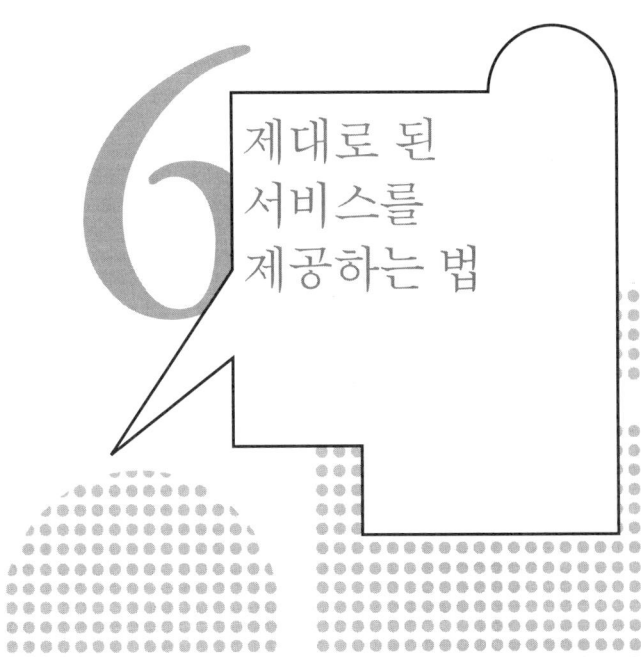

6 제대로 된 서비스를 제공하는 법

매너리즘이 망하게 하는 원인이다

노력하지 않아서 망한 곳은 없다. 열심히 노력하고서 망하는데, 잘못된 방향으로 열심히 했기 때문이다.

길거리를 가다가 "저 점포는 왜 문을 닫았느냐?"고 물어보면 대부분 엇비슷한 대답이 나온다.

"옆의 대형점포가 가격으로 밀어붙여 경쟁사보다 상품의 질에 비해 가격이 비싸기 때문입니다."

나는 직업상 숱한 점포를 방문하고 많은 영업사원을 만나면서 망하거나 실적이 부진한 영업사원의 공통점을 발견했다. 이들은 모두 경쟁 점포나 경쟁사에 뒤지지 않기 위해 무척 열심히 노력한다는 사실이다.

그러면 여러분의 라이벌은 누구인가?

우리 주변을 살펴보면 영업이 안 되는 곳일수록 더 열심히 노력한다는 것을 알 수 있다. 내가 근무했던 회사에서도 실적이 저조하면 가장 먼저 나오는 소리가 "요즘 영업도 안 되고 하니 근무 시간을 30분 정도 당겨보자"는 식이었다. 많은 점포와 영업 인들을 보면서 느낀 점은 **노력하지 않아서 망한 곳은 없다**는 것이다. 남보다 열심히 노력하는데도 망하는 경우가 많다.

이유가 무엇일까? 각자가 자신들의 라이벌을 잘못 설정한 결과 노력의 방향이 잘못되었다는 것이다. 그래서 열심히 노력하기는 하는데 성과는 오르지 않는 경우가 생기고 만다. 말하자면 **잘못된 방향으로 열심히 하는** 셈이다.

오늘부터 조금 다른 생각을 해보기 바란다. 여러분의 라이벌은 적어도 경쟁 관계에 있는 다른 회사가 아니라는 사실이다.

"근처에 라이벌 점포가 있는데 저 점포에 지지 않으려면 어떻게 해야지? 이참에 업종을 바꿔서 해봐?"

이렇게 생각하고 업종을 바꾸는 사람들은 대부분 실패한다. 대기업이든 작은 점포든 망하는 원인을 분석해 보면 대부분 외부적인 요인보다 내부적인 요인에 의해서라는 것을 알 수 있다. 경쟁자 때문에 진 것 같은 느낌이 들 뿐이지 라이벌 때문에 망하는 경우는 실제로 거의 없다. 경쟁자 때문에 망했다고 하는 것은 상대방을 이해시키기 쉬울지 모르지만 책임 전가일 뿐이다.

내부적인 요인 가운데 가장 큰 원인으로 직원들의 매너리즘을 들 수 있다. 그래서 나는 영업하는 사람들에게 있어서 최대의 라이벌은 〈직원 각자의 매너리즘〉이라고 꼽는다. 이 매너리즘과 어떻게 싸우느냐 하는 것이 자신과 회사의 성패를 좌우한다.

어떤 증상이 생길 때는 반드시 사전 징후가 있게 마련이다. 그런데 많은 기업에서는 사전 예고들을 무시한 채 항상 좋은 시절만 계속될 줄 알고 안심하고 있다가 안 되는 것들이 눈에 띌 때 호들갑을 떤다는 것이다. 그런데 그때는 이미 늦었거나 고치려 해도 너무 많은 비용이 들어간다. 이처럼 매너리즘이 무섭다는 사실을 정작 당사자들은 모른다는 것이 문제다.

자신이 좋은 실적을 기록하는 방법은 의외로 간단하다. 세상의 모든 점포는 매너리즘 때문에 망하니까 자신이 매너리즘에 빠져들지 않으면 된다. 경쟁자가 이렇게 한다, 저렇게 한다는 것은 그렇게 중요한 문제가 아니다. 자신이 준비만 하고 있으면 걱정할 필요가 없는 것이다.

눈, 귀, 머리를 움직여라

생선은 썩을 때 머리부터 썩는다. 항상 좋은 아이디어를 내서 실행하자.

매너리즘을 타파하려면 어떻게 하는 것이 좋을까?

먼저 자신과 회사의 업무상 문제가 무엇인지를 인식하는 능력이 있어야 한다. 여기서 말하는 업무상의 문제란 단지 "어떻게 하면 좋을까?", "최근 경기가 나쁘다", "손님이 줄고 있다", "마진율이 떨어지고 있다"는 식의 비관적인 사실만을 의미하는 것은 아니다. 자기 자신과 자기 점포가 잘할 수 있는 것이 무엇이며, 서투른 것이 무엇인지를 파악하는 능력이다. 그래야 자기만의, 자기 점포만의 개성을 살려 나갈 수 있다.

예를 들어 비슷한 양복을 구입해 입고 있는 경우 그 옷을 입는 사람에 따라서 그 옷과 사람이 빛나기도 하고 그렇지 않기도 하는 것을 주변에서 많이 볼 수 있다. 우리는 이것을 센스라고 한다. 점포 운영도 마찬가지로 자기만의 센스가 넘치도록 해야 한다. 센스가 넘치는 운영이란 좋은 개성은 늘리고, 나쁜 곳은 고쳐

나가는 것이다.

나는 현대 비즈니스맨들의 3가지 문제점에 대해 자주 언급한다.

① 들으려고 하지 않는다.
② 보려고 하지 않는다.
③ 생각하려고 하지 않는다.

이런 증상들을 해결하는 방법은 의외로 간단하다. 듣고, 보고, 생각하면 된다. 구체적인 해결책들을 살펴보자.

부지런히 들으려고 하면 쉽게 해결이 가능하다. 예를 들면 손님이 오셨을 때 "선생님, 우리 점포 보시니까 어떻습니까? 보시고 좋은 아이디어 있으시면 말씀 좀 해주십시오" 하고 부탁해보는 것이다.

열심히 보려고 해야 한다. 사람들은 "무엇이 몇 개 팔리고, 무엇이 몇 개 남았나?", "오늘 매출은 얼마 정도인가?", "예상 금액만큼 팔았는가, 팔지 못했는가?" 등 돈과 상품의 거래 위주로 본다. 또한 자기 것 말고는 좀처럼 잘 보려고도 하지 않는다. 경쟁 점포를 보러 가라는 것도 아니다. 오늘부터는 돈과 상품뿐만 아니라 손님의 움직임도 자세히 관찰해보자. 날마다 자신의 점포를 보는 것으로 만족해서는 안 된다. 그러면 문제가 문제처럼 보이지 않는다. 이것이 매너리즘인 것이다. 항상 새로운 눈으로 볼 수 있어야 한다.

생선은 썩을 때 머리부터 썩는다고 한다. 사람도 자신의 일을 좀더 좋은 방법으로 하기 위한 아이디어가 없으면 다분히 문제가 있다. 어떻게 하면 더 좋은 방법으로 서비스할 수 있을까? 어떻게 하면 계절 감각을 살릴 수 있을까?

영업은 고객과 좋은 관계를 만드는 일이므로 생각할 거리가 무궁무진하다. 항상 생각하면서 일을 해야 한다는 것은 너무나 당연하다. 많이 보고, 부지런히 움직이면서 좀더 높은 목표를 설정하여 실행하다 보면 좋은 방법은 얼마든지 생각해낼 수 있다. 항상 자신이 하고 있는 일에 대하여 면밀히 관찰하고, 해결 방법을 생각해내는 습관이 중요한 것이다.

현장을 지도하다 보면 인풋(in put)은 잘하는데 아웃풋(out put)이 서투른 경우를 종종 보게 된다. 인풋을 잘하지만 아웃풋도 잘하기 위해서는 자기가 하는 일에 대하여 기획력과 행동력이 따라야 한다. 이런 능력을 갈고 닦는 것이 매너리즘을 벗어나 자기의 점포를 성공시키는 지름길이다.

입만 가지고 고객과의 관계 복원, 관계 개선, 고객 만족을 백날 외쳐보았자 아무런 의미가 없다. 예쁜 꽃다발을 들고 '프로포즈'하는 마음으로 눈, 귀, 머리를 움직여야 고객의 마음을 움직일 수 있는 세상이다.

일회용 서비스가 아니라 습관화된 서비스를 하자

'구경과 견적은 다른 곳에서, 구입은 나에게서' 하는 생각을 갖도록 하자.

자신이 하는 일을 어떻게 정의 내리느냐 하는 데 따라서 일의 수준이 달라진다고 생각한다.

예를 들어보기로 하자. 나는 치아가 좋지 않아서 6개월 정도 여의도 Ye치과병원을 다닌 적이 있다. 치과 의사가 환자의 아픈 치아를 제거해주고 대체치아를 마련해주는 일이 자신의 일이라 생각하고 나를 대해 주었다면 나는 몇 번 다녀온 후로 다시 가지도 않고, 그 치과에 대해서 좋지 않은 소문을 퍼트리고 다녔을지도 모른다. 그런데 의사 선생님은 아픈 치아를 제거하는 일을 하는 사람이 아니라 치아 때문에 고생했을 내 마음을 잘 헤아려주면서 아주 세련된 솜씨로 나를 대해주었다. 치료가 끝나고 나서 의사 선생님에게 "어떤 생각으로 환자를 대하시느냐?"고 여쭈어 보았더니 "제 일은 아픈 치아를 고치는 것이 아니라 방문하신 손님들의 마음을 환하게 해주는 것입니다"라고 대답하는 것이었다.

의사 선생님은 방문자를 일회용의 의미를 가진 〈환자〉, 점포의 경우와 비교할 때의 〈소비자〉로 취급하지 않고, 〈고객〉으로 대하고 있었던 것이다. 우리말로 표현하면 〈단골〉이라고 할 수 있다. 그래서 방문고객을 향해 제공하는 서비스의 수준도 생각보다 훨씬 높았다. 물론 치료비는 다른 곳보다 훨씬 높은 편이었지만.

　요즘 주변에서 변화하는 모습을 보면 〈소비자〉는 점점 사라지고, 〈고객〉은 점점 늘어나고 있다. 앞으로는 당연히 고객이라는 말의 의미를 생각하면서 일해야 한다.

　소비자는 〈써버리는 사람〉이라는 의미로서 1회용의 방문자를 말한다. 손님과 나 사이에 1회용의 관계를 맺어서는 안 된다. 그러면 내가 손님을 1회용으로 취급하는 것보다 더 비극적으로 손님이 나를 1회용으로 취급하여 다른 점포를 찾아가 버리는 원인을 제공하게 된다. 소비자가 수백만 명, 수천만 명 있더라도 1명의 고객보다 못하다.

　상품이 풍부한 오늘날에는 〈손님〉을 〈고객〉이라는 마음으로 대해야 한다. 이를 굳이 영어로 표현한다면 〈커스터머(Customer)〉 정도가 좋을 것이다. 이 단어를 사전에서 찾아보면 〈습관〉이라는 의미도 있다. 나는 습관을 다음과 같이 해석한다. 영업하는 사람은 고객이 다음에 다시 찾아올 수 있도록 한 번 한 번, 한 사람 한 사람을 소중히 대해야 한다는 것이다. 그 결과 "다음에도 다른 데 안 가고 다시 또 와야지"라는 생각을 갖게 할 수 있어야 한다. 고객의 입장에서 보면 "자주 가보고 싶다"는 생각이 들어야 한다.

　몇 개월 영업하고 문닫을 점포나 뜨내기장사치가 아니라고 하면, 반드시 판매보다 좋은 관계를 생각해야 한다는 것이다. 고객이 자신을 다시 찾아오는 것을 습관화하기 위해서는 먼저 자신이 고객에게 제공하는 것이 세련되고 습관화되어 있어야 한다.

여러분은 손님을 대할 때 1회용 〈소비자(Consumer)〉로 대하는가? 아니면 나와 우리 점포를 찾는 것이 〈습관이 된 사람(Customer)〉 되도록 고객을 대하고 있는가?

고객이 나를 찾아오도록 습관화를 만들기 위해 평소 주장하는 10가지 행동 원칙을 간단히 설명해 보면 다음과 같다.

① 어떤 경우라도 웃는 얼굴로 대하는 것을 잊어서는 안 된다.

② 항상 상냥하게 고객을 대하라.

③ 상대가 어색하거나 서먹서먹하지 않도록 해야 한다.

④ 처음은 손님, 잘 모르는 사람에게 더 잘해 주어라.

⑤ 내 입장보다 상대의 입장에서 판단하고 행동하라.

⑥ 고객을 대하는 것을 두려워하거나 회피하지 말자.

⑦ 누구에게든 항상 정중하고 자상하게 대하자.

⑧ 해줄 바에야 화끈하게, 기분 좋게 해주어라.

⑨ 고객의 마음에 부담을 주지 않고 편안하게 해주어라.

⑩ 어떤 경우가 있어도, 아무리 화가 나도 참아라. 참자.

오늘 처음 해본 서비스가 무엇인가?

소유하고 있는 것을 자랑하던 시대는 갔다.
어떻게 하면 새롭게, 세련되게 구사할 수 있을까를 생각하자.

소유하고 있는 것을 자랑하는 시대는 지나갔다. 과거에는 백과사전이나 전집 종류의 책을 살 때 마음의 양식을 쌓는 도구로 활용하기보다는 인테리어를 위한 소도구로 샀던 시대도 있었다. 이처럼 시대가 변하고 있다. 소유가치보다 사용가치가 훨씬 중요한 시대다.

서비스 능력도 소유가치가 아니라 사용가치가 훨씬 중요한 시대다. 과거부터 가지고 있던 서비스 능력은 다른 사람들도 제공할 수 있기 때문에 차별화 되는 가치가 없다. 그러므로 새로운 서비스를 제공하는 능력을 가져야 한다. 오늘 여러분이 새롭게 제공한 서비스로는 어떤 것들이 있는가?

여러분이 소유하고 있는 서비스 능력들 중에는 잡동사니에 불과한 것들이 많다. 잡동사니로 가득 찬 사람들의 공통적인 특징은 "경기가 좋아질 때까지 상황을 좀더 기다려 보자", "경쟁사가 저가 공세를 하니까 우리도 해야 한다"는 식으로 업무를 처리한다는 것이다. 잡동사니들을 신속하게 버리기 바란다. 그래야 새로운 것을 받아들일 수 있는 여유가 생기기 때문이다.

요즘 경기가 나쁘고 경쟁이 치열하여 모두들 사업이 안 된다고하지만 주변을 둘러보면 그래도 돈 잘 버는 사람들이 있다. 이런사람들의 공통적인 특징은 잡동사니들을 잘 버리는 사람들이라는 것이다. 말하자면 소유가치보다 사용가치에 중점을 두는 사람들이다. 어느 대학을 나왔느냐가 중요한 것이 아니라 남보다 잘할 수 있는 능력이 몇 가지냐가 중요하다. 토익 점수가 몇 점이냐가 중요한 것이 아니라 얼마나 영어를 제대로 구사할 수 있느냐가 중요하다. 어제까지 구사해보지 못한 영어 문장을 오늘은 구사할 수 있어야 한다. 그것도 **세련되게 구사할 수 있어야 한다**.

사용가치를 높이기 위해서는 다음 3가지가 핵심이다.

① 오늘보다 내일의 서비스를 좋게 한다.

업무를 하면서 오늘의 문제를 발견하고 그 해결책을 생각한뒤, 내일은 직접 해본다. 그렇게 하면서 3주가 지나면 3주만큼 성장할 것이다. 그리하여 손님의 방문 건수도 많아지고 매출도 높아진다. 여기서 주의할 점은 단지 매출을 늘리자고 하는 일은 아니라는 것이다. 힘들다고 초조해 하거나 왜 이렇게 해야 하느냐고 불만을 늘어놓지 말자. 내가 해야 할 일의 수가 늘어나는 것만으로도 기쁨을 느껴야 한다. 이것 자체가 오늘보다 내일의 서비스를 좋게 하는 원동력이 된다.

② 지금 당장 하지 않으면 안 되는 일을 한다.

지금 생각난 일은 지금밖에 할 수 없는 것이다. "언젠가 하지 뭐!"라고 해서는 안 된다. 지금 생각난 일이 그 상황에 맞는 일이니까 할까 말까 망설이지 말고 곧바로 실천하는 능력을 가져야 한다.

③ 즉시 한다.

가장 큰 적은 술에 술 탄 듯, 물에 물 탄 듯 생활하는 것이다. 어떤 일이 생각나면 즉시 처리하기보다 "오늘만 날인가 뭐, 내일 하지!", "이번 주는 피곤하니까 쉬고 다음 주부터 하지 뭐!" 하는 식으로 차일피일 미루는 것이다. 이런 식이 되어서는 〈오늘, 새로운 서비스〉를 제공하기란 불가능하다.

우리 주변의 성공한 사람들을 살펴보면 주어진 상황을 지켜보고만 있지 않고 뭔가 끊임없이 새로운 일들을 했다는 것을 알 수 있다. 스포츠에서도 역전패를 당하는 사람들의 공통적인 특징은 공격하지 않고 지키는 데 급급하다는 사실이다. 서비스라고 하는 것은 지키는 것이 아니라 공격하는 것이다. 다시 말하면 고객의 마음을 향하여 지금까지와 다른 새로운 서비스를 제공할 수 있어야 한다.

서비스는 즐겁게 느끼도록
하는 것이다

〈무력〉의 시대가 아니라 〈심력〉의 시대다.
마음에 활력을 불어 넣는 것이 영업의 본질이다.

영업의 본래 임무는 상품을 많이 파는 것이 아니라고 몇 번이
나 이야기했다.

기원전 페니키아 인들이 장사를 시작한 이후 2000년이 넘는 긴
세월을 거치면서 영업의 흐름이 크게 바뀌었다. 손님을 부추겨
구입하게 하는 시대에서 손님의 마음을 움직여 구입하게 하는 시
대로 바뀐 것이다. 지금부터는 힘에 의한 **〈무력〉의 시대가 아니
라 〈심력(心力)〉의 시대라는 것이다.**

손님은 영업사원을 통해서 단지 자기가 필요한 상품만을 구입
하고 싶은 것이 아니라, 그 이상을 원한다. 자신의 꿈과 윤택함을
구입하고 싶은 것이다. 이것을 이루는 3가지 요소는 〈설렘〉, 〈작
은 고민거리의 해결〉, 〈여유와 풍요로움〉이다. 그래서 "거기에
가면 즐겁다", "거기에 가면 활력이 생긴다"는 느낌을 전하는 것
이 서비스업의 근본이다.

어떤 점포든 이 3가지 포인트가 없으면 손님이 방문할 의미는 전혀 없다고 해도 지나친 말이 아니다. 여자들이 미장원에 가는 이유는 단지 〈머리 손질하기 위해서〉가 아니다. 머리 스타일을 예쁘게 하는 것뿐만 아니라 손님의 기분을 설레게 하고, 헤어스타일에 대한 고민을 해결해주는 등의 일을 하지 못하면 고객이 요구하는 다른 문제도 해결해주지 못한다.

· 손님은 자기가 가지고 있는 큰 고민을 해결해주는 사람보다 작은 고민을 해결해주는 사람을 만나고 싶어한다. "뭐, 별일도 아닌 것을 가지고 고민하고 있네!"라고 말하는 문제들이다. 서비스라고 하는 것은 이처럼 작은 문제를 해결해주는 것이다. 미장원에 갈 때는 헤어스타일에 관한 문제만 고민하는 것이 아니라 머리카락 보호에 관련된 것, 피부 보호에 관련된 문제, 메이컵의 문제, 다이어트의 문제까지도 고민하고 있다. 미장원은 이런 일까지 해결해줄 수 있어야 한다.

아내가 미장원 한번 갈 때 어느 정도의 시간이 걸리는지 확인해보니 2~3시간 정도 소요되었다. 이런 긴 시간동안 단지 파마하고 염색만 한다고 하면 얼마나 지겹겠는가? 이런 고민에 답할 수 있는 미장원이라야만 고객의 발길이 끊이질 않는 것이다. 뛰어난 〈서비스맨〉이 되려면 지금 현재 내가 담당하고 있는 손님이 어떤 작은 고민을 가지고 있는지 파악하는 능력부터 길러야 한다.

이런 문제를 혼자서 다 해결할 수 없는 경우도 많기 때문에 코디네이터 역할을 잘할 수 있어야 한다. 그래야 문제에 부딪쳤을 때 해결이 가능하다. 그렇다고 다각적인 경영을 하라는 것은 아니다. 손님은 자신이 가지고 있는 작은 문제를 해결해줄 수 있는 사람을 원한다. 또한 자기 문제를 즐겁게 해결해주는 곳을 원한다.

국내 최고의 가전제품 전문점으로 평가받고 있는 하이마트에서는 이 문제를 해결하기 위해 〈웃으며 삽시다〉라는 슬로건 아래 방문한 손님들을 설레게 만들고, 기분 좋게 해주며, 기대감에 넘치고, 방문한 후에도 오랫동안 좋은 느낌을 가지도록 해주고 있다. 사장 이하 전 직원들은 이것을 실천하기 위해 업무, 아침 조회, 회의, 각종 사내 모임의 시작과 끝 부분에 박수를 치면서 크게 웃는 〈하이마트 웃음〉을 하고 있다. 웃으며 생활하는 운동을 실시한 이후로 외부적으로는 영업 실적과 고객 이미지가 급격히 향상되고 있다. 내부적으로는 조직의 분위기가 좋아지고 직원들의 업무 만족도도 훨씬 향상되고 있다. 간부들은 리더십까지 향상되는 결과를 가져오고 있다.

또 어느 사정기관(○○지점)에서는 직원들이 스트레스도 풀고, 대인 서비스도 좋게 하기 위하여 매주 목요일 「웃음의 날」을 운영한다고 한다.

일주일에 한번 30분씩 이 같은 행사를 열고 있는데 검찰청의 분위기도 밝고 활기차게 바뀌면서 민원인을 대하는 자세가 달라졌다고 한다.

〈미국화(美國化)〉를 표현하는 상표 중의 하나가 맥도널드인데 오늘날처럼 성공하게 된 이유는 여러 가지가 있겠지만 내가 생각하는 핵심은 〈Fun Place To Go 맥도널드〉다. 이는 방문하는 손님들이 다시 오고 싶고, 즐거운 장소로 느끼도록 하기 위해서 내건 이들의 실천 캐치프레이즈다.

주변에서 보면 "경쟁사 대비 00 판매", "경쟁사는 ** 한다", "동종업계에서 점유율이 00%다"라는 이야기를 하는데 더 이상 이런 식으로 하면 시대 감각이 뒤지는 것이다. 말하자면 〈동종업계〉라는 단어가 사라진 시대인 셈이다. 가전제품을 판매하는 점포라고 하면 주변의 가전제품 판매점만 경쟁자가 아니다. 슈퍼, 할인점, 택배회사도 경쟁자기 될 수 있는 시대다. 다른 업종에서 일어나는 일들을 재빨리 알아채어 그것을 영업 활동에 반영할 수 있는 능력을 가지고 있어야 한다.

〈00 로터리에 있는 백화점〉〈아파트 앞쪽에 있는 슈퍼〉와 같이 보통 명사로 영업하는 시대는 끝났다. 앞으로는 고유명사로 영업하는 시대다. 만나는 손님마다 〈설렘〉, 〈작은 고민거리의 해결〉, 〈여유와 풍요로움〉을 해결해주는 서비스를 통하여 〈***의 00점〉이라는 식의 고유명사를 만드는 영업을 하기 바란다.

제품에는 기술력이라는 것이 동반되어 끊임없이 좋은 제품들이 쏟아져 나온다. 여러분은 엔지니어가 만드는 기술력에 즐거움과 감동을 주는 영업인 자신의 실력에 의한 기술력까지 갖춰야 한다. 여러분은 손님을 기쁘게 해드리기 위한 어떤 기술력을 가지고 있는가?

〈지난번처럼 해 드릴까요!〉는
안 된다

고객의 요구는 다양하고 매일매일 다르므로 판매하는 방법도 달라야 한다.

삼류 헤어 디자이너는 자신이 표현할 수 있는 헤어스타일의 수가 아주 단조롭다. 그러므로 자신이 해낼 수 있는 스타일을 원하는 고객을 만나면 좋은 평가를 얻지만 자기가 할 수 없는 스타일을 요구하는 손님을 만나면 좋은 평가를 받지 못한다. 심하면 손님이 아예 발길을 돌리게 하는 원인을 제공한다. "열길 물 속은 알아도 한 길 손님의 마음은 모른다"는 말이 있는 것처럼 **손님의 요구는 다양하고 매일 매일 다르기 때문이다.**

나도 2년 전까지는 단골 미장원을 정하여 정기적으로 커트를 하였으나 최근에는 남성 전용 헤어살롱을 다니고 있다. 자리에 앉으면 첫 번째 묻는 말이 "지난번처럼 해 드릴까요?"다. 나는 지난번과 달리 좀더 세련되고 젊게 보이는 헤어스타일을 원하지 지난번처럼 하는 것을 바라지는 않는다.

제대로 된 서비스를 하는 사람들이라면 "지난번까지는 이런 식으로 하셨는데 이번에는 이런 식으로 해보시면 훨씬 좋아 보일 겁니다"라는 식의 제안을 할 수 있어야 한다. 이런 식의 서비스를 하기 위해서는 평소 고객에 대한 특성을 파악할 수 있도록 고객 정보를 관리해야 한다. 고객의 정보를 관리하는 방법은 고객카드를 활용하거나 컴퓨터에 입력하여 관리하거나 하면 된다.

지금까지의 영업 방법을 보면 "많이 팔리는 상품이다", "유명인 000도 이런 스타일을 하고 있다", "지난번 말씀하신 것처럼…" 등과 같이 하면 되었다. 그러나 이제는 그렇게 하면 안 된다. 그 사람의 취향이 어떠냐 하는 데 따라서 **판매하는 방법을 달리 선택해 갈 수 있어야 한다.** 이를테면 "상품을 파는 것이 아니라 코디네이터를 판매한다"는 생각이 중요하다.

미래 가치 제고를 위한 주요 포인트		
당신은 고객에게 무엇을 해 주었는가?	당신은 고객과 함께 무엇을 하였는가?	당신은 고객에게 무엇을 해 주었는가?
※ _____ ※ _____ ※ _____	※ _____ ※ _____ ※ _____	※ _____ ※ _____ ※ _____

고객에게 감동을 준 경험이 얼마나 있는가?

가격 내리고, 좋은 사은품 주는 데 익숙해지면 내년에도 그 장소에서 영업한다는 보장 없다.

고객에게 〈감동〉을 제공하는 것이 서비스업이다. 이제부터는 고객에게 감동을 전하는 것이 중요하다. 영업사원의 일은 제품을 파는 것이 아니라 상품을 파는 것이다. 제품과 상품의 차이는 간단하다. 제품에 서비스가 부가되면 상품이고, 서비스가 부가되지 않으면 제품인 것이다. 상품에는 반드시 기술력이 동반되게 마련인데 "우리는 이런 신기술, 이런 기능이 있습니다"라는 식으로 아무리 열심히 전달해도 고객은 감동하지 않는다. 왜냐하면 그것은 제품의 구입에 지나지 않기 때문이다.

고객을 감동시키기 위해서 무엇이 필요할까?

사람들은 가격을 내리고, 좋은 사은품을 주면 감동하리라고 생각한다. 천만의 말씀이다. 손님은 이런 행위를 한다고 감동하지 않는다. 지금까지의 방법과 같이 가격을 내리고, 좋은 사은품을 준다고 해도 손님은 두 번 다시 오지 않는다. 이런 식의 영업을 하면 고객은 더 가격을 할인해주는 점포, 더 좋은 사은품을 주는 점포가 주변에 있으면 발길을 돌리게 될 것은 뻔한 이치다.

가면 갈수록 인구도 줄고, 자녀들의 수도 줄어들 것이기 때문에 항상 새로운 손님만으로 좋은 영업 실적을 기대하기란 힘들다. 이런 영업 환경에서는 한번 방문한 손님이 지속적으로 방문하게 하는 영업을 하지 않으면 **내년에도 그 장소에서 영업을 한다고 보장할 수 없다.**

앞으로는 어떤 영업 스타일이 성공할까? 좋은 제품은 기본이고, 여기에 가격을 저렴하게 하지 않더라도, 좋은 사은품을 주지 않더라도 손님에게 감동을 줄 수 있는 서비스를 제공해주는 스타일만 성공한다.

손님이 다시 찾도록 하는 영업, 손님에게 감동을 주는 영업을 하기 위해서는 자신만이 내세울 만한 것을 만들지 않으면 안 된다. 손님에게 주었던 감동의 경험들을 들어보자. 그리고 더 많은 감동을 주기 위해서는 무엇을 연마해야 할지 생각해보자.

영업 활동의 검증 포인트

① 고객의 문제점과 과제, 목표와 계획을 이해하고 있는가?

② 고객의 자사 상품에 대한 기대를 이해하고 있는가?

③ 자사(상품)는 고객의 기대에 부응하고 있는가?

④ 상품을 통해 고객에게 어떤 가치를 제공했는가?

⑤ 상품에 대한 고객의 만족도를 이해하고 있는가?

⑥ 영업활동을 통해서 고객에게 제공해온 가치는 무엇인가?

⑦ 영업활동에 대한 고객의 만족도를 이해하고 있는가?

고객이 왜 방문하는지 생각해보자

고객 한 분, 한 분에게 이번이 마지막이라는 긴장감을 가지고 응대하자.

실적이 나빠지기 시작하면 조금이라도 손님을 늘리기 위해 외부로 눈을 돌린다. 옆 점포는 손님도 많고 불황을 모르는데, 왜 우리는 손님이 안 오는지 고민하기 시작한다. 이런 경우 여러분의 〈가장 대표적인 고객 한 사람〉을 적어보자. 그리고는 그 사람에 대해서 아는 대로 기록해보자. 취미, 직업, 장래 희망, 가족관계, 주말에는 무슨 일을 하고 보내는지, 어떤 고민을 하고있는지 등에 대해서 적어보자. 한번이라도 좋으니 여러분과 접한 경험이 있는 고객을 대상으로 하자. 만약 쓸 수 없다면 손님을 제대로 파악하지 못하고 영업을 하고 있다는 것이다.

여러분과 한번도 대한 적이 없는데도 "이런 손님이었으면 좋겠다"는 희망사항에 해당하는 고객을 적어서는 안 된다. 이런 희망사항에 해당하는 손님은 있을 수도 없고, 만약 있다고 해도 여러분과의 지속적인 거래보다는 단발적인 거래로 끝나버릴 가능성이 많은 사람이다. 여기서 말하는 〈가장 대표적인 고객〉이란 구매 빈도가 높고, 이익을 많이 주는 손님이라는 것을 이해하기 바란다.

이런 고객을 대상으로 여러분의 영업 방법에 대한 의견을 들어보는 것이 대단히 중요하다. 이런 손님들은 자신을 알아준다는 심리적 만족감 때문에 아주 솔직하게 진심으로 자신의 일이라 생각하고 여러분에 대한 평가를 해줄 것이다. 한번도 거래를 해본 경험이 없는 사람에게 부탁을 하면 평론가적인 평가만을 하게 될지 모른다. 항상 뒤쳐지는 사람들의 특징 중의 하나가 자신의 눈앞에 있는 손님들의 의견은 잘 듣지 않으면서 평론가의 의견은 잘 듣는다는 것이다. 여러분과 거래하지 않는 사람의 이야기는 듣지 않아도 좋다. 〈지금 현재 거래하고 있는 고객〉, 〈한번이라도 방문해보신 적이 있는 고객〉의 생각을 들어보는 것이 첫 번째 조건이다.

왜 여러분과 거래를 하고 싶어할까 생각해보자. 단순히 〈마음에 들어서 거래하겠지!〉라는 식의 분석은 안 된다. 그러면 〈무엇이 마음에 들어서일까〉를 생각해야 한다.

〈거리가 가까워서〉라면 근처에 새로운 곳이 생기면 그곳으로 발길을 돌릴 것이다.

〈가격이 저렴하기 때문에〉라면 더 싼 가격에 판매하는 곳이 생기면 거기에 진다.

〈몇 년째 계속 거래를 해온 단골이기 때문에〉라면 고객은 〈이제 슬슬 다른 점포로 바꿔 볼까?〉라는 생각을 할 가능성이 높다. 고객과 오랫동안 거래를 했다는 사실은 무기가 될 수 없다.

지금 이 시간부터 생각해야 하는 것은 무엇 때문에 고객이 나를 찾아오시는지, 무엇이 손님의 마음을 움직이고 있는지를 생각해야 한다. 나를 찾아주시는 고객은 계속해서 오실 것 같지만 그렇지 않다. **만나는 고객 한 사람, 한 사람에게 이번이 마지막이라는 긴장감을 가지고 응대해야 한다.**

7

긍정적인 차이를 전하는 것이 영업이다

자신만이 가능한 것을 들어보자

프로만이 알 수 있는 차이보다, 아마추어인 손님이 알아주는 차별을 해야
성공한다.

 손님이 여러분을 찾는 이유는 여러분만의 장점이 있기 때문이
다. **영업 실적이 저조한 곳의 공통적인 특징 중의 하나는 남과
차별되지 않은 내용을 가지고 열심히 한다는 것**이다. 장점이 없
는 점포에 일부러 고객이 오는 경우는 없다. 한 마디로 장점이 없
는 점포는 성공할 수 없다.

 여러분과 여러분 점포의 장점은 무엇인가?

 요즘과 같은 정보화 사회가 되면, 고객의 선택 범위도 아주 넓
다. 정보화가 급진전되기 전의 시대에는 고객이 점포를 선택할
수 있는 범위가 좁았지만 이제부터는 고객이 정보를 점점 손에
많이 넣는 시대다. 이런 시대에는 고객이 "이 점포의 좋은 점은
이런 것이다" 하는 정보를 스스로 알 수 있다. 현장 지도를 나가
서 "여러분 점포의 장점이 무엇이냐?"고 물으면 대부분은 "이러
저러한 점에서 다른데, 이는 이미 업계에서도 인정해주는 것이

다"라는 식으로 말하는데 대단히 위험한 발상이다. 업계에서는 알아주지만 고객이 모르는 차별화는 아무런 의미가 없다. 자기 점포의 장점을 손님이 모른다면 두 번 다시 점포를 방문하지 않는다. 자신만이 할 수 있는 무엇인가가 차별화다.

"적어도 이 업계에서는 알아주는…" 식으로 프로만이 알아주는 차이는 차이가 아니다. 말하자면 **프로만이 알 수 있는 차이는 진정한 차별화가 아니라는 것이다. 아마추어인 손님이 알아주도록 하는 것이 진정으로 차별화 된 서비스다.** 제과점이라면 "우리 점포는 다른 점포와 완전히 다른 맛이야"라는 프로로서의 자부심이 넘치는 경우를 많이 보게 되는데 손님이 이를 알아차리지 못하면 아무런 의미가 없다. 손님이 이해하고 인식할 수 있는 경우에만 가치가 있다. 주변의 사람들 중에는 프로 근성에 집착한 나머지 고객이 알 수 없는 것에 집착하고 마는 경우를 종종 보게 된다. 서비스는 손님에게 이행될 때만 의미가 있는 것이다.

다시 말하면 프로로서의 독선에 빠져들어서는 안 된다. 양복점의 예를 들어보자. 고객이 전부 패션 전문가를 대상으로 한다면 상관이 없겠지만 방문하시는 대부분의 손님은 패션 전문가가 아니다. 여기에 중요한 열쇠가 있다. 많은 사람들은 고객이 이해하지 못하는 것에 너무 집착을 한다. 주인은 "왜 고객들은 이 패션을 이해하지 못하는가?", "돈 안 되는 손님뿐이다"라는 식으로 불평을 한다.

서비스는 한 사람만을 대상으로 하는 것이 아니라 대등한 입장에서 고객을 기쁘게 하는 것이다. 많은 곳에서 차별화를 앞세우며 중요하다고 이야기하지만 해석을 잘못하고 있다는 것을 지적하고 싶다. 잘못된 해석은 쓸데없는 노력을 요구하게 마련이다.

또 자신의 장점에 대해서도 "고객들은 알아주겠지" 하는 식으로 너무나 과도한 기대를 해서도 안 된다. 손님이 자신의 장점을 얼마나 알고 있는지 살펴보자. 또한 가지고 있는 것만으로는 도움이 되지 않는다. 손님의 마음에 닿을 수 있도록 전해졌을 때만 현실화되는 것인데 어떤 식으로 전해져야 할까?

　구체적이지 못한 행동은 구체적이지 못한 결과를 낳고, 구체적인 행동은 구체적인 결과를 가져온다. 앞으로 좋은 비즈니스를 하기 위해서는 구체적이지 않은 수준에서 단순히 〈좋다〉는 것만으로는 안 된다. 구체적으로 〈어떻게 좋은 점이 있다〉고 평가받도록 해야 한다. 고객을 사로잡을 만한 구체적인 장점이 없는 점포는 성공할 수 없으며 곧바로 망하고 만다.

전문가와 프로는 다르다

고객은 형식의 프로페셔널을 요구하는 것이 아니라 자기의 고민을
해결해 주는 프로페셔널을 요구한다.

고객은 과정보다 결과로 판단한다. 아무리 "당사의 신제품 냉
장고는 이런저런 기능이 많이 있다"고 자랑을 하여도 고객에게
의미 없는 기능이 있는 신제품 냉장고는 큰 환영을 받지 못한다.
기능이 많은 제품의 경우 단가는 높고 대단한 상품으로 느껴질지
모르지만 고객들로부터는 "왜 이리 복잡하고 쓸데없는 것들이 많
아!"라는 인상을 줄 가능성이 많다. 그러므로 제품도 고객 밀착
형의 상품이 필요하다. 말하자면 기능의 많고 적음이 중요한 것
이 아니라 고객에게 필요한 기능이 얼마나 많은가가 중요하다는
것이다. 여기에 적당한 가격이면 더욱 좋겠지만.

서비스도 마찬가지다. 형식상으로 보면 프로인 것들이 굉장히
많이 있지만 고객으로부터는 부담스럽다는 평가를 많이 받는다.
**고객은 형식의 프로페셔널을 요구하는 것이 아니라 자기의 고민
을 해결해주는 프로페셔널을 요구한다.** 그래서 나는 형식상의 프

로는 아마추어라고 강조한다.

　우리가 흔히 생각할 때 전문가면 모두 프로페셔널이라고 생각하는데 그게 아니다. 전문가라도 고객의 고민을 해결해주지 못하면 프로페셔널이 아니라 아마추어에 불과할 뿐이다. 예를 들면 세탁기를 연구한 연구원은 판매사원에 비해 세탁기에 대한 지식은 풍부하지만 고객에게 설명하는 것은 연구원보다 판매사원이 훨씬 더 알기 쉽고, 재미있게 한다. 세탁기 연구원은 세탁기에 대한 전문가일 뿐이지 영업의 프로페셔널은 아니다. 나는 세탁기 판매사원이 진정한 프로페셔널이라고 생각한다. 이처럼 영업사원은 항상 고객을 염두에 두고 서비스를 제공하는 습관을 들여야 한다. 그래야 기능이 손님에게 어떤 역할을 하는지 알릴 수 있기 때문이다.

　전문가는 그들의 세계, 속칭 업계에서는 〈획기적이다〉라고 인정받지만 손님과는 별로 관계가 없고 혼자만 좋다고 하는 차별화를 하는 경우도 있다. 서비스에 대한 가치는 손님이 정하는 것이므로 라이벌의 모방에도 상관하지 말고 자기만의 차별화를 계속하는 노력을 해야 한다. 무슨 일이든지 상대가 언젠가는 뒤쫓아 올 것이라고 의식하면서 끊임없이 차별화를 할 수 있어야 한다.

　차별화를 계속해 나가다 보면 상대는 계속 뒤따라오기 때문에 "야! 해볼 것 다해봤는데, 이거 힘들어서 안 되겠다"고 하는 순간이 많을 것이다. 이런 때일수록 조금 무리라고 생각되더라도 "이번에는 이런 것들을 한번 해보자"는 마음으로 작은 것이라도 꾸준히 실천하는 마음이 중요하다. 상대가 흉내를 내도 나는 다른 것으로 앞서가면 되고, 상대는 내 것을 배우는데 한참의 시간이 걸릴 테니까 모방을 해도 별 의미가 없는 것이다. 항상 새로운 것을 추구하면서 점점 앞으로 나아가는 사람에 대해서는 누구도 추월 할 수 없다.

하지만 일순간 만족감에 도취해 "굳이 이런 것까지 해야 하는가?"라는 마음을 가지는 순간부터 좋은 서비스를 기대하기란 힘들어진다. 그 순간부터 계속되던 차별화는 멈춰지며 상대 회사에 역전을 당하게 되는 것이다.

자기 점포만이 가능한 것은 무엇인가?

실적이 나쁜 것은 경기가 나빠서 그런 것만이 아니다. 자신들만이 가능한 서비스에는 어떤 것들이 있는가?

고객으로부터 인기를 얻지 못하는 점포의 공통적인 특징은 "다른 점포에서도 하고 있으니까 우리도 해야 한다"는 식의 서비스를 하는 곳이다. 만약 이런 식으로 고객을 향해 제공하는 서비스가 있다면 방법이 잘못된 것이니까 지금 즉시 그만두기 바란다. 고객은 여러 점포 중에서 여러분의 점포를 고르고 있는 것이다. 그 지역에 있으므로 간다는 것은 이미 지난 시대의 일이다.

고객이 점포를 고르고, 고르는 시대에는 다음 두 가지를 항상 염두에 두어야 한다.

① 경쟁 점포에는 없는데 여러분의 점포에서 하고 있는 서비스는 무엇인가?

여러분의 점포만이 하고 있는 서비스, 즉 〈장점〉이 없다면 고객은 오지 않는다.

② 경쟁 점포에서도 하고 있고, 여러분의 점포에서도 하고 있는 것은 무엇인가?

경쟁 점포에서는 하고 있지만 여러분의 점포에서 하지 않는 것은 〈약점〉이다. 약점을 보완하기 위해서 "우리는 이렇게 하자"는 식의 전략은 잘못된 발상이다. 고객은 여러분의 점포가 가진 약점 때문에 방문하지 않는 것이다. 그래서 나는 〈입지 조건이 나빠서〉, 〈가격이 비싸서〉, 〈경기가 나빠서〉라는 이유 때문에 고객의 방문이 준다고 이유를 대는 것은 대단히 잘못된 분석이라고 생각한다. 이런 핑계는 면피를 하는 데는 쉬울지 모르지만 고객은 이런 이유로 여러분의 점포를 방문하지 않는 것이 아니다. 진정한 이유는 여러분 점포의 단점 때문이 아니라 경쟁 점포의 장점 때문에 지는 것이다.

〈약점〉으로는 차이가 나지 않기 때문에 〈약점〉 따위는 잊어버리는 게 좋다. 고객을 끌 수 있는 장점이 없으면 경쟁 점포를 이길 수 없는데도 "우리는 이런 점에서 문제가 있다"고 약점만 논의해서는 안 된다. 실적 부진의 이유 중에 가장 많은 것은 〈최근 경기가 나빠서〉라는 것이다. 고객은 아무리 경기가 호황이라도 좋은 점이 없는 점포에는 들어가지 않는다. 반대로 아무리 경기가 바닥을 쳐도 좋은 점이 많은 점포에는 손님이 문전성시를 이룬다. 앞으로는 업계 단위로 좋아지고 나빠지는 시대는 없다. 같은 업계라도 장점이 있는 곳은 점점 더 강해질 것이고, 없는 곳은 손님으로부터 쉽게 잊혀질 것이다.

장점이라고 해도 〈보통 정도의 장점〉을 가지고 경쟁에서 승리할 수 있는 시대는 지나갔다. 〈지금과 같이〉로는 고객에게 감동을 전해줄 수 없다. 영업을 하다 보면 〈설비, 사람, 예산, 시간〉

등 여러 가지 면에서 제약 조건이 있을 수밖에 없는데 여기에 핑계를 대지만 말고 필사적으로 차별화를 계속해 나가는 노력이 필요하다.

여러분의 **점포에 손님이 없는 것은 절대로 경기가 나빠서 그런 것만은 아니다.** 여러분만의, 여러분 점포만의 장점을 만들어서 고객에게 감동을 주는 것은 어렵기는 해도 불가능한 것은 아니다. 여러분과 **여러분의 점포만이 할 수 있는 서비스에는 어떤 것들이 있는지 들어보자.** 최악의 상황은 자신의 점포가 가진 장점이 무엇인지도 모르는 것으로서 "이것만은 절대로 지지 않는다"라는 강점을 만들기 위해서는 먼저 어디가 자신의 점포의 강점인지 알아야 한다.

일부에서는 겸손을 지나치게 강요한 나머지 "특별한 장점은 없습니다"라고 말하는 경우도 있는데 이런 점포 역시 고객은 오지 않는다.

현장 컨설팅을 할 경우에 사장과 관리자들을 만나보면 대부분 자기의 약점만을 오랫동안 연구한 사람처럼 이야기하면서 "이런 것을 고칠 방법이 없느냐?"고 묻는다.

이런 사람들에게 나는 "자신부터 고쳐라"고 이야기한다. 내가 보기에는 약점보다 좋은 점이 더 많은 것 같고 이것을 조금만 강화하면 훨씬 유리한 차별화가 가능한데도 아니라고만 한다. 그래서 현장 지도나 컨설팅을 할 때 단점은 보지도 말고 이야기도 하지 말라고 한다.

그렇게 하고 나서 이러저러한 장점을 어떻게 차별화 할 것인가에 포인트를 맞춰서 진행을 해준다. 그렇게 진행하고 나면 처음에는 반신반의하지만 끝날 때쯤에 좋아지는 결과를 보고 모두들 깜짝 놀란다.

장점을 많이 만드는 것이 가장 중요하다. 그러나 그에 앞서 단
점을 보완하는 전략보다 장점을 더욱 강화하는 전략을 사용하자.

의미 있는 경쟁을 하자

고객은 무엇 때문에 여러분을 지지해 주고 있는지 생각해보자.
이것을 상대가 못 따라오도록 차별화 해 가자.

오늘날은 하루가 다르게 경쟁의 규모와 대상이 치열해지고 있다. 지금부터는 10점포 중에서 한 점포가 아니라 100점포 중에서 99점포는 망하고 한 곳만 살아 남는다고 생각하지 않으면 안 된다.

지금은 정보화 사회이므로 고객은 어떤 점포는 왜 좋고, 어떤 점포는 왜 나쁜지 너무나 잘 알고 있다. 이런 시대에 막연하게 "좋은 점포가 됩시다", "좋은 서비스를 합시다"라는 식으로 되어서는 안 된다. 확실한 강점을 가지고 고객을 대해야 한다는 말이다.

이렇게 하기 위해서는 경쟁하지 않는 전략을 택할 수 있어야 한다. 100점포 중에서 99점포는 경쟁을 통해서 이기고, 자신만 살아남는 식의 경쟁을 한다는 것은 대단히 수준 낮은 방법이다. 말하자면 경쟁을 피하는 방법을 택하라는 것이다. 경쟁을 하면 반드시 지거나 손해를 보게 되어 있다. 경쟁은 가격, 사은품, 거래 조건 등의 출혈을 동반하게 마련인 데 비해 강점이라고 하는 것은 서비스이기 때문에 경쟁을 하지 않는 것이 중요하다.

시장의 원리가 가장 활발하게 적용되고 있는 곳이 조폭(組暴)들의 세계다. 조폭의 우두머리가 되기 위해서는 일단 살아남아야 한다. 죽으면 끝이기 때문에 죽지 않기 위해 싸움을 일으켜서는 안 된다. 그래야 대장이 될 수 있다.

경쟁을 피하라고 하니까 일부에서는 "상위 30% 범위 이내에만 들면 되지 뭐" 하는 식의 이야기를 했다. 이는 대단히 잘못된 사고 방식이다. 서비스를 제공하는 측의 일방적인 생각만으로는 고객이 전혀 만족감을 느끼지 못한다.

나는 경쟁을 하고 싶지 않은데 상대가 경쟁을 걸어오는 경우가 종종 있다. 이때 "여기서 물러설 수 없으니까 한판 붙어보는 수밖에 없다"는 식의 생각을 해서는 안 된다. 이때 중요한 것은 상대에게 경쟁을 포기시키는 방법이다. 다음 3가지 방법을 들 수 있다.

① 이길 수 있는 경우에만 싸운다.

비겁한 방법이라고 생각할지 모르지만 아주 간단한 원칙으로서 이길 수 있을 때만 싸우는 것이다. 이길 수 있는 것으로 싸우지 않으면 살아남을 수 없기 때문이다.

요즘은 점포와 점포간의 경쟁이 심하다. 대형점과 중·소형점이 경쟁을 할 경우 중·소형점은 대형점이 하는 대로만 하면 성공하지 못한다.

구로에서 전문점을 모범적으로 운영하는 예를 들어보자. 대형점과의 경쟁을 피하는 방법으로는 대형점에서 세일이나 가격 할인을 하는 상품에 대해 같이 맞받아치기 전략을 구사하기보다 그런 상품은 매장의 진열에서 빼버린다든지 다른 상품에 대해서 판촉을 하는 비껴가기 전략으로 좋은 성과를 거두고 있다.

② 이길 수 있는 것이 생길 때까지 범위를 좁힌다.

　여러분이 경쟁자를 이길 수 있는 것은 무엇인가? "우리는 이길 수 있는 것이 없다"라고 말하는 경우를 자주 보게 되는데 이는 너무 넓은 관점에서 보기 때문이다. 이거라면 이길 수 있다고 생각되는 것까지 세세하게 나누어보는 것이다. 넓은 관점과 시야가 아니라 이길 수 있는 것이 생길 때까지 범위를 좁혀보는 것이다. 그리고 이길 수 있는 부분이 아니라면 싸워서는 안 된다.

　예를 들어 의류를 판매하는 점포라고 하면 남자와 여자 옷 중에서도 여자 옷, 여자 옷 중에서도 A브랜드 상품, A브랜드 상품 중에서도 @@@라는 식으로 세분화시켜보는 것이다.

③ 이길 수 없는 것에는 양보를 하고 이길 수 있는 분야를 확실히 하자.

　양보를 함으로써 에너지를 집중시킬 수 있다. 사람들은 자신이 시도한 일이 잘 되지 않으면 이것저것 시도를 해보는데 잘못된 방법이다. 좁은 범위에서도 이기지 못하면서 범위를 넓힌다고 이길 리가 없다. 다시 말해서 확장 법이 아니라 압축 법을 사용해보자. 압축 법으로 좋은 점을 만들어낸 다음에 다시 조금씩 확장하는 전략을 사용해 보자.

　여러분과 여러분의 점포는 무엇으로 경쟁 상대를 이길 수 있는지 다시 한번 생각해 보라. **고객이 어떤 장점 때문에 여러분의 점포를 지지해주었는지 항상 생각하지 않으면 안 된다.** 아울러 경쟁에서 이길 수 있는 분야를 확실히 해두자.

　이길 수 있는 대상을 좁혀서 "이 분야만큼은 절대로 지지 않는다"고 생각되는 곳까지 좁혀나가는 것이 중요하다.

어떤 이유로 방문하셨는지 고객에게 물어보자

고객의 목소리를 직접 들음으로써 직원들의 의식 개혁 효과와 함께 좋은 아이디어를 얻을 수 있다.

아이디어를 수집하기 위해 자주 방문하는 일본의 한 가전 양판점에서는 I모드를 활용하여 내점 고객과 매장에서 인터뷰를 실시하여 그 결과를 본부로 전하고 있다. 그 정보에 따라 다음날의 매장 구성과 레이아웃을 변경한다든지, 페이싱(Facing : 상품을 진열할 때 그 상품에 대한 설명이나 규격이 고객에게 잘 보이도록 진열하는 것)을 개선하고 고객이 찾는 상품을 전면에 배치하는 것과 같이 스피디한 대응으로 〈매장 제안〉을 실천하여 큰 성과를 거두고 있다. 지금가지는 하우스 카드(House Card : 멤버십 카드), POS(Point of Sales : 판매 시점 고객 정보 관리)를 수집할 뿐이었다. 이것으로는 고객의 구매 이력은 알 수 있어도 왜 상품을 구매하지 않았는지, 점포에 대한 인상은 어떤지, 직원의 서비스 수준은 어떤지 등에 대한 정보는 알 수 없었다.

고객의 목소리를 직접 들음으로써 직원들의 의식 개혁 효과도

거둘 수 있으며, 매장의 구성, 상품, 직원이 삼위일체가 된 영업으로 높은 평가를 받고, 고객의 충성도가 향상되고 있다.

고객이 자기가 거주하는 곳에서 거리가 멀고 가까운 데 따라 점포를 선택하는 시대는 지나갔다. 미래에는 컴퓨터 기술의 발달에 의하여 모든 가정이 쇼핑센터와 같은 역할을 한다. 아무리 좋은 곳에 위치하고 있어도 자기 집에서 쇼핑하는 것에 뒤질 수밖에 없는 세상이 온다는 것이다. 그러므로 일부러 입지가 좋은 곳을 찾아갈 필요는 없다. 영업하는 사람들이 항상 염두에 두어야 하는 것은 고객의 집에 있는 쇼핑시설에도 이겨야 하고, 경쟁 점포에도 이겨야 한다는 사실이다. 위치가 좋다는 것에 의지해서 영업하는 사람들 중에 실패하는 사람들을 많이 보아왔다. 반대로 위치가 나쁜 점포는 처음부터 입지에 의지하지 않고 입지조건을 뛰어넘을 뭔가를 만들어가기 위해 의식적으로 노력한다. 편리하다는 이유로 고객들의 지지를 받을지는 모르지만 이것이 결정적인 강점으로는 작용하지 않는다. 만약 여러분 점포의 장점으로서 〈입지가 좋다〉는 것을 들었다면 경쟁자에게 이기지 못할 것이다.

경쟁자에게 이길 수 있는 부분이 어떤 것인지 알아보기 위해 "어떤 이유로 오셨는지?", "다른 점포와 비교하여 어떤 점이 좋은지?" 고객에게 직접 물어보자.

① 2~3번 이상 오신 단골손님 중에서도 비교적 먼 거리에서 오신 손님에게 물어보자.

이런 손님이 진짜 손님이다. "손님이 보시기에 우리 점포가 어떻습니까?", "우리 점포 이용해 보시면 어떤 점에서 좋으십니까?" 하고 질문을 해보자. 그러면 단골 손님인 경우는 마치 자기의 사업체인 양 신바람이 나게 이야기해줄 것이다.

판매 금액이 높은 것은 즐거운 일이지만 매출만 쳐다보고 있어서는 안 된다. 단순히 판매 금액이 높다고 하여 그 점포가 살아남는 것은 아니다. 무엇이 얼마나 팔렸으며, 왜 팔리고 있는지, 어떤 고객들이 주로 방문을 하시고 구매를 하시는지 면밀히 파악할 수 있어야 한다.

② 단골의 손님들이 처음에 어떤 계기로 방문하시게 되었는지 알아보자.

어쩔 수 없이 여러분의 점포를 찾은 것이 아니라 집에서 가깝고, 크고, 넓은 많은 점포 중에서도 여러분의 점포를 찾아오신 것이기 때문에 여러분 점포만의 〈강점〉이 있을 것이다. 이런 것들을 파악하여 활용하는 것이 고객을 끌어들이는 계기가 될 수 있다.

③ 재(再)방문 고객을 대상으로 사유를 집중적으로 파악해보자.

처음 방문 후 다시 오신다고 하는 것은 무엇인가 좋은 점이 있기 때문이다. 그것이 어떤 요소 때문인지 파악해보자. 그리고는 따른 경쟁자가 따라오지 못할 정도로 차별화를 해버리자.

④ 고객들을 대상으로 앙케트를 해보자.

설문을 해보기 전에는 확실하지 않은 것을 확실한 것처럼 하려고 하니까 자신감이 없을 수도 있다. 설문을 해보면 아무리 작은 것일지라도 강점으로 할 수 있는 것이 무엇인지 쉽게 파악할 수 있다. 그리고는 이것을 더욱 구체적으로 꾸며 가면 되는 것이다.

앙케트라고 하니까 복잡하게 생각할 수도 있으나 그렇지 않다. 고객들이 쉽게 부담 없이 적을 수 있도록 매장의 곳곳에 비치를 하자. 어느 소매점의 경우는 고객이 머무를 수 있는 곳이면 테이블과 앙케트를 비치해 놓는다. 또 어느 점포는 계산대 앞에 앙케트를 비치해놓고 계산할 동안에 적어주도록 부탁을 하여 상품의 매입이나 전략을 수립하는 데 활용하여 좋은 성과를 거두고 있다고 한다.

여러분의 점포와 비슷한 곳이 있다면 그곳과도 차이가 있어야 한다. 그러기 위해서는 단순히 폭을 넓히는 것만으로는 아무런 의미가 없다. 잘할 수 있는 곳에 집중하여 장점을 강화하는 것이 중요하다. 좋은 서비스를 제공하기 위해서는 처음 정한대로만 될 수가 없다. 목표를 세워서 조금씩, 조금씩 수정해 가면서 성장해 가는 것이 서비스다.

뭔가를 시도하기로 정했으면 〈곧바로〉 시도해보자. 그러려면 기존에 해오던 것을 잘 버리는 정신이 있어야 한다. 더 질 높은 서비스를 제공하기 위해 여러분이 버려야 할 것은 무엇인가?

영업의 프로그래머가 되자

프로그래머의 특징은 자신이 만들어낸 프로그램에 문제가 없는지
끊임없이 연구하고, 보완해 가는 것이다.

고객들의 생활 양식이 빠르게 변해 가는 시대에 변화하지 않은
점포나 영업사원은 고객으로부터 지지를 받지 못한다. 다시 말해
서 감(感), 경험(經驗), 근성(根性) 등 3K에 의존한 영업 방식으
로는 성공할 수가 없다. 영업에서 성공하는 대 원칙은 〈어제와
같은 방법으로는 안 된다〉는 것이다.

주변에서 영업을 잘해오던 점포들이 망하는 가장 큰 이유는 취
급 제품들의 기술 진보에 의해서라기보다는 고객의 변화된 라이
프 스타일을 쫓아가지 못했기 때문이다. 고객이 점포를 방문할
때는 지난번보다 더 나은 서비스를 기대하고 오시기 때문에 지난
번과 같은 서비스를 하면 고객은 실망한다.

성공한 영업인이 되기 위해서는 끊임없이 〈더 나은 방법이 없
을까?〉를 고민할 수 있어야 하고, 고객으로부터 불만이나 제안
을 받으면 그것을 서비스로 제안할 수 있어야 한다. 컴퓨터의 소

프트웨어인 프로그램을 만들어내는 프로그래머와 같은 일을 할 수 있어야 한다. 다시 말해서 영업과 서비스업의 프로그래머가 되어야 한다. **프로그래머들의 특징은 자신이 생각하고 만들어낸 프로그램에 문제가 없는지를 끊임없이 연구하고,** 다음의 비약적인 새 프로그램을 만들어내기 위해서 끊임없이 노력한다는 것이다. 적당한 시기가 되면 자신의 가치 상승을 위해 스스로를 파괴하는 〈카니벌라이제이션〉을 통하여 성장해 간다. 예를 들면 286이 386을 잡아먹고, 386이 486을 잡아먹고, 486을 586이 잡아먹는 것과 같다.

프로그래머들의 공통적인 특징은 문제를 문제로 보는 데 그치지 않고, 소프트웨어로 본다는 것이다. 영업에서도 부딪히는 문제들을 골치 거리로만 생각하지 말고, 약간 에러가 발생한 소프트웨어라고 생각해보자. 그리고는 에러가 발생하지 않도록 끊임없이 수정과 보완, 그리고는 업그레이드를 해나가자.

고객들은 스스로의 감성을 높여갈 수 있는 점포와 거래하고 싶어한다. 이렇게 되기 위해서는 고객들에게 지도를 해줄 수 있을 정도는 되어야 한다. 서비스 좋은 점포와 영업사원의 공통적인 특징은 수준 높은 손님들이 많다는 것이다.

옷가게에도 차이가 있다. 언제나 똑같은 상태로 변화하려고 노력하지 않는 점포는 더 이상 성장할 수 없다. 손님이 이런저런 이야기를 하면 "지난번 올해 유행할 패션쇼에 갔더니 ***색과 ## 스타일이 인기를 끌 것이라고 하더군요"라는 식으로 이야기할 수 있어야 한다.

고객의 눈높이가 높아져 가는 정도에 영업사원의 서비스 실력이 쫓아가지 못하는 것이 오늘날의 현상이다. 지난번과 같이 변함 없는 서비스에 얽매이는 것이 아니라 **시대의 변화나 고객의**

요구에 금방 대응할 수 있는 서비스 실력을 길러야 한다.

진정으로 성공하는 서비스 제공자가 되려고 하면 방문하신 고객의 감성을 높여주고, 높아진 고객의 감성에 압력을 느끼면서 자신은 더 높은 서비스를 제공하기 위해 노력할 수 있는 영업, 서비스의 프로그래머라야 한다.

진정한 영업의 프로그래머가 되려면 Managing, Controlling, Organizing의 3가지가 키워드(Key Word)라고 생각한다.

① Managing의 측면에서 보면 자신의 능력을 좋은 방법으로 끊임없이 Manage해 나갈 수 있어야 한다.

② Controlling의 측면에서 보면 자신의 행동과 마음가짐을 나태하게 하거나 자만에 빠지지 않도록 적절한 긴장도를 가지고 일할 수 있도록 자신을 통제해 나갈 능력을 가져야 한다.

③ Organizing의 측면에서 보면 혼자 할 수 있는 일이란 한 가지도 없다. 영업도 영업사원 혼자서는 되는 일이 아니다. 고객이라는 상대가 있어야 한다. 좋은 상대를 많이 만들고 이를 조직화해 가는 능력을 갖추어야 한다.

주변에서 영업을 잘하고 돈을 벌어들이는 사람들을 보면 대체로 위의 3가지 요소를 골고루 갖추고 있다는 공통적인 특징을 발견할 수 있다.

정보 제공으로 고객 감동을 만들어가자

고객은 감동한 곳에서 돈을 지불할 마음을 가진다. 감동을 줌으로써 자신도
감동을 느끼는 것이 서비스업의 본질이다.

"기존 고객의 보호와 신규 고객의 개척에 대한 중요성은 충분
히 이해를 하지만 뜻대로 잘 되지 않는다. 생각대로 진행되기는
커녕 오히려 기존 고객을 라이벌 회사에 계속 빼앗기고 있다."

이렇게 탄식하는 영업사원과 관리자들을 많이 만날 수 있다.
기존 고객의 보호나 신규 고객의 개척이 뜻대로 되지 않는 이유
와 고객이 이탈되고 시장 점유율이 떨어지는 원인은 근본적인 공
통점을 가지고 있다. 그것은 전적으로 영업활동을 할 때 고객에
게 만족을 주지 못했기 때문이다.

다시 말해서 영업활동에 대한 고객의 〈불만족〉이 결과로 나타
난 것이라고 볼 수 있다.

이런 상황을 극복하려면 고객의 '지혜'가 포함된 내용들을 가
지고 고객을 설득해야만 매력이 증가되고 영업의 성공에 대한 확
률이 높아진다.

점포는 돈과 상품을 교환하는 장소지만 손님은 상품 때문에만 돈을 내는 것이 아니다.

매장은 고객의 상담 장소이므로 지금부터의 소매업에서는 고객의 체류 시간이 짧은 점포는 자동판매기에 진다. 무인점포나 자동판매기는 체류 시간이 가장 짧기 때문이다.

요즘 신문처럼 배달되는 전단이나 카드회사 등에서 공급하는 여러 가지 자료를 보면 과거와 큰 차이점을 찾을 수가 있다. 그 중의 하나가 내용의 변화라는 것이다. 과거에는 가격 위주로 판매에 급급했지만 최근에는 상품 고르는 법, 활용하는 법과 같이 고객의 생활에 필요한 정보를 실어서 보내준다. 그래서 과거의 자료들은 공급이 되자마자 할인권이나 사은품 교환권을 찾아낸 뒤 쓰레기통에 버렸지만 요즘은 도움이 되는 내용들이 많으므로 활용하기 위해서 보관하기도 한다.

점포를 정보 발신의 장소로 만들기 위해서는 고객에게 지식이나 감성을 제공할 필요가 있다. 많은 영업점에서 D/M을 만들어 활용하는데 이것이 단지 상품의 정보만을 실은 판매용으로만 치우쳐서는 안 된다. 단지 D/M이기만 한 것은 버려질 수밖에 없지만, 지식이나 감성을 흔들 수 있는 정보를 제공한 것은 버려지지 않는다.

일반 소매점에서는 '카테고리 킬러(Category Killer)'와의 차별화의 하나로서 접객이 중요시되고 있지만 그 본질을 이해하고 있는 점포가 과연 얼마나 될까? 개인적으로 업무상 많은 점포를 돌면서 판매사원이 고객과 접하는 방식을 보게 되는데, 대체로 일방적인 태도를 취하는 경우가 많다. 이렇게 하면 판매하는 측에서는 성심 성의껏 하고 있다고 생각할지 모르지만 고객의 입장에서 볼 때는 일방적으로 강매를 당하고 있다고 생각하기 쉽다. 또

무리하게 판매하려는 쪽으로 밀어붙이면 접객의 흐름이 흐트러지고 마는 경우도 흔하게 발생하므로 다음과 같이 생각해 보도록 하자.

점포를 단지 상품을 판매하는 곳이 아니라 상담을 하는 장소라고 생각하자. 그러기 위해서는 다음의 3가지를 항상 염두에 두어야 한다.

① 지난주에 상품을 구입할 생각이 없는데도 점포를 방문한 고객이 있었는가?

지나가다가 들른 손님이 없으면 상담의 장소가 될 수 없다. 구입하려는 의사가 없더라도 지나가는 길에 방문하는 손님이 있어야 한다. 고객이 부담 없이 들를 수 있는 점포를 만드는 데 주력해야 한다. 지하상가를 지나다 보면 점포 근무자가 입구에서 팔짱을 낀 채 입구에 서서 지나가는 고객들을 지켜보는 경우를 자주 볼 수 있다.

여러분이라면 그런 점포에 원하는 상품이 있다고 하여 발길이 쉽게 점포 안으로 향하겠는가? 아마도 쉽게 내키지 않을 것이다. 방문하는 손님에게 100% 판매 성공률을 기록할 수는 없지 않은가.

그렇다면 방문하는 손님들을 한 사람이라도 더 늘려야 하는 것이 중요하지 않을까?

② 구입하지 않고 상담만 하고 간 손님은 없는가?

상담만 하고 간다고 투덜대는 식의 영업을 해서는 안 된다. 고객이 구입을 결정하지 않은 이유는 그 손님에게 맞는 정확한 컨설팅이나 제안이 되지 않았기 때문이다. 이런 손님일수록 정답고, 따뜻하게 해 줄 수 있어야 한다. 그래야 다음의 기회에 자연스럽게 부탁을 해오기 때문이다. 여기서 중요한 것은 왜 그 손님이 구입을 결정하지 않고 나갔는지에 대한 원인만은 정확하게 파악하고 있어야 한다는 것이다. 다시 말해서 고객이 자신의 목표나 욕망을 실현하는 데 있어서 장애가 되는 것과 고민이나 고통을 초래하는 원인을 말한다. 이런 것을 해결하는 것이 영업하는 사람들의 과제다.

③ 여러분의 점포가 고객에게 제공하는 정보에는 어떤 것들이 있는가?

상품이 넘쳐나는 시대의 가장 기본적인 영업 방법은 판매에 급급하기보다 고객에게 도움이나 이익이 되는 정보를 제공하는 것이며, 그런 점포가 성공한다. 여러분은 고객을 향하여 어떤 정보들을 제공하며 그 정보가 고객에게 어느 정도의 효용가치가 있다고 여겨지는지 판단해보기 바란다. 고객에게 무료로라도 정보를 제공하여 상품에 대한 지식을 늘리고, 고객의 감성을 자극할 수 있는 방법을 찾아야만 한다.

수집한 정보를 정리·선별하여 생생한 정보를 고객에게 제공하는 능력도 대단히 중요하다. 마치 요리사가 만든 요리의 신선도를 유지하면서, 맛도 유지하면서, 정확하게 전달되어야 하는 것과 같다. 이를 위해서는 다음의 3대 요소로 집약할 수 있다.

첫째, 강함.

표현이 강하지 않으면 고객들에게 어필할 수 없다. 주제의 핵심을 강조하기 위해서는 표현방법, 시각적인 기술의 표현이 중요하다.

시각적인 것을 강하게 하기 위해서는 그래프, 도표가 가장 대표

적인 예이다. 표현 방법으로 강함을 표현하기 위해서는 과장하는
방법(강조), 밀어붙이는 방법(단정), 클로즈업 방법(확대), 반복하
는 방법(연호)와 같은 것들이 있다.

둘째, 직시성.
시간적으로 잘 맞아 떨어지지 않으면 대부분의 정보는 무시되
고 만다. 스피드가 중요한 것도 바로 이 타이밍을 놓치지 않기 위
해서이다.

셋째, 정확성.
정확한 표현 자칙 표현이 약해지거나 스피드를 떨어 뜨리기 쉽
다. 그 대문에 정확성을 희생시키는 사례도 많다. 고객의 입장에
서 보면 결코 가볍게 다룰 수 없는 것이 정확성이다.

원래 정보의 전달이란 매스컴의 보도나 택배처럼 정확하고 시
피디한 2대 요소가 기본이지만 여기에 [강함=Impact]이 추가되지
않으면 호소력을 얻을 수 없다.
고객에게 감동을 주는 것이 과연 영업에 얼마나 도움이 될까?
이런 얼빠진 생각을 하는 사람이야 없겠지만, 두말할 것도 없이
고객은 감동한 곳에서 돈을 지불할 마음을 가진다.
지금부터 영업사원이 할 일은 고객에게 감동을 주는 것이다.
고객에게 감동을 주는 일을 함으로써 자신도 감동을 느끼는 것이
서비스업의 본질이다.
이런 서비스를 제공하기 위해 자신이 할 수 있는 작은 일들로
는 어떤 것들이 있는지 살펴보자. 자신이 일하는 곳이 즐거운 장
소, 즐거운 사람, 즐겁게 일에 몰두할 수 있어야 한다.

공격형의 서비스를 하자

구체적인 지식·실력이 없는 채로 한다면 과거의 단순한 경험을
되풀이하는 수준밖에 안 된다.

스포츠에서 승리하는 팀의 공통적인 특징은 얻은 점수를 지키
려고 하기보다는 더욱 공격적인 플레이로 더 많은 점수를 얻으려
고 한다는 것이다. 이에 반해 역전을 당하는 팀의 특징은 얻은 점
수를 지키려고 수비에 치우쳐 플레이를 한다는 것이다.

영업의 경우도 마찬가지다. 성공한 사람들의 공통적인 특징은
자기의 조금 나아진 영업 실적에 만족하여 그것을 유지하는 데만
그치지 않고 더욱 높은 수준을 향하여 계속 활동의 범위를 높여
갔다는 것이다. 영업도 지키려고만 해서는 성공할 수 없다. 공격
하지 않으면 안 된다.

그래서 영업의 현장에서도 "앞으로는 고객을 '기다리는 영업'
이 아니라, 적극적으로 나서는 '공격형의 영업'이 필요하다", "
우리 회사도 '단골 위주의 영업'에서 탈피하여 '제안 영업'을 도
입하자"는 주장들이 등장하는 것을 보면 각 기업들이 공격형의

일을 하려고 한다는 것을 알 수 있다.

원래 서비스라고 하는 것은 지키는 것이 아니라 공격하는 것이다. 예를 들어 "경기가 회복될 때까지 좀더 상황을 지켜보자", "라이벌 회사가 하고 있는 것을 우리도 같이 한번 해보자", "가격을 낮춰보자"는 식의 수세적인 방법과 생각만으로는 이길 수가 없다.

서비스가 공격이라고 하여 고객의 마음을 상하게 할 정도로 밀어붙이거나 강매를 하라는 의미는 아니다. 공격의 대상은 고객의 마음으로 예전보다 좀더 좋은 서비스를 제공하기 위해 영업에 종사하는 사람들이 강한 의지력을 가지는 것을 의미한다. 주변의 상황이 어렵다고 하여 기가 꺾여서는 안 된다. 주변의 사람들은 어렵다고 포기해도 고객이 원하고 필요한 일이라면 "나 혼자만이라도 반드시 실천해야지" 하는 식의 강한 의지력을 가져야만 성공할 수 있다.

지금까지 우리는 "이러저러한 것을 우리는 비교적 잘해!"라는 식으로 고객이 원하는 것에 상관없이, 고객이 원하지 않는 일에 너무 많은 노력을 기울여왔다. 앞으로는 "요즘 이런 식으로 움직이니까 우리도 이렇게 해보자", "최근에 뭔가 이런 것이 유행하는 것 같으니까 이런 것을 해보자"는 식의 방법은 안 통한다. 이것은 수비 영업의 가장 대표적인 사례다. 이런 방법이 아니라 자신이 가장 잘할 수 있는 실력을 발휘하여 자신의 장점을 끝없이 높여 가는 것이 공격형의 영업이다.

공격적 영업을 하는 데 가장 큰 적은 주저함, 망설임, 습관 등과 같은 마음의 문제다. 이런 장해 요인을 뛰어넘을 수 있는 능력을 가져야 한다. 한국 사람들은 인풋(In put)은 잘하지만 아웃풋(Out put)은 서툴다. 아웃풋을 잘하기 위해서는 행동을 위한 구체적 기획력과 실행력을 가지는 것이 중요하다.

급속히 변화하는 환경에 대응하기 위해서는 무조건 열심히만 한다고 되는 것이 아니다.

다른 사람보다 한 발 앞선 공격형 영업을 하기 위해서는 준비가 필요하다. 구체적인 식견이 없는 채로 한다면 과거의 단순한 경험을 되풀이하는 수준밖에 안 된다.

그래서 최근 미국과 일본의 영업회사에서는 자기 직무분야의 기본적이고 전문적인 이론·원리를 다시 배우도록 지도하고 있는데 좋은 성과를 거두고 있다고 한다.

기본적이고 전문적인 논리·원리를 우리 주변에서는 이론적이라고 매도해 버리는 경향이 있는데, 결코 아니다. 원리·논리는 운동으로 치면 기초체력에 해당한다고 볼 수 있다.

조직 속에서 몇몇 사람들에게 그치지 않고 많은 사람들이 공유하면서 조직 전체의 스킬을 높이기 위해서는 학습 조직을 구성하여 시행해 가는 능력도 길러야 한다.

8

상대방을 이해시켜 행동하도록 하는 것이 영업이다

이해하기 쉽게 말하는 방법의 기본

들는 사람이 이해하기 쉽도록 말하는 것이 무엇보다 중요하다.

자신의 생각을, '말'이라는 방법으로 상대방에게 전달하기 위해서는, 들는 사람이 이해하기 쉬워야 한다는 것이 무엇보다 중요한 조건이다. 전문분야에서의 설명뿐만 아니라 일상생활 속에서 대화할 때도 이해하기 쉽게 이야기하기 위한 기본에는 몇 가지 공통점이 있으며 그 조건은 다음과 같다.

▶ 정확한 악센트와 억양
▶ 목소리가 명확하고 또렷할 것
▶ 들기 알맞은 말의 속도
▶ 적당한 소리 크기

말하는 방법, 즉 화법이란 사람이 태어나 2~3살 때부터 수십 년 동안, 매일 조금씩이라도 이야기를 하고 있으므로, 누구나 간단한 일이라고 느끼고 있다. 평소 아무 생각 없이 이야기를 하고 있지만, 과연 '들어주는 사람이 이해하기 쉽게 말하는' 사람이 얼마나 될까? 정말로 이해하기 쉽게 화법을 구사할 수 있는 사람은 그렇게 많지 않다.

외국어를 배울 경우에는 누구나 나름대로 특별한 노력을 기울이고 있지만, 모국어인 한국어에 대해서는 전문적으로 학습하는 경우가 거의 없다. 유아 때는 엄마를 흉내 내며 말을 배우지만, 좀 더 자라게 되면 주위 사람들의 이야기를 들으며 각기 자기 생각대로 말을 배우는 게 보통이다.

어쨌든 말하는 방법(화법)이란 것은 입학시험에도 나오지 않기 때문에 무심코 멋대로 자기 식으로 흘러버리는 경우가 많다.

이야기의 속도는 너무 빨라도, 또 너무 느려도 알아듣기 어렵다. 다만 이러한 이야기의 속도라는 것은 일률적으로 정해 놓는 것이 아니라, 그때그때의 상황에 따라 많은 차이가 난다.

예를 들어보자.

일대일로 개인적인 대화를 나누고 있을 때는 다소 말이 빨라도 이해를 할 수 있지만, 반대로 선거 때 길거리에서 후보자가 선거 유세를 할 때는 의식적으로 천천히 얘기해야 한다. 얘기를 하는 사람과 듣는 사람 간에 거리감이 있고, 특히 연설회 같은 경우 청중이 불특정 다수일 때는 반복해서 잘 알아들을 수 있도록 설명해 주는 정치인들을 많이 볼 수 있다. 그들은 오랜 경험에서 불특정 다수를 상대할 때의 효과적인 말의 속도를 터득하고 있기 때문일 것이다.

목소리 크기를 고려하며 이야기하고 있는가?

목소리의 크기에 대해서도 상황 판단이 필요하다. 상대방이 들을 수 있도록 하는 것이 가장 중요한 조건이지만, 너무 큰소리를 질러대면 그곳의 분위기를 깨뜨려 버리고 만다. 또 선천적으로 목소리가 큰 사람이 있는데 좁은 방에서 단 두 사람이 마주앉아 대화를 나누는 경우에는, 그 나름대로 목소리 조정이 필요하다. 목소리가 크다고 좋은 게 아니고, 그 상황에 맞는 적절한 목소리의 크기가 있는 것이다.

그 반대로 목소리가 작은 사람도 있는데, 강연이나 세미나 같은 모임에 초대되는 강사 중에는 장내가 소란스러우면 일부러 참석자들에게 들리지 않도록 작은 목소리로 이야기를 시작하여 참석자들이 조용해지도록 머리를 쓰는 사람도 있다. 전문분야의 설명회에서는 이런 의도적인 재주도 생각해볼 만하다. 만약 모임의 장소가 넓어 연사의 목소리가 맨 뒤까지 미치기 어렵다면, 마이크를 사용하여 문제를 해결할 수도 있다.

전문적인 제안 설명회에서는 상대방도 전문가이기 때문에 목소리만으로 연출을 하거나, 가성으로 흉내를 내거나, 또 상대방을 위협하는 과장적인 화법(話法)은 금방 참석자들에게 발각이 되고, 거부감을 주게 되므로 주의해야 한다.

전문분야에 대해서 이야기하는 법

전문분야에 대한 설명은 화술보다 내용이 중요하다.

비즈니스를 할 경우의 프리젠테이션에서는 당연히 업무에 대한 이야기나 전문분야의 내용을 다루게 되는데 그럴 경우는 단순히 달변이고 화술(話術)만 좋으면 되는 것이 아니다. 전문분야를 가지고 참석자들을 설득시키는 데 가장 중요한 것은 그 내용의 충실성이다.

내용이 빈약한 이야기를 아무리 줄줄 떠들어댄들 상대방은 쉽게 수긍해 주지 않는다. '이야기의 내용'과 '화술'을 비교한다면 이야기의 내용 쪽에 더 큰 비중을 두는 것은 당연한 일일 것이다.

전문분야에서의 설명회일 경우, 그 진행 방법은 참석자에 따라서 두 종류로 분류해볼 수 있다. 하나는 전문가를 대상으로 하는 프리젠테이션이며, 또 하나는 비전문가들도 섞여 있는 프리젠테이션의 경우이다. 전문가들끼리의 프리젠테이션에서는 그 내용이 평가 대상이 되며, 상대방도 그 분야의 전문가이기 때문에 각기 전문지식이나 경험을 바탕으로 그 프리젠테이션의 가치가 평가된다. 전문가로서 그 제안 설명을 들을 경우 뭔가 참고가 되겠다고 느낀다면, 다소 좋지 않은 말버릇이 있다 해도 그 설명회는 가치가 있다고 평가를 해 주는 것이다.

또한 실제 설명에서는 설명자 자신이 여러 가지의 것을 너무 많이 알고 있어 자신도 모르게 '이것도 얘기해 주자. 저것도 소개해 주자' 하는 식으로 될 수도 있다. 그렇게 되면, '정보 과다'라는 폐단이 나타나거나 설득의 포인트가 애매해지고, 시간이 부족하게 되고 만다. 전문가를 상대로 한 제안 설명회에 있어 가장 중요한 것은 설득의 내용을 '어느 선까지 줄일 것인가?' 하는 것이다. 설명회에서 많은 이야기를 하지 않는다는 것은 어떻게 보면 설득이라는 면에서는 반대라는 느낌이지만 오히려 이야기를 너무 많이 하여 실패하는 경우가 훨씬 많다. 필자의 경우도 강연 초창기에는 열정이 넘친 나머지 이런 오류를 많이 범한 적이 있다.

발표를 시작하기 전에 '이 이야기는 여기까지만 해야지' 하는 생각을 사전에 판단하여 내용을 요약하는 것이, 전문가를 상대로 하는 발표에서 성공하는 비결이다. 이런 경우에는 화술이 다소 서투르더라도 그렇게 문제가 되지 않는다.

설명 내용에만 국한하지 않는 화술이 기본이다

그러나 비전문가들이 섞여 있을 경우에는, 내용보다도 화술에 신경을 쓰는 것이 중요하다. 비전문가라 하더라도 그들 각자의 분야에서는 나름대로 1인자라고 생각하면 자신도 모르게 참석자들을 과대평가하여 이야기가 딱딱해지기 쉽다. 참석자를 두려워하거나 여유 있는 자세로 이야기하는 것은 참석자들에게 실례라는 생각 때문인지도 모르겠지만, 아무리 다른 분야의 전문가라 하더라도 자신의 전문분야를 벗어나면 초보자나 마찬가지이므로 참석자들을 과대평가할 필요는 없다.

오히려 참석자들의 전문분야와의 관련성을 고려하는 것이 더 중요하다. 자신의 전문분야에 관계되는 이야기가 전개되면 참석자들로서는 설사 자신의 전문분야에 대한 화제가 아니더라도, 이해를 해주고 흥미를 갖게 될 것이다.

예를 들어 최신 전자분야와 예부터 내려오는 전통공예는 전혀 이질(異質)적인 분야이지만, 도공(刀工)의 연마 방법은 최첨단 전자분야에서의 연마 방법과 분명 공통점이 있을 것이다. 이와 같이 이야기를 진행시키기 위해서는 발표자 자신의 전문분야에 대한 지식뿐만 아니라, 상대방의 전문분야는 무엇인지에 대해 다소간의 예비지식을 가질 필요가 있다.

지금까지는 프리젠테이션을 할 경우에 자신의 전문분야에 대한 지식만 있으면 충분하다고 생각되었지만, 설명을 듣는 대상이 각양각색 분야의 사람들로 확대될 경우에는 설명자 자신도 더 한층 폭넓은 지식을 갖추어야 한다. 이런 식으로 유연하게 임기응변적으로 대응함으로써 비전문가 참석자들을 설득하는 데 도움이 되는 것이다.

고객이 듣기 편한 속도로
이야기하자

미리 말한 내용의 정보량을 정해두면 고객이 듣기 편한 속도로
이야기할 수 있다.

　요즈음 라디오나 텔레비전 아나운서들이 말하는 것을 듣고 있
으면, 뭔가에 쫓기는 듯한 느낌이 든다. 정보화 시대여서, 말을
빨리 하지 않으면 많은 정보를 다 전달할 수 없다고 생각하는 듯
하다. 그러나 그렇게 말을 빨리 하게 됨으로써 내용은 알아듣기
어려워지고, '100이라는 정보 중 절반밖에 알아듣지 못하는 지
경'에 빠진다면 말을 빨리 하는 것은 아무 의미도 없게 된다. 그
렇다면 차라리 처음부터 전체의 양을 줄여서 '80만큼의 정보량을
100퍼센트 이해하도록 하는 편'이 훨씬 나을 것이다.

　설명과 발표에서 화법의 포인트는 '이것만은 반드시 이해해 주
었으면 하는 점을 미리 정해두는 것'이 그 비결이며, 그러기 위해
서는 먼저 전체적인 정보량을 제한해야 한다.

　말을 빨리 하는 버릇을 고치는 것은 그렇게 어려운 일이 아니
라고 생각하는 사람이 있을지도 모르지만 '누구나 일곱 가지 버

롯은 있다' 는 말처럼 말버릇을 고치기란 의외로 어려워 평소에 주의를 기울일 필요가 있다. 빠른 말 중에서도 가장 듣기 어려운 말은, 이야기에 단락이 없는 사람의 말이다. 이러한 사람의 경우에는 정보량이 많아서, 알아듣는 것만도 여간 힘든 일이 아니다.

말을 빨리 한다고 해도 이야기 중간 중간에 '쩜' 이 있으면 다소 듣기 쉬워진다. 그 이유는 1분간의 정보량으로 계산했을 때, '쩜' 이 있는 만큼 정보량이 줄어들기 때문이다. 말의 순간 속도가 빨라도, 전체적인 정보량이 적다면 내용을 이해하는 데 여유가 생기는 것이다.

이렇게 '이야기의 쩜' 을 능숙하게 조절해 가면 참석자들이 이해하기는 쉬워지지만, 실제로 이 '쩜' 이라는 것은 대단히 어려운 과제다. 만담가들도 '마(摩)' 라고 할 정도로 이 '쩜' 때문에 고생하고 있는 듯한데, 이러한 '쩜' 을 능숙하게 둘 수 있게 된다면 과연 명인(名人)이라고 할 수 있을 것이다. 이처럼 말의 전문가인 만담가들도 애를 먹을 정도의 과제이므로 이야기에 대해 전문적인 훈련을 받지 않은 우리 일반 발표자들의 경우에는 이 문제를 해결하는 것이 그리 쉬운 일은 아니다.

말의 속도를 체크한다

말을 빨리 하는가 아닌가 하는 것은 1분 동안에 몇 문자를 이야기하는가를 기록해 보면 쉽게 계산할 수 있다. 또 한 가지 중요한 점은 이야기의 분량과 함께, 정보의 질이라고 할 수 있는 '밀도'다. 내용이 어렵고 수준이 높은 경우에는 같은 정보량이라 하더라도 이해도 면에서는 상당한 차이가 나타난다. 때문에 단순히 문자 수만을 비교하여 말이 빠르다, 아니다 하고 따지는 것은 반드시 옳다고 할 수는 없다.

　TV 탤런트가 하는 말의 경우에는 내용적으로 그다지 중요한 게 아니기 때문에 말이 빠르더라도 부분적으로 알아들으면 될 정도로 흘려듣고 있다. 그러나 전문적인 설명의 경우는 부분적으로만 이해할 수 있으면 되는 것이 아니며 내용 전체를 이해해야 비로소 설명자의 역할을 다하는 것이다. 그래서 말이 빠르다 어떻다 판단하는 경우, 정보의 '양'과 '질' 모두를 고려해 볼 필요가 있다.

　일반적으로 말을 빨리 하는 사람은 발음에도 문제가 있는 경우가 많다. 예를 들면 '말이 또렷하지 못하다'든가, '발음이 명확하지 않다'는 식의 부수(付隨)되는 과제를 안고 있는 경우가 많은 듯하다. '계란이 먼저냐, 닭이 먼저냐?'하는 문제와 마찬가지로 '말이 빠르므로 발음이 명확하지 않는 것'인지, '발음이 모호하니까 말이 빨라지는 것'인지는 판단할 수 없지만, 대개 두 가지 결점을 모두 가지고 있는 사람이 많다. 어쨌든 알아듣기 어려운 결점을 두 가지 다 가지고 있는 사람의 이야기는 듣는 사람이 저항감을 느낄 수밖에 없다.

오해가 생기지 않게 이야기하는 법을 익히자

외래어나 외국어를 잘못 쓰면 자칫 오해를 불러일으킬 수도 있다.

전자나 컴퓨터 소프트웨어의 시스템 공학과 같은 전문분야에서는 어쩔 수 없이 외래어로 된 전문 용어를 많이 쓰게 되는데, 이러한 전문분야에서 특수한 전문 용어를 사용하는 것은 그 분야 성격상 어쩔 수 없을 것이다. 만일 그러한 외래어를 쓰지 않고 누구나 쉽게 이해할 수 있는 평범한 말로 바꾸려고 한다면, 오히려 이해하기 어렵고 혼란만 초래할 수도 있다.

예를 들어 최근 많이 듣게 되는 '트렌드(Trend)' 라는 말이 있다. 만약 여성의 복장 디자인과 같은 대화에서 '금년 가을의 트렌드'라고 한다면, 이 트렌드는 '유행'을 의미하는 것이지만, 도표에서 '선 그래프의 변화'를 볼 경우 트렌드는 통상적으로 '추세'라는 의미로 사용되고 있다.

'트렌드' 라고 한 마디로 말하면 모든 의미가 포함되지만, 만약 한국어로 문장을 쓸 경우에는 '추세', '유행', '경향', '풍조',

'동향', '방향' 으로 나누어 쓰는 것이 보통이다. 따라서 어느 단어를 택하느냐는 문장의 내용이나 앞뒤의 문맥을 살펴보고 가장 적절한 단어를 선택해야 한다.

이와 같이 하나의 표현으로 모든 것을 나타내는 것은 언뜻 간단하고 편리해 보이지만 간편한 말만 골라 사용하다 보면, 시간이 흐르면서 '한국어가 서툴러질' 우려가 있다.

한국어를 사용할 때 섣불리 다른 단어로 바꾸어 쓰게 되면 당연히 의미가 통하지 않게 되므로, 한국어로 문장을 쓸 때 외래어를 너무 많이 쓰게 되면 청중을 설득하는 데 그리 효과적이라고 할 수는 없다. 왜냐하면 경우에 따라서는 듣는 사람을 혼란에 빠뜨릴 가능성도 있기 때문이다.

'트렌드' 이외에 요즈음 '고객의 입장에서 보면 트러블이...' 라든가, '문제를 클리어한다' 든가, '어바웃' 과 같은 말을 자주 듣게 된다. 한국인이 쓰는 외국어이므로 다소간의 엉터리 표현도 이해해 주리라 생각은 하지만, 외국인이 모국어를 사용할 때도 역시 나름대로 신경을 쓰고 있을 것이다. 그런 까닭에 외국어로부터 전래된 외래어라고 해서 적당히 써도 좋다는 것은 있을 수 없는 일이다.

모든 외래어를 일률적으로 배척한다는 단순한 논리가 아니라, 정확한 한국어를 구사할 수 없게 되기 때문에 주의해야 한다는 뜻이다. 제안 설명을 할 때도 중요한 역할을 하는 것이 어휘이기 때문에 지나치다 싶을 정도로 세심한 주의를 기울여도 잘못이라고 할 수는 없다.

우리나라에서는 한 마디로 외래어라고 해도 영어뿐만이 아니다. 때로는 프랑스어도 있고, 독일어도 있으므로 더욱 혼란을 초래하고 있다고 생각한다. 영어는 외래어로 쓰면 되고, 다른 외래어는 안 된다고 하는 것이 아니라 모든 외국어를 가지고 표시하는 것을 우려해야 한다는 말이다.

많은 외래어 중에는 한국어보다 내용을 적절히 표현해 주는 단어도 없는 것은 아니지만, 그러한 경우에도 일단은 한국어로 표현한다면 어떠한 단어가 적합한지 생각해 보는 것이 중요하다. 한국어로도 표현을 할 수 있지만, 여기서는 역시 외래어로 쓰는 편이 그 내용에 딱 들어맞는다고 한다면 그때 사용해야 한다는 말이다.

정보 전달은 팸플릿이나 매뉴얼과 같이 문자로 표현하는 경우와 설명자에 의한 방법이 있지만, 기술적으로는 각각 다른 점이 약간씩 있다.

문자를 읽을 경우에는 시각적으로 나타나는 효과를 얻을 수 있으므로 내용적으로 난해한 부분은 천천히 읽는다든가, 다시 읽어 본다든가, 혹은 장황한 부분은 건너뛰는 식으로 읽는 사람의 페이스로 자유롭게 읽어갈 수가 있다. 반면 이야기하는 말의 경우에는 설명하는 사람의 말에 의존하기 때문에 우선 정확한 악센트와 억양을 구사할 수 있어야 한다. 정확한 발음뿐만 아니라 거꾸로 질문을 받거나 엉뚱한 의미로 받아들여지는 점에 대해서도 신경을 쓸 필요가 있다. 왜냐하면 말에는 오해를 불러오기 쉬운 요소가 많이 있기 때문이다.

특히 상대방의 오해를 일으키지 않는 단어를 선택하는 것은, 설명자의 어휘력이 풍부한지 어떤지 하는 교양과 지성이 관련되게 마련이다. 이때 필요한 것은 '얼마나 유창하게 말을 하는가?'보다는, 상대방의 수준이나 생활 경험을 고려하여 다른 표현을 구사할 수 있는 '바꾸어 말하는 능력'인 것이다.

오해를 불러일으키기 쉬운 단어를 다른 표현으로 바꾸려면, 우선 다양한 단어를 알고 있어야 한다. 10개의 단어를 알고 있는 사람보다 20개의 단어를 알고 있는 사람이 바꾸어 말하기가 쉬울 테니까 어휘력이 풍부한 사람이 유리한 것은 당연한 일이다. 아울러 다른 단어로 바꾸어 표현할 뿐만 아니라, 완전히 다른 단어로 바꿀 수 있는 것도 중요한 능력이다.

오해를 불러올 수도 있는 표현 중에는, 각각의 분야에 따라 같은 단어가 전혀 다른 의미로 사용되는 경우도 있다. 예를 들면, '래핑(Wrapping)'이라는 말은 제지 관련 분야에서는 상품 포장지라는 의미로 사용되지만 공작기계와 같은 정밀가공 분야에서는 최종 마무리 단계인 연마의 의미로 사용되고 있다. 그렇기 때문에 각각의 전문 용어의 특성에 대해서도 고려해 두지 않으면 뜻하지 않은 곳에서 실수를 하게 될지도 모른다.

이러한 기본들은 항상 '듣는 사람이 충분히 이해를 하고 있을까?' 하는 의문을 갖는 데서부터 시작되며 상대방을 배려하거나 신경을 씀으로써 표현에 대해 연구하게 되는 것이다.

이해하기 쉽도록 하는 표현법을 연구하자

이해하기 쉬운 표현법을 사용하려면 평소에 연구하고 익혀둘 필요가 있다.

신제품 발표회 장소에서, "지금부터 이번에 새로 개발한 제품에 대해 설명을 드리도록 하겠습니다"라는 말을 한다. 이와 같은 표현이 일반적이라는 생각도 들지만 말하고자 하는 취지는 같더라도 '설명' 보다는 '소개' 나 '안내' 라는 다른 표현도 생각해 볼 수 있다. 여기서는 세 가지 표현을 예로 들었지만 그 뜻하는 바는 큰 차이가 없을 것이다.

그때그때의 분위기나 상대방의 수준, 설명하는 상품의 특징에 따라 적당히 구분하여 쓰고 있는 게 현실이다.

어떠한 단어를 사용하든 자유이지만 어떤 단어를 선택하는가는 설명하는 사람의 언어 능력이나 교양을 나타내주므로 역시 신경을 써야 하는 것이다. 이와 같이 같은 내용으로 같은 의미를 갖는 단어라도 여러 가지 표현을 생각해 볼 수 있는데, 이때 필요한 것은 설명하는 사람이 표현 방법을 많이 알고 있느냐 하는 점이다. 만약 한 가지 표현밖에 알지 못한다면, 어쩔 수 없이 그 단어만을 쓸 수밖에 없기 때문이다.

예를 들어 초등학교 1학년 학생에게 한 자리 숫자 산수를 가르칠 경우, 일반적으로 선생님은 칠판에 '2+3=?'라고 써놓고 누군가에게 답을 물어볼 것이다. 그러나 그 아이는 과연 정말 이 문제를 계산하지 못했을까? 만약 다른 표현으로 질문을 받았다면 질문의 의미를 이해하고 정답을 말했을지도 모른다.

'2+3=?' 같은 질문을 성인들에게는 지극히 간단한 산수라도 칠판에 써놓고 여러 가지 표현 방법을 생각해 볼 수 있을 것이다. 예를 들어 보자,

"2더하기 3은?"

"2에다 3을 더하면?"

"2에다 3은?"

"2와 3의 합계는?"

"2와 3의 합은?"

이와 같은 말을 이용한 여러 가지 표현도 내용은 다 마찬가지다. 칠판에 '2+3=?'라고 써놓고 질문을 받으면 답을 못하는 학생도 "사과 두 개와 밀감 세 개가 있으면 전부 몇 개지?" 하는 식으로 질문 방법을 바꾸면, "전부 다섯 개"라고 대답을 하는 아이들도 나올 것이다.

설사 사과 두 개와 밀감 세 개라고 질문을 하더라도 기본적으로 한 자리 숫자 산수를 하지 못한다면 분명 그 합계를 낼 수는 없을 테지만 한 자리 숫자 산수를 못할 리는 없고, '선생님이 칠판에 써놓은 표현이 익숙지 않은' 것이지, 결코 산수를 이해하지 못하는 것은 아니다.

이때 아이들이 선생님에게 "저는… 식으로 배우고 싶어요!"라

고 말하진 않는다. 이러한 질문을 할 수 있는 아이는 분명 그 내용을 이미 이해하고 있는 것이다. 따라서 선생님은 한 가지 방법으로 지도(指導)해보고 이해를 하지 못하는 학생이 있으면, 같은 내용을 다른 표현을 써서 지도해보는 연구가 필요하다.

'완전히 같은 내용에 대한 설명을 몇 가지 표현으로 설명할 수 있는가?'를 가끔 테스트해 보자. 막상 설명에 임해서 여러 가지 표현을 생각해낸다는 것은 그리 쉬운 일이 아니므로, 평소에 그와 같은 연구에 힘쓰는 것이 중요하다. 표현 방법을 풍부하게 하기 위해서는 동의어 사전을 가끔씩 펼쳐보는 것도 참고가 된다. 그런 다음 단어를 구사하는 노력을 평상시부터 연습해 두어야 한다.

연습의 예를 들면, 텔레비전을 보면서 아나운서나 탤런트의 말 중에 거슬리는 표현이 있으면 "나 같으면 이런 식으로 표현하겠다. 그러는 편이 더 이해하기 쉽겠지?" 하고 생각하는 것도 좋은 공부가 된다.

물론 다른 사람의 훌륭한 표현을 듣게 되면 그 말을 기억해 두었다가 자신이 사용해 보는 것도 효과적인 공부 방법의 하나다.

시간이 날 때마다 TV 등에 출연하는 유명인의 특강 프로그램 같은 것을 보고 이야기하는 방법, 내용을 전개해가는 요령, 적절하게 제스처를 활용하는 요령 등을 간접적으로 배우는 것도 좋을 것이다.

공감대를 형성하는 사례의 설명

실례와 사례에 대한 설명이야말로 참석자들을 이해시키는 열쇠다.

　실무 세계에서는 좋든 나쁘든 실리적인 사고가 강하게 자리하고 있다. 아무리 도움이 되는 내용의 이야기라도 자신이나 자기 회사에 도움이 되지 않는 이야기에는 귀를 기울이려 하지 않는다. 가장 관심을 많이 나타내는 내용은 자신에게 관계되는 분야에서의 실질적인 이야기다. 예를 들면 QC(품질관리)나 VA(가치공학)와 같은 생산 관리 운동을 소개하는데도, 그 분야의 일반적인 이론만을 설명해 봐야 '강 건너 불구경' 식으로 밖에 받아들이지 않는다. 그러나 같은 업종의 A사가 작년부터 전사적인 TQC(종합품질관리) 활동을 전개하여 연간 60억 원의 이익을 냈다는 내용의 이야기를 해준다면 적극적인 반응을 보일 것이다.

　이와 같이 책에 나와 있는 이론도 중요하지만 그 이론이 현장에서 어떠한 가치를 창출하는가 하는 실례(實例)를 들어 설명을 덧붙여 주면 그 설명회는 더욱 활기를 띠게 될 것이다.

현장 상황에 밝다는 것은 실무 세계에 대한 설명회를 성공하게 해주는 비결이다. 단순히 전문서적을 들쳐보는 탁상공론(卓上空論)이 아니라 실제로 현장 경험을 쌓아야 청중들을 이해시키기가 쉬울 것이다. 현장 상황에 정통하기 위해서는 기본적인 이론을 배경으로 하여 동시에 많은 현장 경험과 관찰을 거듭해 나가는 것이 중요하다.

현장이란 좀처럼 탁상공론대로는 되지 않는다. 전문서적에 나와 있는 내용은 어디까지나 일반론일 뿐이며, 기본에 지나지 않는다. 반면 사례(事例)라는 것은 실제로 일어난 일이기 때문에 현장에서 체험을 하는 것이 우선 첫 번째 조건이다. 평소 자주 현장에 가보지 않는 사람은 좀처럼 생생한 현장 정보를 얻을 수 없다.

그러나 언제나 사례가 제안과 설명을 하는 데 가장 좋은 방법은 아니다. 사례란 어디까지나 어떤 특정 상황 하에서 일어난 일이므로 그러한 조건에 대해서도 고려할 필요가 있다. 발표, 설명 등에서 사례를 활용한 경우의 성공 조건은 다음과 같다.

(1) 그 테마에 대한 기본적인 이론을 숙지할 것.
(2) 충분한 사례를 알고 있을 것.
(3) 각 사례의 배경이 되는 '상황 판단'을 해 둘 것.
(4) 특정 사례를 그대로 소개하는 것이 아니라, 청중이 실감 있게 느낄 수 있도록 각색할 것.

예를 들면 사무기기 메이커에 대한 이야기에 관심을 갖는 것은 지극히 당연한 일이다. 그러나 다른 회사 생산관리 부문에서의 QC 활동에 대해 같은 생산관리 담당자는 흥미를 가지지만, 아무리 같은 업종이라 해도 영업을 담당하는 사람들에게는 적당한 사례라고 할 수 없다. 만약 그와 같은 경우에는 생명보험과 같은 타 업계의 영업에 관한 이야기를 해주는 편이 훨씬 친밀감을 가지게 될 것이다. 단순히 같은 업종에서의 사례니까 참고가 되겠지 하는 판단은 대단히 위험하다. 사무기기 업계나 컴퓨터의 소프트웨어 업계와 같은 분야가 아니라, 생산관리나 영업, 총무와 같은 업무 분야에서 생각하는 편이 친근감 있는 화제가 될 수도 있다. 이런 식으로 다양한 요소를 판단하여 가장 알맞은 사례를 소개하는 것이 설득 효과를 높이는 조건이 된다.

실례(實例)와 사례(事例)에 대한 설명이야말로 참석자들을 이해시키는 열쇠인데, 설명에서 사례를 소개할 때 주의해야 할 점은 '어느 정도 구체적인 숫자나 회사 이름을 밝혀야 하는가?'이다. 사내(社內)의 연구소와 같은 비공식적인 장소에서 어디까지나 여기에서만의 비밀 이야기라는 조건이라면 다소간의 비밀은 문제가 되지 않겠지만 불특정 다수를 상대로 할 때는 신문이나 잡지에 이미 발표된 사실 이외의 내용은 조심을 해야 한다. 만일 꼭 밝혀야 할 경우에는 미리 정보원의 양해를 얻어 두는 것이 예의일 것이다.

숫자를 가지고 설명하는 법

구체적인 수치를 가지고 설명하면 관심과 흥미를 끌 수 있다.

이야기를 할 때는 대충 제시하는 것이 아니라 항상 숫자를 이용하여 구체적으로 제시하는 것이 습관화 되어 있어야 한다. 예를 들면 "많이 판매 되었습니다"가 아니라 "본 상품은 발매 후 2년 간 6만 대가 팔렸습니다만 경쟁사인 S사의 상품은 3만 대 정도밖에 판매되지 않았습니다"와 같이 숫자를 활용하면 큰 성과를 얻을 수 있다.

사례를 소개할 경우에는 그 내용에 따라 숫자를 활용하면 좋은 결과를 가져올 수 있는데 그 대표적인 예는 다음과 같이 크게 두 가지로 나눌 수 있다.

(1) 생산성, 성능과 같은 것을 구체적인 수치로 소개함.
(2) 제안 활동이나 경비 절감에 대한 전사적(全社的)인 활동을 소개함.

어떠한 동기로 이 운동이 시작되고 이 운동을 촉진하기 위한 사내 체제는 어떤 식으로 되어 있는지 사원들의 의식은 어떤 식으로 변화하고 있는지 등의 정보 소개는 앞으로 이 운동을 도입하려고 하는 기업의 관계자들에게는 대단히 참고가 될 것이다.

다만 상품 개발이나 생산 라인에서의 개선 제안에 관해서는 그 구체적인 내용을 섣불리 소개하면 경우에 따라서는 기업 비밀에 저촉될 수도 있으므로 그 이외의 부분에 대한 소개에 그치고 구체적인 연마제의 종류나 성질에 대해서는 설사 알고 있다 하다라도 언급하지 않는 편이 무난하다. 이야기에 구체성이 없으면 듣는 사람의 입장에서는 다소 불만이 남지만 그 부분에 대한 제한은 기업 윤리의 범주로 생각해야 할 것이다.

또한 듣는 사람은 운동의 구체적인 성과인 수치를 듣고 싶어 하는데 확실히 그 수치가 이 운동에서 가장 흥미로운 부분일 것이다. 그러나 앞으로 이러한 운동을 실시하려고 하는 기업에게 중요한 것은 결과로서의 다른 회사 성과가 아니라 그 운동의 실행 방법이라고 하겠다. 그러한 개선 운동으로 수천만 원의 계약을 체결했다는 이야기도 흥미롭지만 그보다 정말 중요한 것은 그 목표에 이르기까지의 과정이다. 그렇게 생각한다면 결과로 나타나는 수치를 생략해도 그리 마이너스는 되지 않을 것이다.

설명에서 사례를 소개하는 중에 구체적인 수치가 없으면 무의미한 경우도 있다. 예를 들어 신제품의 성능이나 총 매출 중에 차지하는 상품별 매출액 구성비와 같은 경우에는 구체적인 수치가 없으면 듣는 사람의 흥미를 끌 수가 없다. 카메라의 몸체가 예전의 플라스틱에서 티탄으로 바뀌었다는 정보뿐이라면, 단순히 그 소재에 대한 소개만으로 좋겠지만 A사(社)의 면도기 날의 두께가 60미크론(μ)인 데 반해, B사의 신제품에는 40미크론 짜리의 면도

날을 개발했다는 정보에서는 그 구체적인 수치가 없으면 정보로서의 가치가 없는 것이다.

사내의 극히 제한된 범위의 장소는 모르겠지만 어느 정도 공개된 장소에서는 구체적인 수치를 다른 표현으로 바꾸는 편이 무난할 것이다. 표현을 바꾸는 방법으로는 40미크론이라는 구체적인 날의 두께를 나타내는 게 아니라, 기존의 제품보다 30퍼센트가 개선되었다고 하는 식으로 양자를 비교하여 소개하는 방법도 생각해 볼 수 있다. 또 반도체 가격의 변화에 대해서도 발매 당시에는 4만 원이었던 것이 2년 후에는 1만 원으로 떨어졌다고 표현하기보다 2년 후에는 발매 당시 가격의 25%선까지 하락했다고 표현해도 내용적으로는 부정확한 것이 없다.

제안 제도에 있어서는 결과적으로 효율화의 수치에 큰 의미가 있으며 어느 분야인가 하는 것은 그 다음 문제라고 한다면 다른 분야의 이야기로 바꾸어 설명해도 괜찮다. 예를 들면 카메라 업계라는 구체적인 분야를 언급하면 물의를 일으킬 수 있을 때는, 사무기기 메이커와 같은 다른 업계로 바꾸어 설명하면 문제는 없어진다. 수치는 구체적인 정보이므로 그 숫자를 날조하게 되면 정보로서 문제가 발생한다. 그러나 만약, 분야를 바꾸어도 상관이 없다면 사례의 내용으로서는 그리 부정확해지지 않는다. 이러한 부분에 대한 요령은 설명하는 사람이 사전에 염두에 두는 것이 좋다. 아무리 해도 업체를 바꾸어 설명할 수가 없다면 회사명을 A사 또는 B사와 같이 문자화하는 것도 문제 발생을 피하는 방법의 하나다.

데이터 활용을 잘하는 표현 방법

숫자와 데이터를 비유적으로 사용하려면 사전 준비가 중요하다.

숫자는 제시하기만 하면 되는 것이 아니라 구체적인 데이터를 근거로 제시해야만 한다.

설명에 포함시키는 정보의 내용이 정확하기만 하면 상대방이 납득할 거라고 단정하는 것은 좀 경솔한 판단이며, 전문적인 프리젠테이션에서는 데이터나 사례의 내용이 정확해야 한다는 것은 당연한 일이다.

그러나 정확한 데이터를 소개했다고 해서 반드시 상대방이 이해를 하고 수긍하는 것은 아니다. 정확한 데이터나 사례를 '상대방이 쉽게 이해할 수 있도록 연구, 즉 가공할' 필요가 있다. 예를 들어 '6월, 7월, 8월의 여름 석 달 동안의 맥주 소비량은 약 170만 킬로리터'라는 데이터는 통계 자료로서는 정확할지 모르지만 일반인들에게는 그러한 엄청난 수치는 피부에 와 닿지 않을 것이다.

이러한 경우 '여름 석 달 동안의 맥주 소비량은 잠실체육관의 3

배 분량'이라고 설명을 하면 대단한 양이라고 생각하게 된다. 사실 '잠실체육관의 3배 분량'이라고 해도 실제로 실감할 수 없지만 그래도 많은 양이라는 것을 느낄 수는 있다. 상대방이 전문가인 경우에는 데이터만 소개해도 이해를 하겠지만 비전문가들은 보통 그러한 데이터가 의미하는 바를 잘 이해하지 못한다. 그래서 '잠실체육관의 3배 분량'이라는 표현을 사용함으로써 양(量)이 많다는 것을 청중들이 느낄 수 있게 하는 이러한 표현을 '비유'의 전형이라고 하는 것이다.

'비유(比喩)'는 비전문가를 상대로 하는 프리젠테이션의 경우에 더욱 효과를 발휘하는데 비유법을 사용할 때는 현장에서의 즉흥적인 생각으로는 좀처럼 좋은 아이디어가 떠오르지 않으며 역시 사전 준비가 중요하다. 프리젠테이션의 내용을 구성할 때 어떤 데이터를 활용할 것인가, 또는 어떤 사례를 소개할 것인가 생각하게 되기 때문에 그러한 준비와 병행하여 비유에 대해서도 어떻게 표현할 것인지 생각해 두는 것이 비유를 훌륭하게 활용할 수 있는 비결이다. 또한 비유의 대상이 되는 것은 맥주 소비량과 같은 수치만이 아니라 사례도 그 대상이 될 수 있다. 다만 비유를 활용하는 조건으로는 이 경우에도 청중들의 생활 체험 속에서 그 소재를 고르는 것이 중요하다. 모처럼 비유법을 활용한다 해도 그 내용이 상대방과 거기라 먼 이야기라면 이해하기도 힘들고 효과도 기대하기 어렵다.

숫자를 비유적으로 설명하는 예는 자주 접하게 되는데 예를 들면 '자동차의 연간 생산 대수는 한 줄로 세워 놓으면 지구를 몇 바퀴 돌 정도이다'라거나 '일년 간 소비하는 가정용 세제 박스를 옆으로 쌓아 올리면 남산타워 높이의 몇 배가 된다'는 식의 표현이다. 실제로는 그러한 표현을 들어도 정확히 이해되지는 않지만 그 양이 많다는 것은 어렴풋이 피부로 느낄 수 있다. 이 경우의 비유는 데이터로서의 정확성이 아니라 '많다' 고 느끼게 하는 것이므로 그 목적을 달성했다고 할 수 있을 것이다. 그러므로 데이터의 내용을 이미지화하기 쉬운 비유를 생각해야 한다.

비유를 한다고 하여 모두가 좋은 것만은 아니다. 잘못하면 오히려 품위를 떨어뜨리는 경우가 생기므로 품위를 잃지 않는 비유가 중요하다.

수치 이외의 비유는 언뜻 들으면 상당히 표현이 거칠어지기 쉬우므로 품위를 잃지 않도록 배려하는 것이 중요하다. 모처럼 비유 방법에 대해 연구를 하여 사용을 해도 상대방의 반감을 사서는 아무런 의미가 없으므로 비전문가들이 재미있게 듣고 수용을 해 줄 수 있는 비유가 이상적이다.

숫자의 의미를 알기 쉽게 설명한다

전문적인 설명이라도 비유를 잘 활용하면 이해하기 쉽게 되는 경우가 있는데 특히 참석자들 중에 비전문가들이 섞여 있을 때는 그 효과가 더욱 높다. 참석자들이 전부 전문가들이라면 말투와 같은 표현 방법보다는 그 내용이 중요하며 어느 정도 전문 지식이나 관련 지식을 가지고 있다면 다소 표현이 서투르더라도 커버해 주지만 비전문가들인 경우에는 그 분야에서는 당연하고 상식적인 내용도 모르고 있는 경우가 있다. 이러한 경우에 비유 방법은 더욱 설득 효과를 높여준다.

비유 방법에 대한 연구로는 여러 가지 형태를 생각할 수 있겠지만 숫자를 다루는 경우로서는 흔히 보험 판매원이 '한 달 보험료는 25,000원입니다' 라는 설명에 대해, 고객이 '요즘 생활비로는 매달 25,000원이라고 하면 좀 힘들겠다'고 느끼는 금액도 식사 한번 값이라는 얘길 들으면 왠지 그리 큰 금액으로 느껴지지 않은 것이다. 같은 액수라도 설명 방법에 따라서는 훨씬 받아들이기 쉽게 느껴지는 것이 바로 비유의 효과이자 목적인 것이다.

비유적으로 숫자를 사용할 경우에는 적게 느껴지도록 하는 경우와 거꾸로 크게 느껴지도록 하는 경우가 있다. 숫자를 크게 느껴지도록 할 경우에는 한 개보다는 여러 개를 묶어서 하면 효과가 더 크다. 예를 들어 실내 조명기구를 판매하는 경우에 전력의 소비를 줄일 수 있다는 것을 강조할 경우에는 한 개보다는 건물 전체, 혹은 집 전체 조명 숫자를 이야기하면 성과는 훨씬 높아진다.

"이번에 새로 나온 조명기구를 사용하면 기존의 제품보다 25퍼센트나 전기를 절약할 수 있습니다."

이렇게 설명할 경우에도 한 대당 한 달 전기료 10,000원의 25퍼센트라고 하면 불과 2,500원에 지나지 않지만, 건물 전체에 전등이 20개라든가, 200개라는 단위가 되면 같은 25퍼센트라고 하더라도 수십만 원에서 수백만 원이라는 큰 금액이 된다. 또한 실제로 건물 전체로 계산하여 매달 전기요금을 지불하고 있기 때문에, 이러한 계산 방법이 훨씬 설득력이 있다고 할 수 있다. 제품 설명 팸플릿에는 제품의 규격이라든지 전등 하나당 조도와 소비 전력과 같은 자세한 수치가 나열되어 있지만, 그것을 다시 한번 계산을 해서 상대방이 이해하기 쉽도록 표현하는 방법을 연구하는 것도 비유의 범주에 속한다.

설명회 중에 비유법을 활용할 때 유의해야 할 점은 상대방의 생활 체험 속에서 사례를 인용하는 것이 중요하며, 상대방에게 초점을 맞추는 것이 첫째 조건이다.

데이터의 가치를 높여 주는 평가 척도(尺度)

팸플릿이나 카탈로그에 게재되어 있는 데이터를 소개할 때는 데이터의 숫자 가치를 판단할 수 있는 '평가 척도'를 설명해 주어야 한다. '이 재료의 38미크론(μ)이라는 수치는, 동종업계의 다른 회사 제품들보다 두께가 절반밖에 되지 않습니다'와 같은 설명을 덧붙여야 비로소 그 제품의 특징을 이해할 수 있는 것이다.

일반적으로 미크론 단위의 수치라면 왠지 대단히 정밀도가 높은 듯 생각되지만 상세한 숫자만이 높은 정밀도를 나타내주는 것이 아니고, 상품에 따라서는 미크론(μ)의 1,000배인 밀리미터(mm)라도 정밀도가 높은 경우도 있으며, 센티미터(cm) 단위라도 제품의 우수성을 나타낼 수 있는 경우가 있다.

예를 들면 초정밀 분야의 제품 검사에서는 미크론이나 서브미크론 단위로 검사가 이루어지지만 화장실에서 쓰는 위생도기와 같은 분야에서는 그 소성정밀도(燒成精密度)가 완성품의 수 퍼센트라도 통과되고, 제품의 크기가 1미터라면 수 센티미터 단위로 검사가 이루어진다.

이런 식으로 데이터의 가치는 각 분야에 따라 크게 달라진다. 예를 들어 인공위성으로 잘 알려져 있는 미국의 NASA(미 항공우주국)에 관련된 분야에서는 요구되는 정밀도가 파이브나인(five nine)이라든가 텐나인(ten nine)과 같이 '99.999…' 식으로 '9'가 5개나 10개씩 붙은 수준의 정밀도가 요구된다.

우리의 일상생활 속에서는 99퍼센트라고 하면 대단히 정밀도가 높은 것으로 여겨지지만 NASA에서는 도저히 통할 수 없는 낮은 수준인 것이다.

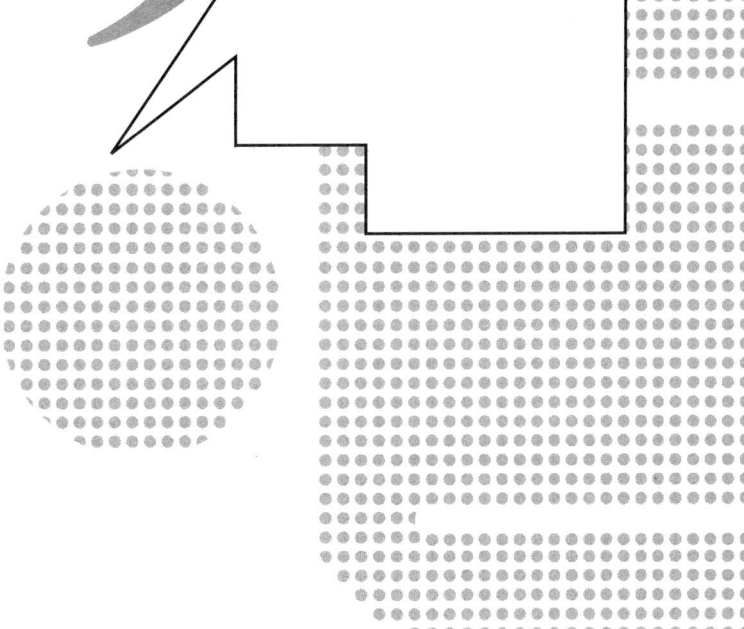

9

프로야구 선수와
슈퍼 점원에게서
배우는 자기 개혁

프랭크 베드카는 좌절한
야구선수였다

수준 높은 활동을 위해서는 스킬도 중요하지만 마음가짐도 중요하다.

　　수준 높은 영업과 서비스를 제공하는 방법들에 관하여 이런저런 **이야기를 했는데 지금부터는 그러한 「스킬」이 아니고 행동으로 옮길 때의 마음가짐, 즉 「마음의 부분」을 설명**하기 위해 내가 해외에서 받은 세미나 중에서 가장 인상 깊었던 사례 한 가지를 소개하고자 한다.

　　여기서 소개하고자 하는 사람은 미국의 보험영업 계에서 유명한 프랭크 베드카라는 보험 세일즈맨으로서 억만장자가 된 사람이다. 「나는 이렇게 해서 판매 외교에 성공했다」라는 베스트셀러를 써서 미국과 일본에서도 유명한 보험 판매의 베테랑이다.

　　그는 원래 프로야구 선수였다. 프로야구라고 해도 이른바 마이너리그인 펜실바니아 2군의 투수로 활약했다. 활약이라고 해도 2군에서 대충대충 연습을 했기 때문에 실력 부족으로 방출을 당하고 말았다. 어느 날 감독이 불러서는 "자네는 내일부터 오지 말게"라는 통보를 받았던 것이다.

프랭크 베드카는 울면서 시카고 외곽의 집으로 돌아가서 슈퍼마켓 일을 도와주고 있었는데, 슈퍼마켓 일을 도와주면서 "야구를 하고 싶다", "나는 야구에 적성이 맞기 때문에 야구를 하고 싶다"고 매일 생각했다. 그러던 중 세인트루이스의 새로운 구단으로부터 전화가 걸려와 곧바로 짐을 챙겨서 피츠버그로 날아갔다.

피츠버그로 가는 기차 안에서 그는 열심히 생각했다. 전 팀인 펜실바니아 2군에서는 대충대충 하여 중도하차를 했기 때문에 "세인트루이스에서는 목숨을 걸고 열심히 하자"고 결심을 했다. 그리고 다음날 구단 사무소에서 계약을 마치고 유니폼을 받아 처음 연습에 들어갔다.

달리기를 할 때도 가장 앞에서 뛰면서 큰소리로 기합을 넣고 수비 훈련을 할 때도 헤드슬라이딩을 하면서 열심히 훈련을 했다. 내야 땅볼을 쳤을 때도 열심히 달려서 1루를 밟고 돌아왔다. 외야 플라이를 쳐도 혹시 외야수가 실수할지도 모른다고 생각해서 열심히 1루를 지나서 2루 베이스까지 밟고 돌아왔다. 전력 투구, 전력 질주를 하며 열심히 플레이를 했다. 큰소리를 내면서 남보다 2배, 3배 노력했다.

그때 우연히 지방지의 신문기자가 그것을 목격하고는 "아니, 올해는 대단한 신인이 들어왔네요?"라고 감독에게 축하 인사를 했다. 다음날 지방지의 스포츠 란에 「유망 신인 나타나다! 프랭크 입단」이라고 1면에 큰 제목으로 실렸다. 그 기사를 읽은 독자들은 프랭크가 어떤 사람인지 궁금하여 그 다음날 연습장에 몰려들었다. 덕분에 프랭크는 너무 바빴다. 그 다음날도 열심히 플레이를 하지 않으면 안 되었고, 그 다음날도, 그 다음날도 팬들이 보러 오기 때문에 무리를 해서라도 열심히 플레이를 했다.

그러자 점점 인정을 받게 되고 마침내는 1군으로 승격되어 레귤러 선수가 되었다. 2루수로 세인트루이스에서 실적을 쌓아 마침내 대 스타 대열에 낄 무렵, 불운하게도 오른팔이 골절되었다. 공을 던질 때의 탄력 때문에 팔이 부러진 것이다. 지금으로부터 50년 전쯤의 이야기이기 때문에 팔이 부러졌다면 다시는 야구선수를 할 수 없었다. 그는 다시 방출되어 울면서 시카고 외곽의 집으로 돌아왔다. 그래서 그는 너무나 절망한 나머지 다시 슈퍼마켓 일을 도와주지도 못하고, 아무 일도 할 수 없었다. 어쩔 수 없이 "보험이라도 할까?"라는 기분으로 보험회사의 세일즈맨으로서 출발한 것이다.

기운 있는 '척'을 하자

프랭크는 내키지 않는 기분으로 시작했지만 전혀 보험 세일즈 실적이 없었다. 그것은 당연했다. 며칠 전까지 야구만 하던 남자가 보험 영업이 쉽게 될 리가 없었다. 어디를 가든 문전박대였다.

"실례합니다. 프랭크라고 합니다. 보험이 필요하지 않으세요?"

이런 식으로 접근을 하면 거의 대부분의 고객은 "저희는 됐습니다" 하는 대답뿐이었다. 다음 고객을 방문해도 "실례합니다… 예, 안 됩니까?" 전부 문전박대. "보험"이라고 입만 떼면 모두 "됐습니다"라고 대답하는 것을 듣고는 "예, 그렇습니까?"라는 인사를 하고 집으로 돌아왔다. 열 집을 가도 백 집을 가도 2백 집을 가도 전부 문전박대를 당했다. 보험 세일즈맨을 시작했지만 전혀 실적이 없어서 "어떻게 하면 좋을까?" 하고 고객 방문 노이로제 직전까지 몰려갔다.

"어떻게 할까?"

착잡한 생각에 사로잡혀 버스 정류장 옆을 걷고 있는데 신문이 한 장 떨어져 있었다. 그래서 무심코 그 신문을 주워서 읽어 봤는데 「화술교실 세일즈맨 양성 코스」라는 광고가 눈에 띄었다.

"나는 세일즈맨으로서는 완전히 불합격인데, 나 같은 사람도 세일즈맨이 될 수 있을까? 양성 과정의 강의나 받아볼까?"

이렇게 마음먹은 프랭크는 세미나에 참석하려고 마음먹고 저금을 털어서 델 카네기 코스에 신청을 했다. 처음에는 중간 참가이기 때문에 거절을 당했다.

"프랭크 베드카 씨, 이미 수업이 시작되었으니까 내년 3월에 다시 와주세요."

"그게 곤란합니다. 저는 세일즈 공부를 하고 싶습니다. 좀 부탁드리겠습니다."

프랭크 베드카는 물러서지 않고 울면서 부탁하다시피 하여 마침내 특별 케이스로 세미나 참가를 인정받았다. 첫날 프랭크는 가장 뒷자리에 앉았다. 그때 선생님은 유명한 델 카네기 자신이었다. 델 카네기가 수강생들에게 프랭크를 다음과 같이 소개했다.

"여러분, 오늘은 세인트루이스의 2루수였고 현재 보험 세일즈맨인 프랭크 베드카 군이 이 반에 등록했습니다. 프랭크, 앞으로 나와서 인사 한 마디 부탁해요."

프랭크 베드카는 주저하면서 앞으로 나왔다.

"여러분 안녕하세요. 저, 저는 프랭크입니다. 저, 저는 야구를 하고 있었는데…그, 그게 안 되어서 저, 저 그게…"

프랭크는 작은 목소리로 더듬거리면서 말을 이어가기 시작했다. 그러자 델 카네기 선생이 말했다.

"프랭크 조금 큰소리로 이야기해주세요."

"예, 선생님이 말씀하시는 것은 알겠는데… 저는 야구를 하지 못하게 되었고, 보험도 전혀 안 되고 하여 의욕이 없어서… 그것은 무립니다."

"무리라도 좋으니까 큰 소리로 말해보세요."

"그게 힘들다니까요. 저는 보험도 전혀 잘 안 되고…."

"프랭크 부탁이니까 얼굴을 들고 말하세요."

"무슨 말씀인지는 알겠지만 창피해서 얼굴을 들 수가 없어요."

"프랭크, 얼굴을 들고 큰소리로 말하라니까!"

"그게… 얼굴을 들 수 없다니까요!"

"당신은 지금 얼굴을 들고 큰소리로 이야기하지 않았습니까?"

거기서 베드카는 깨닫게 되었다. 다시 말하면 자신은 "안 된다", "안 된다"라고만 생각하고 있어서 안되었던 것이다. 스스로 "불가능하지 않을까" 하고 생각해서 하지 않았다는 사실을 자각했다. 큰소리를 내지 못했던 것이 아니라 내지 않았던 것이다. 얼굴을 들지 못했던 것이 아니라 단지 들지 않았던 것이다. 여기서 그는 얼굴을 들려고만 했으면 얼마든지 들 수 있다는 것을 알게 되었다.

"그렇구나, 나는 스스로 내 마음을 속박하고 있었구나."

베드카는 그것을 알고 그 쇠사슬을 끊으려고 했다. 누가 끊어주는 것이 아니라 스스로 끊을 수밖에 없어서, 그 다음날부터 그는 의식적으로 그런 「척」 자기 최면을 걸었다. 기운이 나지 않는 것이 아니라 내지 않았던 것이었기 때문에 "기운을 내자. 억지로라도 내자"고 다짐하며 억지로 기운 있는 「척」을 한 것이다.

아침에 샤워를 할 때 "좋아, 오늘은 기운을 내야지. 힘내자!", "큰소리로 인사를 하자, 큰소리로 인사를 하자, 오늘의 목표는 큰소리로 인사를 하는 거다. 큰소리로… 큰 소리로… 정열 있는 행동이다. 힘차게 행동하고 큰소리로 기운차게 해보자."

그렇게 자신의 마음속에 다짐을 하면서 손님을 방문했다.

"안녕하세요. 프랭크 베드카입니다. 저는 지금 야구를 그만두고서 아주 멋있는 일을 하고 있습니다. 그것은 보험 업무입니다. 부탁드립니다. 5분만 시간을 주십시오. 이야기를 해드리겠습니다."

다음 손님을 방문해서도 씩씩하게 말했다.

"안녕하십니까. 프랭크라고 합니다. 지금 저는 야구를 그만두고서 멋있는 일을 하고 있습니다. 5분만 시간을 주십시오. 좋은 이야기를 해드리겠습니다."

"안녕하세요. 오늘은 당신과 친구가 되기 위해서 왔습니다. 앞으로의 인생을 즐겁게 이야기합시다."

이런 식으로 항상 적극적인 태도로 밝게 활동을 했다. 처음에는 고통이었지만, 일주일, 2주일, 3주일 지나자 그것이 자연스럽게 되었고 언제 어디를 가든지 자신감 넘치는 태도로 기운차게 행동하게 되었다. 프랭크 베드카는 이렇게 하는 과정 속에서 자신의 성격이 변했다는 것을 알게 되었다.

프랭크는 "좋아, 이번 주는 웃자. 웃자, 웃자. 이것을 목표로 하자!" 하는 식으로 아침에 일어나서 샤워를 하면서, "히히, 히히, 좋은 일이 일어날 꺼야. 히히히히." 다짐을 하고 나오면 항상 기쁜 듯이 생글거리며 기분 좋게 웃는 얼굴로 고객을 만날 수 있었다. 띵똥! 문을 열어주면 활짝 웃으면서 "프랭크 베드카입니다" 하고 웃는 얼굴을 보여주는 일을 3주간 계속했다. 그러자 언제 어디서든 친밀함이 들어간 웃음을 지을 수 있게 되었다.

이렇게 해서 프랭크 베드카는 3주간씩 목표를 가지고 자신의 성격을 서서히 바꾸었다고 한다.

사물을 긍정적으로 보는 자세

그는 만년에 「프랭크 베드카의 13항목」이라는 책에서 13가지의 좋은 성격을 몸에 익히는 방법을 정리했다. 우선 제1항목은 〈정열, 정열 있는 행동과 말〉. 이것을 무리해서라도 자신에게 말한다. "정열 있는 행동을 하자! 정열 있는 행동을 하자!"라고. 그런 행동을 3주간 계속한다.

그 다음 3주간은 제2항목의 〈긍정적 말과 행동〉. 다시 말하면 부정어, 금지어를 사용하지 않는다. "불가능하다", "무리야" 하는 식의 말을 그만두고 "나는 할 수 있다"라고 항상 긍정적으로 말한다. "보험은 팔리지 않는다"가 아니라 "틀림없이 팔린다"는 식으로 긍정적인 말과 행동을 했다고 한다.

이것에 관해서는 프로야구에도 아주 재미있는 이야기가 있다. 결승전에서 9회 투 아웃 풀 베이스, 안타 하나면 역전의 찬스가 왔다. 그리고 A선수에게 타선이 돌아왔다. 그가 안타를 쳐내면 처음으로 한국시리즈 우승을 할 수 있는 것이다.

A선수는 역시 심장이 두근거린다. 이런 때는 어느 구단이든지 감독이 불러서 한 마디 충고를 한다. 이때 어떤 식으로 어드바이스를 하는가에 따라서 좋은 감독, 나쁜 감독, 보통의 감독으로 나눈다.

보통 감독은 A선수를 불러서 "편안히 하고 갔다 와라", "힘내라" 또는 "열심히 해라"라는 말을 한다. 그러나 "편안히 하고 와라"라는 말은 좋은 충고라고 할 수 없다. 왜냐하면 A선수는 마음을 안정시켜야만 한다. 흥분해서는 안 된다. 긴장해서는 안 된다. 힘을 빼자고 자신에게 충분히 말하고 있기 때문에 쓸데없는 말을 들으면 오히려 긴장하고 만다. 그렇기 때문에 그다지 좋은 감독은 아니다.

　나쁜 감독은 A선수를 불러서 "알겠지? 너 말이야 낮은 볼에 손을 대지마. 오늘 투수는 낮은 볼이 아주 빠르니까 손을 대서는 안 돼. 특히 너는 낮은 볼에서 자주 삼진을 당하니까 조심해"라는 식으로 어드바이스를 한다. 이런 스타일은 나쁜 감독이다. 왜냐하면 그 말을 들은 선수는 "예, 알겠습니다. 낮은 볼에는 손을 대지 않겠습니다"라는 생각으로 타석에 들어선다. 머리 속은 낮은 볼로 가득 찬다.

　"낮은 볼, 낮은 볼… 아, 왔다. 낮은 볼에 나가서는 안 된다."

　2구째도 낮은 볼.

　"나가서는 안 돼."

　3구째도 그렇게 되어 버려 3구 3진으로 끝나버린다. 핀치히터로 나가 배트 한번 휘두르지 못하고 돌아오는 선수를 종종 볼 수가 있는데 그것은 아마 코치한테 그런 충고를 받았기 때문일지도 모른다.

　좋은 감독은 긍정적인 말과 행동을 하는 감독이다. 부정어, 금지어, "안 된다"는 말을 하지 않는 감독이다. 그는 A선수를 불러서 이렇게 충고한다.

　"좋아, 높은 공이 오면 맘껏 휘둘러라. 너는 높은 공에 강하니까 힘껏 휘둘러라. 눈을 감아도 좋으니까 높은 공이 오면 휘둘러라."

　A선수는 "예, 알겠습니다. 높은 공이죠?"라면서 타석에 들어선다. 그리고 자신도 모르게 높은 공을 끌어당겨 친다. 실제로 그 선수는 제1구를 쳐내서 2루타를 만들고 그 팀을 우승으로 이끌게 된다.

　여기에 긍정적인 말과 행동의 중요함이 있다. 부정적 금지어를 사용해서 "안 된다", "안 된다"라고 말하면 반드시 안 되는 방향으로 간다. "할 수 있다", "할 수 있다"고 하면 반드시 할 수 있는 방향으로 간다. 프랭크 베드카는 그것을 알고 있었던 것이다. 그렇기 때문에 사물을 항상 긍정적으로 보는 태도를 목표로 삼았던 것이다.

미국의 미네소타에서 빨갛고 탐스럽게 익은 사과를 수확하는 계절이 되었다. 사과가 알맞게 익어 마침내 수확을 시작하려고 할 때, 30년만의 기상 이변으로 우박이 쏟아져 2센티, 3센티나 되는 큰 우박이 사과를 무차별 폭격했다. 사과는 전부 상처투성이이 되어서 시커먼 자국이 났다.

"큰일났다. 다음주면 마침내 수확이었는데, 이래서는 팔 곳이 없어지고 만다. 돼지 먹이로라도 팔 수밖에 없다. 양돈업자에게 부탁해서 돼지 먹이로 사용해달라고 해보자. 그럴 경우 수확 단가는 1/4, 1/5로 공짜나 마찬가진데… 어떻게 하지?"

과수원 사람들은 이렇게 낙심을 하고 있었다. 이때 한 청년이 나와서 말했다.

"이건 어쩌면 팔릴지도 모르니까 한번 해보죠."

청년의 말에도 다른 사람들은 모두 손사래를 치며 말했다.

"안 돼, 안 돼, 말도 안 되는 소리야."

진정으로 용기 있는 사람은 이런 때 "아닙니다. 가능할지도 몰라요. 한번 해보죠"라고 말하는 것이다. 그는 그 다음날 시장에 그 사과를 가지고 가서 안내 문구를 작성해 붙였다.

"30년만의 우박에 맞은 보기 드문 사과! 자연의 혜택을 듬뿍 받은 맛있는 사과입니다. 그 증거로 이 검은 반점을 봐주세요. 이것은 30년만의 우박에 맞은 아주 보기 드문 사과입니다."

그러자 놀랍게도 순식간에 팔려나갔다. 이것도 사물을 긍정적으로, 적극적으로 보는 것의 중요성을 이야기한 사례라고 할 수 있다.

형성된 제2의 성격

「프랭크 베드카의 13항목」의 제3항목은 〈무엇을 할 것인가?〉 라는 목표를 명확하게 하는 것이다.

제4항목은 〈질문할 것〉.

자신이 너무 많이 말을 해서 손님에게 질문하는 것을 잊어버린다. 쓸데없는 말을 해버린다. 그것을 피하기 위해서는 손님에게 마음으로부터 관심을 기울이고 질문을 해야 한다. 세일즈맨으로서 상대방이 말하게 하는 습관을 몸에 익히라고 하는 것이니까 제4항목의 목표는 어쨌든 〈상대에게 질문을 계속하는 것〉이다.

제5항목은 〈칭찬을 할 것〉.

손님의 좋은 점을 마음으로부터 칭찬할 것. 손님과 만나기 전에, "이번에 그녀와 만나면 무슨 칭찬을 할까", "그 사람과 만나면 무엇을 칭찬할까?"라고 미리 생각한다. 항상 좋은 점을 찾으려고 하고, 좋은 점을 찾으려고 하는 기분으로 상대방을 대한다. 칭찬 받고 화낼 사람은 없을 테니까 만나는 순간 순간에 칭찬을 한다.

제6항목은 〈침묵하는 것〉이다.

말이 너무 많은 세일즈맨은 상대방이 싫증을 내는 경우가 있다. 그렇기 때문에 말하고 싶은 것을 꾹 참고 상대방이 말을 하게 해야 한다. 상대방의 고민도 들어주려는 식으로 듣는 사람이 되는 것을 목표로 한다. 침묵이라고 해서 그냥 가만히 있는 것이 아니다. 상대의 이야기를 잘 들어야 한다. 눈맞춤을 하고, 맞장구를 치는 등 상대가 이야기하기 쉬운 분위기를 만들어야 한다는 것이다.

제7항목의 목표는 〈정중하고 성실한 태도로 대하는 것〉.

신뢰할 가치가 있는 말과 행동, 부드러움, 성실함을 지니자는 뜻이다. 가벼운 행동이나 재미없는 농담은 그만두고 항상 상대방의 입장에 서서 성실하게 행동한다. 억지로라도 좋으니까 그런 행동을 하고 그렇게 생각하도록 노력하는 것이다.

제8항목은 〈지식을 가질 것〉.

상품에 관한 지식. 자신의 사업이나 업무에 관한 지식의 습득을 주간 목표로 해서 열거했다.

제9항목은 〈감사할 것〉.

마음으로부터의 감사와 바른 평가. 상대에 대해서 무슨 일이든지 감사하자. 만약 팔리지 않아도 자신 때문에 시간을 내준 10분 동안 너무나 고마웠다고 감사를 하자.

제10항목은 〈미소〉.

언제 어디서나 상대방에게 행복감을 줄 수 있는 미소를 익히자. 그것을 주간 목표로 했다. 미소라는 것은 인간 관계에 아주 중요한 것이라고 한다. 미시건 대학의 실험심리학자인 J·V·맥코넬은 "미소는 인간의 가장 중요한 자산 중 하나다. 찡그린 얼굴은 정신적 오염, 공해다"라고 말할 정도다. 그리고 재미있는 실례를 들고 있는데, 찡그린 얼굴로 치료하는 의사는 웃으면서 치료하는 정감 있는 의사와 비교할 때 2배나 더 많은 의료 분쟁으로 재판에 고소당한다는 것이다.

집 근처에 F소아과라는 병원과 M내과라는 병원이 있는데 F소아과는 언제나 만원이다. 며칠 전에도 둘째가 독감에 걸려서 F소아과에 갔다. 언제나 만원이기 때문에 1시간 정도 기다렸다. 그래도 어머님들은 아이들을 그곳에 데리고 온다. 왜냐하면 F선생은 언제나 웃으면서 환자를 보기 때문이다. 그 병원에 가면 F선생이 언제나 웃으면서 이야기한다.

"채윤이 왔어! 잘 지내니? 너 어디가 아파 왔어? 감기 걸리지 않도록 유치원 갔다 오면 손발 씻고, 잠잘 때는 이불을 잘 덮고 자야지. 어머니, 걱정하지 마세요. 곧 나을 겁니다. 주사 놔드리고 약 드릴 테니 걱정 마세요."

그래서 아주 인기가 있다.

하지만 그 근처의 M내과는 환자가 거의 없다. 그곳은 의사와 간호원의 웃음이 전혀 없다. 한 마디로 표현하면 손님에게 쌀쌀맞다. 그곳에 가서 "머리가 아프거든요"라고 말하면 "예, 그럼 약을 드리겠습니다"로 끝나고, "열이 있고, 콧물이 나옵니다"라고 하면 "아, 감기로군요. 약을 드리겠습니다"로 끝이다.

의료 기술은 어느 쪽이 위일지 모르지만, 그러나 분명하게 다른 점이 있다면 한쪽은 웃고 한쪽은 웃지 않는다는 것이다. 그리고 한쪽은 명의로 불리고, 한쪽은 돌팔이로 불리고 있다. 바로 웃음이 얼마나 중요한지를 설명해주는 단적인 사례다.

이것은 미국의 자료지만, 아이들의 비행으로 곤란해하는 부모의 80%는 습관적으로 웃지 않는다는 재미있는 데이터도 있다. 그렇기 때문에 아이들에게는 항상 웃으면서 대하는 것이 중요하다. 프랭크 베드카는 그러한 〈웃음〉이라는 목표를 가지고 있었던 것이다.

제11항목은 〈이름을 기억하는 것〉이다.

타인에게 관심을 가지기 위해서는 우선 〈이름을 기억할 것〉. 이름을 기억한다는 것은 "당신은 나에게 이름을 기억할 정도로 중요한 존재입니다"라는 최초의 의사 표시가 된다. 이름을 기억하지 못한다는 것은 "당신은 기억할 만한 가치가 있는 친구는 아니다"라는 것과 같은 의미라고 볼 수 있다. 어쨌든 한번 만났던 사람의 이름을 꼭 기억하자. "안녕하세요"라고만 하지 말고 "아무개 씨, 안녕하세요"라고 말하자. 그러한 형태로 항상 상대의 이름을 기억하고, 활용하는 것을 목표로 한 것이다.

제12항목은 〈서비스〉다.

상대방의 입장에 선 서비스를 제공하려고 한다. 상대방에게 대가를 요구하지 않고 마음으로부터 봉사하는 것, 그것을 신조로 했다.

제13항목은 〈시간 관리〉다.

행동의 계획을 세워서 낭비되는 시간을 배제하고 시간의 효율적인 활용을 목표로 했다. 세일즈맨에게 가장 중요한 것은 시간이다. 시간 계획을 세워 그 계획에 따라서 실천할 수 있어야 한다.

이렇게 프랭크 베드카는 제1항목부터 제13항목까지의 많은 목표를 가지고서 3주간에 1항목씩 중점적으로 실천하고 39주에 한 사이클이 끝나는 자기 훈련을 평생 계속했다.

프랭크는 그것에 관해서 "처음에는 이것들을 실천하는 것이 무척 어려웠는데 억지로라도 하는 동안에 그것이 점점 무리가 아니고 자연스럽게 가능해졌습니다. 그게 저의 제2의 성격이 되었습니다"라고 주변 사람들에게 이야기했다.

그리고 그가 남긴 재미있고 중요한 말을 소개해 보면 다음과 같다.

"나는 지금까지 나 자신이 이렇다고 생각했기 때문에 현재 이렇게 되어 있습니다 그렇기 때문에 여러분 자신을 바꾸기 위해서는 자기 자신에 대한 여러분의 태도를 바꿀 필요가 있습니다."

이런 프랭크 베드카의 13항목은 원래 벤자민 프랭클린이 실행했던 것으로 「벤자민 프랭클린 자서전」에 적혀 있던 사항을 프랭크 베드카 스타일로 대체한 것이라고 한다. 프랭크는 이 13항목

하나하나를 명함 크기의 종이에 써서 그 중요한 원리와 해설을 메모해두고 매일 몇 번씩 그것을 지갑에서 꺼내 읽었다고 한다.

3주간 계속하면 습관이 된다

인간은 같은 것을 3주간 반복하면 그것이 습관이 되고 성격으로 바뀐다. 예를 들면 담배를 끊는 경우에도 처음 1주일은 무척 힘들지도 모르지만 2주일 참고 3주일을 참으면 그 사람은 그것이 습관으로 굳어서 담배를 끊을 수 있다고 한다. 그래서 나는 〈3주간의 습관 형성〉의 실행을 자신 있게 추천한다.

사람은 누구나 성공할 수 있는 가능성을 가지고 있다. 폴 파카라는 미국의 저명한 컨설턴트는 "인간은 가지고 있는 능력의 22%밖에 사용하지 못한다. 나머지 78%는 사용되지 않고 그냥 잠자고 있다"고 한다. 그의 말에 의하면 "이론적으로는 현재 업무의 약 3.5배까지는 가능하며, 78%는 잠재능력으로서 당신의 머리 속에 아직 남아 있다"는 것이다. 그것을 조금만 더 활용하면 누구든지 성공할 수 있는 가능성이 나온다. 우리도 프랭크 베드카처럼 자신의 행동 변혁 목표를 가지고 매주 계획을 세워 실천을 계속해 나간다면 성공의 가능성은 점점 커진다고 확신한다.

슈퍼 점원에게 배우는 삶의 방정식

돈 받고 하는 일이라면 그 몫만큼은 반드시 해야 한다.
〈싱글배거〉보다는 〈더블배거〉로 하자.

부정적 생각에서 긍정적 생각으로 바꾸는 것만으로는 안 되기 때문에 자신의 행동 자체를 바꾸어야 한다. 어떻게 바뀌어야 할까? 또 어떤 식으로 바뀌어 가야 할까? 내가 미국에서 대형 슈퍼 스토어에 관한 현장조사와 연구를 할 때 실제로 보고 느낀 것을 근거로 여러분이 자주 들르는 슈퍼에서 자주 일어나는 일과 비교하면서 구체적으로 설명해 보고자 한다.

아주 알기 쉽게 〈싱글 배거〉와 〈더블 배거〉로 나누었는데 이것은 아주 중요한 포인트이므로 여러분의 일상 생활을 한번 조명해 보기 바란다.

배거(Bagger)란 어떤 일을 하는 사람들인가 하면 〈고객이 구입한 물건에 대해 계산을 끝낸 다음 백(Bag)에 넣어주는 사람〉을 말한다. 슈퍼뿐만 아니라 서점 등 판매장에서는 자주 대할 수 있는 사람들이다. 여러분이 슈퍼에서 물건을 구입한 후 계산을 끝내면 물건을 봉투에 담아주면서 "여기 있습니다"라고 말하면서 건네주는, 한 마디로 아주 단조롭고 귀찮은 일을 하는 사람들이다.

여러분이 만약 이런 일을 한다면 기분이 어떨까? 즐거울까, 즐겁지 않을까? 아마도 그다지 즐겁지는 않을 것이다. 이런 일을 하는 사람들을 보면 일이 단조롭기 때문에 임금도 낮고 아르바이트를 하는 젊은 사람들이 많은 것 같다. 슈퍼의 일 중에서 가장 재미없는 업무일 것이라고 생각된다.

그래서인지 유심히 관찰해보면 대부분의 배거들은 아주 재미없는 얼굴 표정을 하고서는 "남이 산 물건을 내가 왜 봉투에 넣어주어야 하지?", "하필이면 이런 일이 왜 나에게 걸려서…"라는 식으로 제멋대로 일하는 경우가 많다.

"나는 재치도 있고 계산도 잘하는데 이런 재미없는 일을 하게 되다니, 더구나 보너스도 없는 임시직이라니…"

이런 말을 속으로 중얼중얼 하면서 싫은 표정을 지으며 일을 하고 있는 것이다. 이런 마음을 가지고 있으므로 고객이 구입한 물건을 봉투에 집어넣을 때도 당연히 정성이라고는 하나도 없다. 예를 들면 무겁고 깨지지 않을 물건은 아래에, 가볍고 물기 있고 깨지기 쉬운 물건은 위에 놓아야 하는데도 자기 마음대로 집어넣고 싶은 대로 집어넣는다. 물기가 있거나 깨지기 쉬운 물건, 또는 지나치게 무게가 나가는 물건은 봉투를 하나 더 사용하여 손님이 불편을 느끼지 않도록 해주어야 하는데도 자기 편한 대로 고집스럽게 한 개의 봉투만 쓴다. 또 고객이 줄을 서서 기다리고 있으면 신속한 일 처리로 기다리는 고객의 숫자를 줄여야 함에도 이런 것에는 전혀 아랑곳하지 않고 자기 스타일을 고집한다.

그러면 이것을 보다 못한 앞쪽의 계산원이 "아무개 씨, 손님이 많이 기다리고 있으니까 조금 빨리빨리 해!"라고 주의를 주고 부탁을 하면 손님들이 있는데도 불구하고 아주 쌀쌀맞게 "알았어요. 지금 빨리빨리 하고 있잖아요?"라는 식의 말대꾸까지 한다. 정말로 건방지고 버릇없는 근무 태도다. 자신이 실수를 해도 손님에게 "불편을 드려 죄송하다"는 사과의 말은 전혀 없을 뿐만 아니라 밝은 표정과 인사하는 모습도 좀처럼 찾아보기 힘들다.

그래서 나는 이런 타입으로 일하는 사람들을 고객의 편리와는 상관없이 자신이 편한 대로 봉투를 하나만 사용하여 일을 처리하기 때문에 〈싱글 배거〉라고 이름을 붙여 부르고 있다.

싱글 배거와 더블 배거의 생활 방식

똑같은 일을 하지만 앞에서 소개한 싱글 배거와는 전혀 다른 방식으로 일하는 사람도 있다.

그런 사람들은 싱글 배거와는 다르게 자신이 하는 일에 있어서 뚜렷한 목표와 철학을 가지고 있다. 이들은 앞에서 말한 싱글 배거가 하릴없이 노느니 시간 보내기 위한 방법으로 하는 데 비해 어차피 내가 선택한 일, 지금 당장 해야 하는 일이니 만큼 이 일에 머물지 않고 미래에는 이것보다 높은 일을 하고 싶다는 생각으로 열심히 일하는 것이다.

예를 들면 지금 내가 하고 있는 일이 다른 사람이 보기에는 아주 하찮고 귀찮은 일일지 모르지만 이 일이 바탕이 되어 다음의 내 목표인 점장, 관리자가 되었을 때 소중한 경험이 될 것이라는 생각 아래 남보다 더 부지런히, 열심히 한다는 것이다. 현재 하고 있는 일에 만족 또는 불만족을 표시하기 전에 미래를 위해 무엇이든 경험해둘 필요가 있다는 생각에 의욕적으로 일하는 타입이다.

이 사람들의 공통적인 특징은 급여가 낮다고 투덜거리기 전에 해야 할 일이라면 더 열심히, 더 부지런히 한다는 것이다. 더구나 자신의 업무가 고객을 맨 마지막에 대하는 일이라는 사실을 잊지 않으면서. 손님들을 밝은 표정으로 대하고 한 사람 한 사람의 손님들에게 반드시 정성스럽게 인사도 하면서 "적어도 우리 상권에서는 최고로 꼽는 배거가 되어야지" 하는 생각으로 일한다.

이런 사람들은 앞에서 설명한 싱글 배거와는 무엇이 다를까?

고객을 대하는 표정이 밝고 항상 상냥한 말투로 고객에게 인사를 한다. 고객에게 말을 건넨다든지 하는 행위를 통하여 진심으로 고객을 환영하고 감사한다는 마음을 잘 표현하고 있다. 고객이 구입한 물건을 봉투에 넣어주는 단순한 일이지만 고객의 입장을 생각해서 무겁고 딱딱한 물건부터, 들기 쉽게, 형태가 망가지지 않도록 채워 넣는다. 물기가 있는 상품은 물기가 배나가지 않도록 한번 더 봉투를 한다든지, 구입한 물건의 수량이 많으면 봉지를 이중으로 만들어 밑이 빠지지 않도록 배려를 한다. 물건을 봉투에 넣는 일을 하면서도 "아무개 씨, 오늘 자동차 운전해서 오셨어요? 오늘따라 차가 많이 밀리던데 안전 운전하십시오", "매번 우리 점포를 이용해 주셔서 고맙습니다", "어제 아드님하고 외출하시는 것 같던데 잘 다녀오셨습니까?"라는 식으로 친절하게 말을 건네면서 좋은 관계를 맺으려고 노력한다.

나는 이런 타입으로 일하는 사람들을 더블 배거(Double Bagger)라고 부른다. 싱글 배거가 고객의 편리와는 상관없이 자신의 편리대로 일하는 데 비해 더블 배거는 자신이 조금 귀찮더라도 고객을 위해 봉투 2개를 활용하여 밑이 빠지지 않도록 한다든지, 물기가 스며들지 않도록 배려한다든지 하는 자세에 착안하여 더블 배거라고 부르게 된 것이다.

이것은 단순히 봉투를 이중으로 사용한다는 의미만이 아니다.

우리가 생활하거나 업무를 대하는 방식에서 싱글 배거 또는 더블 배거와 비교할 만한 사람이 있다는 것이다.

여러분이 고객이라면 어느 쪽의 스타일을 좋아할까? 당연히 더블 배거일 것이다. 나는 여기서 단순히 슈퍼 점원의 일하는 스타일을 이야기하고자 하는 것이 아니라 우리 모두에게 공통되는 생활과 업무의 방식에 대해 이야기하고자 하는 것이다.

어느 스타일이든 상관없는 자유인가?

얼마 전 어느 기업체 신입사원 세미나에서 〈싱글 배거〉와 〈더블 배거〉에 대해 실감나는 실연을 통해 설명을 했다. 설명을 마친 후 앞쪽 중앙에 앉아 있는 수강생 한 사람에게 "아무개 씨가 생각하기에는 어느 쪽이 좋다고 생각하십니까?" 하고 물어보았다.

대부분이 대학이나 대학원 졸업자들이었다. 나의 질문을 받은 사람은 잠시 생각한 후에 "어느 쪽이든 괜찮은 것 아닙니까?" 하고 되묻는 바람에 나는 깜짝 놀랐다. 그래서 다시 "왜 그렇게 생각하십니까?"라고 물어보았더니 그 사람의 말은 "개인의 생활 방식은 그 사람 개인의 자유입니다"라고 하는 것이었다.

여러분, 정말로 개인의 생활 방식은 자유일까? 학생 시절에는 자유로울 수도 있다. 왜냐하면 자신이 돈을 지불하고 학교로부터 수업을 받는 것이기 때문에 수업에 참석하지 않더라도 손해보는 것은 자기 자신일 뿐이다. 따라서 무엇이든 자기 마음대로 해도 좋다.

그러나 회사는 다르다. 학생 시절이 돈을 내는 데 비해 **회사 생활은 돈을 받고 하는 것이다. 돈을 받고 있는 이상은 그 몫만큼 일을 해야 할 의무가 있다.** 그러므로 "내 자유니까 오늘은 오후 2

시에 출근하겠다", "내 자유니까 오늘은 쉬겠다"는 식이 되어서는 안 된다. 이 신입사원은 그것을 모르고 있었다.

만약 이런 사람이 고객과 상담을 하는 부서에 근무한다면 어떻게 될까? 고객이 방문을 해도 "오늘은 컨디션이 좋지 않으니까 내일 오세요"라든지, 아니면 귀찮은 일이라고 하여 대충대충 무성의로 고객을 대할 것이다. 그 결과는 고객들로부터 신뢰감이 떨어지면서 큰 위기를 초래하게 될 것이다. 이런 식으로 고객을 대하는 사람이 바로 싱글 배거다.

직장인이 되면 생활의 방식은 자유가 아니다. 그 신입사원은 "각자의 생활 스타일은 자유다"라고 했지만 나는 그런 생각이 본인을 위해서도 좋지 않을 뿐만 아니라 자기가 속한 회사를 위해서는 더더욱 안 된다고 생각하여 잘못된 인식임을 자세히 설명해 주었다.

우리는 싱글 배거가 아니라 더블 배거로서 생활해야 한다.

이 세상을 둘러볼 때 어느 타입이 많을까? 나는 더블 배거보다 싱글 배거 스타일이 아직은 더 많다고 생각한다. 택시를 타면 더블 배거의 기사 분도 가끔 있지만 대부분은 싱글 배거의 기사들이다. 식당이나 백화점의 직원들을 보면 정말로 재미없다는 듯이 싱글 배거 스타일로 일하는 사람들이 많다. 선택은 자유라고 하지만 만약 나에게 "당신은 어느 족이 좋으세요?"라고 묻는다면 당연히 "더블 배거"라고 주장하고 싶다. 이런 생활이 행복을 만들고 가꾸어 가는 방식이기 때문이다.

더블 배거는 항상 밝고 긍정적으로, 적극적으로 주어진 상황에 최선을 다하면서 자기의 업무와 생활을 영위해 가려는 타입이다. 반면에 싱글 배거는 어둡고 부정적이다. 모든 일이 마음에 들지 않는다는 태도로 회사도 잘못되었다는 관점에서 본다.

자신의 세계를 넓히는 방법

얼마 전 기업체 간부들을 대상으로 세미나를 진행한 적이 있다. 대상은 모두가 회사의 임원과 팀장들이었으며 장소는 시내의 유명한 호텔이었다.

오전 9시에 시작하여 1시간이 지난 다음 "여러분, 10분간 휴식 시간을 가지겠습니다. 밖에 커피가 준비되어 있습니다"라고 안내를 했다.

40대 중반 정도 되어 보이는 팀장 한 사람이 커피가 놓인 곳으로 가서 직원에게 "시원한 매실차는 없어"라고 물었다. 이대 호텔 직원이 "미안합니다. 오늘은 커피만 준비되어 있습니다"라고 대답하자 그 팀장은 갑자기 화난 얼굴을 하고서 "응, 시원한 매실 주스가 없어? 나는 커피 안 마셔!"라는 식으로 아주 불쾌하게 직원에게 불평을 했다.

그러자 직원이 다시 "미안합니다. 다음 시간에는 준비를 하겠습니다"라고 하자 그 팀장은 "다음은 무슨 다음, 나는 지금 시원한 것을 마시고 싶은데. 이 호텔은 말만 일류지 하는 것은 이류구먼!" 하고 비꼬는 말투로 크게 핀잔을 주었다. 그리고는 같은 수강생들에게 "이런 일류 호텔에 시원한 주스 한 잔 없으니, 참! 고객을 위해 배려하는 것은 한 가지도 없구먼!" 하는 것이었다.

이런 모습을 보고 나는 "그래, 이런 스타일이 싱글 배거 스타일이다"라는 생각을 했다. 그 이후로 그 팀장이 하루 종일 세미나에 임하는 모습을 보니 고릴라와 같은 모습으로 팔짱을 끼고서는 무엇인가 불만에 찬 모습으로 앉아 있었다. 다른 사람들이 말을 붙이지도 않으니 하루 종일 혼자였다.

만약 더블 배거의 부장이었다면 어떤 모습이었을까? 다음과 같은 모습을 생각해볼 수 있다.

"여러분, 지금 복도에는 커피밖에 준비가 되어 있지 않습니다. 내가 주문을 할 테니까 시원한 매실 주스를 원하는 분 계시면 손을 들어 주십시오."

몇 명이 손을 들면 "알겠습니다. 주문을 하고 오겠습니다"라는 말과 함께 주문을 할 것이다. 그 결과 동료들로부터 칭찬과 인정을 받았을 것이며, 아주 우호적인 사람이라는 인상도 다시 한번 심어졌을 것이다. 이와 같이 스스로 문제를 해결하려는 자세를 가진 사람은 더블 배거라고 볼 수 있다. 이런 행동을 하면 자신이 취할 수 있는 세계가 훨씬 넓어지는 것이다.

얼마 전 피아노를 사러 가서 전형적인 싱글 배거의 여성을 만난 적이 있다. 내가 무표정한 직원에게 웃으면서 다가가 "저 쪽에 신상품이라고 팻말이 놓여 잇는 것은 얼마죠?"라고 물었더니 나를 힐끗힐끗 흘겨보면서 "진짜로 사실 겁니까?" 하고 되묻는 것이 아닌가? 오히려 내가 미안하여 "예, 진짜로 살 겁니다"라고 했더니, 아주 퉁명스럽게 "사지도 않으면서 묻는 사람이 하도 많아서요"라고 하는 것이었다. 이 사람은 내가 싫기 때문에 나에게만 그런 황당한 태도를 취한 것이 아니라 틀림없이 다른 사람에게도 그런 태도를 취했을 것이다.

그 사람에게 어떤 기분 나쁜 일이 있었는지는 모르지만, 나와는 전혀 상관이 없다. 그 사람이 그런 태도를 취함으로써 손님들로부터 외면 받게 되고, 그 결과가 실적 부진으로 이어져 회사로부터 문책을 당할 가능성도 있을 성싶다. 이처럼 싱글 배거 식으로 생활하는 것은 자기 스스로 자신의 세계를 좁혀 자신의 설 땅을 잃어버리게 만든다. 주변의 사람들로부터 속칭 〈왕따〉를 당하고 마는 것이다.

일정하게 2미터 간격을 두고 성냥불로 도시 가스, 휘발유, 항공기 가솔린, 석유, 원유에 불을 붙이면 어디에 불이 가장 먼저 붙을까?

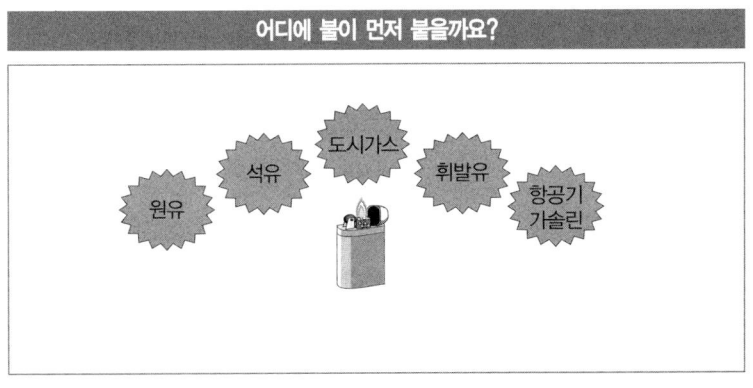

어디에 불이 먼저 붙을까요?

실제로 실험을 해보지 않아서 잘은 모르겠다. 그러나 한 가지 확실한 것은 성냥에 먼저 불이 붙지 않으면 그 어느 것에도 불을 붙일 수 없다는 사실이다. 도시 가스를 친구, 휘발유를 고객, 항공기 가솔린을 동료, 석유를 상사, 원유를 가족에 비유한다면 이 사람들을 싱글 배거에서 더블 배거로 만드는 가장 좋은 방법은 무엇일까?

상대를 싱글 배거에서 더블 배거로 만들려고 하기보다는 자기가 먼저 더블 배거로 되는 것이 가장 좋은 방법이다. 그러기 위해서는 어쨌든 자신이 먼저 더블 배거로 되지 않으면 안 된다.

더블 배거로 변신하는 비법

여러분은 싱글 배거인가, 더블 배거인가? 아마도 "나는 더블 배거다"라고 자신 있게 이야기할 수 있는 사람은 그렇게 많지 않을 것이다.

나 자신도 마찬가지다. 가정에서는 두 아이의 아버지와 아내의 남편으로서 가족들에게, 또 직장에서는 상사로서 후배 사원들에게 과연 더블 배거인가? 그런 경우도 있고 그렇지 못한 경우도 있다. 사람은 감정의 동물이기 때문에 컨디션이 좋고 기분이 좋고 하는 일이 잘 될 때는 더블 배거다. 하지만 지쳐 있거나 일이 잘 풀리지 않거나 몸 상태가 좋지 않을 때는 아무래도 싱글 배거가 되는 경향이 있다.

이 일을 처음 시작했을 때 교육을 마치고 집으로 돌아오면 파김치가 되어 쓰러지기 일쑤였다. 그런데도 아빠를 기다리던 아이들은 "아빠, 바둑 한 판만 해요" 하며 놀아달라고 난리다. 그러면 나는 "야, 빨리 숙제하고 잠이나 자라!"는 식으로 달래서 쫓아 버린다. 어쨌든 전형적인 싱글 배거 스타일의 아버지인 셈이다.

만약 이런 식으로 계속했다면 아이들은 아빠를 싫어했을 것이고 아내와는 아이들과 놀아주지 않는다고 자주 싸움을 했을 것이다. 이런 상황을 극복하기 위해 싱글 배거에서 더블 배거로 변신했던 나만의 비법이 있어 소개하기로 한다.

집에 들어갈 때 엘리베이터를 타는 순간 엘리베이터 안에 있는 거울을 보면서 속으로 "최고조!"라는 말을 3~4회 정도 반복하면서 빙긋 웃는 얼굴로 만든다. 그런 얼굴로 문을 열고 들어설 때 활기차게 웃으며 "여보, 다녀왔어요"라고 하면 아내도 기쁜 얼굴로 맞이해 준다. 피곤하고 지친 모습보다 환하게 웃는 얼굴을 본 아내는 그것으로 충분히 만족하고 한결 안심할 것이다.

싱글 배거에서 더블 배거로 변신할 수 있는 방법은 정말로 간단하다. 결정적인 순간 자신의 마음에 단단히 기합을 넣고 "최고조!"라고 몇 번만 외쳐보면 된다. 그러면 누구라도 간단히 더블 배거가 될 수 있는 것이다.

고객을 만날 때도 좀더 좋은 감각으로 만나기 위해서는 자주 "최고조!"를 외쳐보기 바란다. 그러면 여러분은 쉽게 싱글 배거에서 더블 배거로 변신할 수 있을 것이다.

전형적인 싱글 배거와 더블 배거를 구체적으로 비교해 보면 다음과 같다. 이 비교표를 보면서 나는 평소에 어느 스타일이 많았는지 한번쯤 생각해 보자.

구분	싱글배거	더블배거
말 투	· 당신은 나를 오해하고 있다. · 내 탓이 아닙니다. · 내 생각을 바꿀 마음은 없습니다. · 다른 동료들보다 내가 낫다. · 몇 번이나 설명을 해야 알겠어? · 내 오랫동안의 경험으로 보면 새삼스럽게 새로운 일을 배울 필요는 없다.	· 내가 말을 실수했던 것 같다. · 내 잘못입니다. 다시 확인해 보겠습니다. · 이 건에 대해서는 의견이 다르군요. · 자신 있습니다만 더욱 향상 되었으면 합니다. · 다시 한번 다른 각도에서 설명해 주십시오. · 아무리 나이를 먹어도 더욱 노력해야겠습니다.
행 동 패 턴	· 다른 사람을 변화 시키려고 노력한다. · 바쁘다는 핑계로 중요한 일을 잘 진행하지 못한다. · 중요한 일에 전력을 다하지 않고, 중요하지 않은 일에 전력을 다한다. · 타인의 능력을 존중하기보다 약점, 결점을 발견하려고 노력한다. · 그저 면피를 위해서 시간을 사용한다. · 문제점만을 강조 한다. · 다른 사람은 모두 다르다는 것을 인정하지 않는다. · 변명에 초점을 맞춘다. · 비판을 두려워해 주장하지 않고, 뒤에서 불평을 한다. · 그 주변을 돌고 있을 뿐이며, 결코 주도적으로 해결하려 하지 않는다. · 경솔하게 떠맡을 뿐이다.	· 자신의 행동을 바꾸려고 한다. · 열심히 하지만 시간적으로 항상 여유를 가지고 있다. · 나서야 할 때 나서고, 물러서야 할 때 물러설 줄 안다. · 타인의 능력을 인정하고, 타인으로부터 적극적으로 배우려고 한다. · 자기 향상에 시간을 사용한다. · 가능성을 추구한다. · 사람은 모두 다르다는 것을 알고 있다. · 문제점 개선에 초점을 맞추면서, 자신의 강점을 키우려고 노력한다. · 주장할 것은 자신있게 주장한다. · 자신이 맡은 일에 정면으로 맞선다. · 약속한 것은 반드시 실행한다.

앞으로는 프로 영업사원의 시대

아마추어의 모습으로는 나서지 말자. 고객에게 돈을 받고 있는 이상 자기
업무의 프로가 되어야 한다. 고객은 결코 실험 대상이 아니다.

개인에서 마케팅으로, 그리고 또 개인의 시대로 변화하고 있다. 매주 수천 종류의 새로운 상품이 시장으로 쏟아져 나오고, 자사 제품과 유사한 라이벌 상품이 범람하고 있다. 기술혁신은 이전보다 몇 배의 스피드로 초고속 진보를 하고 있다.

이렇게 개발된 신상품을 창고에 보관하고 있다고 해도 기업으로서는 아무런 가치도 창출할 수 없다. 아무리 앞서가는 신기술도 연구소에서 잠만 자고 있다면 어떤 가치도 낳지 못할 것이다.

이런 기술들과 상품의 가치를 일반 사람들에게 전달하는 것이 영업사원의 중요한 사회적 역할이다. 영업사원은 상품의 차이를 역설하기보다 다른 사람과 자기의 차이점, 즉 자기 자신을 잘 판매하는 실력을 가져야 한다.

제약회사의 영업사원은 병원이나 의사를 방문하여 신약의 특징과 효능, 부작용에 대한 정보를 제공한다. 의사나 병원의 입장

에서 보면 약에 관한 최대의 정보원은 영업사원인 셈이다.

컴퓨터 메이커의 영업사원은 컴퓨터 판매점에서 신상품 정보와 구입 시에 고객이 얻을 수 있는 좋은 점에 대해 설명을 해주고, 고객에게 판매하는 기법을 알려주면서 활용하도록 하고, 기업의 정보 시스템 담당자에게 데이터 처리의 최신 정보를 제공한다.

어느 유명한 의류 메이커에 강연을 가서 경영진과 대화를 나눌 기회가 있었다. 내가 "무리하게 너무 많은 상품을 만들어내시는 것 아니세요?" 하고 조심스럽게 질문을 했더니 그 회사의 사장님은 "우리 회사에는 탁월한 영업 능력을 가진 직원들이 많이 있다. 그들은 다른 회사의 직원들보다 훨씬 판매를 잘하기 때문에 그들을 믿고 많이 만드는 것이다"라고 말씀하시는 것을 듣고 깜짝 놀랐다. 구입하는 사람이 있으면 판매하는 사람이 있는 것은 당연한 일이지만 이 사장님의 말은 영업사원의 가치에 대해서 알기 쉽게 너무나 확실하게 이야기를 해주고 있다.

사장이 젊었던 시절의 영업은 감, 경험, 근성, 의리, 인정이 영업사원 개인의 역량을 결정하는 요소였다. 하지만 지금은 이런 것 가지고는 통하지 않는 시대가 되었다. 이런 것을 뛰어넘기 위한 몇 배 이상의 노력을 해야 한다.

영업 분야는 이제 바야흐로 개인의 역량이 다시 문제의 핵심으로 떠오르는 시대가 다가왔다. 다시 말해서 프로 영업사원이 각광받는 시대다. 영업의 세계야말로 상상할 수 없을 정도로 격렬한 경쟁이 존재하고 있다. 실력 있는 영업사원에게는 진정으로 재미있는 시대가 도래한 것이다. 잘 나가는 영업사원은 어떤 점이 다르고 어떤 열매를 수확하는지 더욱 분명해지고 있다고나 할까.

현대인은 정말로 바쁘다. 고객의 시간을 함부로 낭비하는 영업사원이 아니라 고객의 시간을 절약해 주는 사람이 진정한 영업사원이다. 고객 앞에 아마추어의 모습으로 나서서는 안 된다. 고객에게 돈을 받고 있는 이상, 자기 업무의 프로가 되어야 한다. 고객은 결코 실험 대상이 아니다.

우리말 중에 「…다움」 「…답다」라는 말이 있는데 이는 전문가들에게만 사용하는 말이다.

여러분이 가전 점포에 근무한다면 가전점 근무자답게, 서점에 근무한다면 서점 근무자답게, 보험 세일즈맨이라면 보험 세일즈맨답게 비즈니스를 전개하기 바란다. 이것이 진정한 프로 영업사원이며, 고객은 여러분과 안심하고 거래를 계속하려고 할 것이다.

서비스에는 ① 이것은 당연한 거지! ② 이 정도는 돼야지! ③ 과연! 의 세 가지가 있는데, 프로란 「과연!」 하고 고개를 끄덕일 정도의 서비스를 할 수 있어야 한다.